会計プロフェッショナルの英単語100

100 WORDS IN ACCOUNTING

世界の
一流企業は
こう語る

大津広一
KOICHI OTSU

我妻ゆみ
YUMI WAGATSUMA

ダイヤモンド社

はじめに

グローバル時代の2つの共通言語を楽しく学ぼう

　英語と会計はグローバル時代の共通言語です。どちらも完璧である必要はありませんが、必要最低限は話せなくてはならない2つの言語です。

　英語がグローバル共通言語であることに異を唱える方はいないでしょう。欧米は言うに及ばず、アジア、中東、アフリカであっても、多国籍の人種が集うビジネスの現場で話される言葉は英語です。

　会計も同様です。海外販路の拡大、海外工場への生産委託、海外企業の買収、現地社員の採用など、いかなる目的での海外への戦線拡大であっても、意思決定する前には必ず「採算は合うのか？」が問われます。採算を計算し、これを議論するための言語が会計です。会計の数値の話なくしてGoの意思決定が下されることは、海外はおろか国内ですら現実的には存在しません。

　また、「英語」と「会計」は、多くの経営者や著名なコンサルタントの方々が、「IT」とともにビジネスパーソンの三種の神器として取り上げることの多い分野です。三種の神器は何も特別なスキルではなく、ビジネスにおける言語であり、OS（オペレーティング・システム）とも言える存在であると考えれば、必然といえるでしょう。

　しかし、英語と会計は、日本人ビジネスパーソンが苦手意識を持つことの多い分野でもあります。英語＝辛かった受験英語、会計＝専門家の小難しい領域、という固定観念を持つ方が多いのかもしれません。

　そんな固定観念を打ち砕き、**「英語も会計も所詮はグローバルでビジネスを行うための言語に過ぎない」「言語とはそもそもコミュニケーションするためのものであって、知れば知るほど異国の方々と意思疎通が図れる、とても楽しいものなのだ」**——そうした私たち著者の信念を、できるだけ多くの日本人ビジネスパーソンが実感し、体得するための書籍を作ろうではないか。「英語」と「会計」を楽しく身につけることのできる、前例のない実践的な書籍を作ろうではないか。こうした思いのもと著者2人が意気投合し、ダイヤモンド社からの賛同を得て、出版に至ったのが本書なのです。

本書をお読みいただきたい読者の方

　本書は英語と会計を楽しく身につける内容を目指しています。英語と会計がビジネスに不可欠な神器である以上、お読みいただきたい読者の方は、あらゆるビジネスパーソンの方々です。

　会計は得意だが英語は苦手という方にとって、英語の世界で実用的に使える書籍はなかなか見当たりません。勘定科目が英語でどう表現されるかはわかっていても、日常のビジネスにおいて、どういった会話や文章で会計用語が使われるかをイメージするのは容易ではないからです。本書を活用することで、文章や会話例を通して英語への苦手意識を取り払うことを目指してください。

　英語は得意だが会計は苦手という方に役立つ、優先順位の高い勘定科目を実務に照らした形で説明している書物はほとんどないようです。会計用語辞典は数多く存在しますが、あまりに単語数が多く、羅列されているだけなので、英語がわかっているだけではなかなか吸収できません。こういった方は、英文や会話例を用いて感覚的に身に付けることが効果的です。

　英語も会計も苦手という方にも、ぜひ本書を活用していただきたいと思います。人材のグローバル化の流れに直面して、英語と会計への学習意欲は高まってきています。読者それぞれに営業、技術、開発、企画などの専門性がある中で、コミュニケーションの根幹を成す言語である英語と会計を、どうか楽しく学んでほしいと思います。コミュニケーション力がアップすることで、読者の持つ専門性が、グローバル市場においていよいよ発揮されていくはずです。

　あるいは職種で分類すれば、**経理・財務分野の方**には、英語で日々の仕事をこなすと同時に、一段高い経営の視点から会計をとらえるきっかけにしてほしいと願っています。**米国公認会計士や海外 MBA を目指す方**にも、まずは本書で概略をつかんだうえで、より専門的な領域を掘り下げていくことが効果的と考えています。

　経理・財務分野以外の方であっても、どんな仕事にも会計の数値がつきまとうことはおそらく実感されているでしょう。グローバル化の時代には、それが英語でやってくるのです。英語と会計は実はとても親和性の高いもので

す。多くの会計用語は中学校英語で十分です。だったら、この機会に一緒に学んでしまってはいかがでしょうか。

さらに**経営者の方**。世界の一流企業では、経営者が会計用語を駆使して、高らかに企業ビジョンを語っています。会計用語や数値ほど、具体的で説得力あるものはありません。具体的なビジョンこそ、ステークホルダーの心に響くものです。参考になる考えや言い回しを本書で見つけてみてください。

そして**海外に駐在される方**が必携書として本棚に置き、必要に応じて単語や言い回しを確認するためにページをめくる。そうした景色を実現することができれば、本書の目的を少しは達成できたと言えるのかもしれません。

本書が皆さんのグローバル市場でのコミュニケーション力を高めることに寄与し、結果として日本や日本企業のさらなる躍進への一助となれば、著者としてこの上ない喜びです。

謝辞

本著は、大津広一の前著『英語の決算書を読むスキル』(ダイヤモンド社)の入門書の位置づけでもあります。構想から出版に至るまで、的確なアドバイスをいただいたダイヤモンド社に感謝の意を表します。本書の校正にあたっては、ジャパン・ビジネス・アシュアランス(株)ディレクターの石倉直也氏より、会計実務に携わる専門家の立場から貴重なご意見をいただきました。また、早稲田大学MBA学生のベン・リッジウェイ氏には、英語表現に関する貴重なご意見をいただきました。この場を借りて、両名に心より感謝の意を表します。ただし、本書の内容について万一至らない部分があれば、それは著者の責に帰するところです。読者の率直なご意見やご感想などをぜひお聞かせください。

最後に、本書の出版に向けて、陰に陽に力となり、励まし続けてくれた、共著者それぞれの家族に、この場を借りて感謝の言葉を伝えます。

2013年8月

大津広一、我妻ゆみ

単語解説の構成

　本書では100の主要な勘定科目として、**BS（貸借対照表）から58語、PL（損益計算書）から42語**を紹介しています。またその間の4か所に、**Tips. 1〜4**と題して、英語と会計に関わる有益な情報を提供しています。取り上げた100語は、日本の会計慣行に従って、財務諸表上で比較的よく表れるものを厳選したものです。各用語は2頁にわたって、以下に示す統一したフォーマットで紹介しています。

◆ Level

　Level 1〜Level 3にカテゴリーしています。**Level 3（計47語）**は、財務諸表やビジネス会話において頻出度合いのもっとも多い単語です。会計の初学者の方で、まずは優先順位の高い単語から押さえたいという方は、Level 3から読み進めることをお勧めします。

　Level 2（計39語）はLevel 3ほどの頻出単語ではありませんが、財務諸表やビジネスでの会話で言及されることの多い単語です。Level 3と合わせ、level 2を押さえておけば、日常的に触れる会計用語はほぼカバーできます。**Level 1（計14語）**は、頻出度合いがそれほど多くない用語です。初学者の方は優先順位を下げてもらってかまいません。ただし、Level 1までカバーしていれば、ある程度踏み込んだ会計の議論であっても、英語で十分こなすことができます。ぜひチャレンジしてみてください。

◆ 勘定科目（英語、日本語）

　単語の英語表記は、財務諸表上の表現、日常の会話、およびインターネット検索結果などを総合的に勘案して設定しました。同じ勘定科目であっても、英語も日本語も複数の呼び方が存在していることがよくあります。**他の言い回しについては、可能な限り「What is it?」や「関連用語」の中でも紹介**しています。同じ勘定科目であっても、さまざまな表現で言い表せる「会計プロフェッショナル」を目指してください。

◆ 発音記号

　私たちは、できるかぎり正確に会計用語を発音することが大切だと考えています。それに、誰だって少しでもきれいな発音で英語を話したいという思いはあるでしょう。**発音記号とアクセントを全 100 語について併記**していますので、各単語の参照時にご活用ください。発音記号は、Jones 式発音記号を採用しています。

◆ イラスト

　100 単語すべてにイラストが掲載されています。アジアや欧州での経験が豊富なイラスト・グラフィックデザイナーの我妻志保さんには、各単語を読者に理解してもらううえで、どのようなイラストがベストであるかの建設的な意見を多数いただき、また私たち著者の意見にも快く耳を傾けていただきました。「日本人ビジネスパーソンに、英語と会計を楽しく学んでほしい」という本著の目的を実現するうえで、イラストの力は大きなものであると、著者として強く実感しています。読者の皆さんには、会計用語という一見小難しい世界をイラストがどう表現しようとしているかにも注意を払い、楽しみながら読み進めていってほしいと思います。この場をお借りして、我妻志保さんの献身的な製作作業に深く感謝の意を表します。

◆ What is it?

　「それって何なの？」というタイトルの通り、会計用語としての意味合いに始まり、経営分析を行ううえでの切り口や、会計基準（日本、米国、IFRS）の違いなどについて、必要に応じて言及しています。**「英語や日本語というより、まずは純粋に会計用語の学習をしたい」という方にとっても、会計用語の学習を図ることができる**内容としてあります。

　日本の会計基準（以降、日本基準）を基にした解説を原則としていますが、必要に応じて米国会計基準（以降、米国基準）、国際会計基準（以降、IFRS）についても言及しています。また、米国基準と IFRS を同時に言及する場合には、「海外の会計基準」という表現を用いています。

◆ 関連用語

100単語の**別の表現方法**に始まり、**動詞や名詞としての活用法、英語独特の言い回し**など、読者の知識や興味をさらに広げることのできる内容を記述しています。会計に関連する言葉は、日常会話でも意外と使えるものが多いのです。それでいて、少し洗練された印象を与えることも可能です。たとえば、英語で「結論」のことをBottom lineと言いますが、これは会計の世界から生じた言葉です。日々の生活に、関連用語も大いに活用してみてください。

◆ 他の単語と組み合わせると

100単語や、その関連用語を用いた例文を多数紹介しています。あまり格式ばったものではなく、できるだけ日常会話でも使われるような表現に重きを置いて記述しています。各単語には3～5個の例文があり、**紹介する単語やイディオムの数は1000個超**に及んでいます。これらの訳はすべて、ネイティブの使い方により近い意味合いのものにしているので、すでにご存知の単語にも新しい発見があるかもしれません。会計プロフェッショナルを目指し、各例文を反復練習しながら、ご自身の言い回しへと消化していってください。

◆ 世界の一流企業はこう語る

「会計用語って、財務部長とか経理部長といった専門家だけの世界ではないの？」

そんな錯覚を持つ経営者も意外に多いものです。ところが、ステークホルダーとのコミュニケーションを図る企業のアニュアルレポート上では、会計用語を用いて経営者自らが自社の経営方針を語っています。**賢者の生の声から学ぶ**ことによって、読者も会計用語を駆使して自社や自部門のビジョンを高らかに、そして具体的に語ってほしい。そんな思いから、2頁の締めは「世界の一流企業はこう語る」としています。

Contents BS 上の会計英単語 58

001	Lv2	Debit	借方
002	2	Current Assets	流動資産
003	3	Cash and Cash Equivalents	現金及び現金同等物
004	2	Short-Term Marketable Securities	有価証券
005	3	Accounts Receivable	売掛金
006	2	Notes Receivable	受取手形
007	3	Inventory	棚卸資産
008	3	Raw Materials	原材料
009	2	Work-in-Progress	仕掛品
010	1	Partially Finished Products	半製品
011	3	Manufactured Products	製品
012	3	Merchandise	商品
013	1	Supplies	貯蔵品
014	2	Accrued Revenue	未収入金
015	2	Prepaid Expenses	前払費用
016	3	Allowance for Doubtful Accounts	貸倒引当金
017	3	Fixed Assets	固定資産
018	3	Property, Plant and Equipment	有形固定資産
019	2	Buildings	建物
020	2	Land	土地
021	3	Machinery and Equipment	機械装置
022	1	Furniture and Fixtures	工具・器具・備品
023	1	Construction in Progress	建設仮勘定
024	3	Accumulated Depreciation	減価償却累計額
025	2	Leased Equipment under Capital Leases	リース資産
026	3	Intangible Assets	無形固定資産
027	3	Software	ソフトウェア
028	2	Patent Rights	特許権
029	2	Trademark Rights	商標権
030	3	Goodwill	のれん
031	3	Investment Securities	投資有価証券
032	2	Investments in Affiliates	関連会社投資
033	1	Lease Deposit	差入敷金
034	1	Deferred Income Tax Assets	繰延税金資産
035	1	Deferred Assets	繰延資産

036	Lv2	Credit	貸方
037	2	Current Liabilities	流動負債
038	3	Accounts Payable	買掛金
039	2	Notes Payable	支払手形
040	2	Prepaid Income	前受収益
041	2	Accrued Expenses	未払費用
042	3	Short-Term Debt	短期有利子負債
043	2	Commercial Paper	コマーシャルペーパー
044	2	Fixed Liabilities	固定負債
045	3	Long-Term Debt	長期有利子負債
046	3	Corporate Bonds	社債
047	2	Convertible Bonds	転換社債
048	2	Lease Obligations	リース債務
049	2	Allowance for Retirement Benefits for Employees	退職給付引当金
050	1	Contingent Liabilities	偶発債務
051	1	Deferred Income Tax Liabilities	繰延税金負債
052	3	Net Assets	純資産
053	3	Common Stock	資本金
054	1	Additional Paid-In Capital	資本剰余金
055	3	Retained Earnings	利益剰余金
056	3	Treasury Stock	自己株式
057	2	Accumulated Other Comprehensive Income	その他の包括利益累計額
058	2	Minority Interest	少数株主持分

※その他のBS上の会計英単語は、244頁を参照してください。

Contents PL 上の会計英単語 42

059	Lv3	Sales	売上高
060	3	Cost of Goods Sold	売上原価
061	3	Gross Profit	売上総利益
062	3	Selling, General and Administrative Expenses	販売費及び一般管理費
063	3	Personnel Expenses	人件費
064	2	Retirement Benefit Expenses	退職給付費用
065	1	Welfare Expenses	福利厚生費
066	3	Freight Expenses	運搬費
067	3	Advertising Expenses	広告宣伝費
068	3	Sales Promotion Expenses	販売促進費
069	3	Depreciation Expenses	減価償却費
070	3	Amortization Expenses	（無形固定資産の）償却費
071	3	Rent Expenses	家賃
072	3	Maintenance Expenses	修繕費
073	2	Utility Expenses	水道光熱費
074	3	Research and Development Expenses	研究開発費
075	2	Communication Expenses	通信費
076	3	Outsourcing Expenses	外注委託費
077	2	Travel Expenses	旅費交通費
078	2	Entertainment Expenses	交際費
079	2	Royalty Expenses	ロイヤルティ費用
080	1	Taxes and Dues	租税公課
081	2	Bad Debt Losses	貸倒損失
082	3	Provision (of Allowance) for Doubtful Accounts	貸倒引当金繰入額

083	Lv3	Operating Profit	営業利益
084	2	Interest Income	受取利息
085	2	Dividend Income	受取配当金
086	2	Foreign Exchange Gains (Losses)	為替差損益
087	2	Equity Gains (Losses) of Affiliated Companies	持分法による投資利益（損失）
088	1	Purchase Discount	仕入割引
089	3	Interest Expenses	支払利息
090	3	Ordinary Profit	経常利益
091	3	Extraordinary Gains (Losses)	特別利益（損失）
092	3	Restructuring Charges	構造改革費用
093	2	Gain or Loss on Sale of Property	固定資産売却損益
094	2	Loss on Retirement of Property	固定資産除却損
095	3	Impairment Loss	減損損失
096	2	Loss on Valuation of Investment Securities	投資有価証券評価損
097	3	Income Before Income Taxes	税引前純利益
098	3	Provision for Income Taxes	法人所得税
099	1	Income from Discontinued Operations	非継続事業からの損益
100	3	Net Profit	当期純利益

※その他のPL上の会計英単語は、246頁を参照してください。

Contents Tips

Tips.1

紛らわしい言葉を
整理しよう

Sales vs Revenue vs Profit ——— *74*

Profit vs Income vs Margin vs Earnings vs Return ——— *75*

Cost vs Expense ——— *76*

Expense vs Expenditure ——— *77*

Assets vs Equity ——— *78*

Depreciation vs Amortization ——— *79*

Manufactured Products vs Merchandise ——— *80*

Tips.2

数字にまつわる表現を
整理しよう

長い数値の読み方 ——— *130*

小数点の読み方 ——— *130*

分数の読み方 ——— *131*

加減乗除の読み方 ——— *132*

四捨五入の読み方 ——— *133*

累乗の読み方 ——— *133*

単利 vs 複利 ——— *133*

プラス、マイナスの正しい表現 ——— *134*

Tips.3

企業活動の
重要な表現を押さえよう

- グループ会社を正確に呼ぼう ―― *190*
- 主要なステークホルダーを英語で言おう ―― *191*
- 主要な業界を英語で言おう ―― *192*
- 管理会計の基本用語と考え方を押さえよう ―― *194*
- 主要な会計指標を使いこなそう ―― *195*
- 運転資金を理解して、資金繰りを好転させよう ―― *198*

Tips.4

決算書類に関する
知識を確認しよう

- 財務3表のいろいろな呼び方に慣れておこう ―― *238*
- キャッシュフロー計算書の構造を押さえよう ―― *238*
- 米国10-K、10-Q、8-K、20-Fを押さえよう ―― *240*
- 連結財務諸表か単体財務諸表かを最初に確認しよう ―― *241*
- 決算期を必ずチェックしよう ―― *241*
- インターネットを駆使して決算書類を入手しよう ―― *242*

The Countin' People

　本書には陽気なグローバル・シティズンが登場します。今日も世界のどこかで働く彼ら・彼女らを Countin' People（カウンティン・ピープル）と名付けました。Countin' People には、① Accounting（会計）と ② Count on people（(世界の) みんなを信頼する）の２つの意味をかけており、また "Count me in! ＝私も仲間に入れて！" という意味合いも含まれます。本書をきっかけに、皆さんが世界の人々とよき交流がはかれることを祈ってやみません。

　(　) 内が、各 Countin' People が登場する会計用語の番号になっています。

ルーカ
複式簿記を発明した中世イタリア商人ルーカ・パチョーリと偶然同じ名前の、イギリス出身の経理部長係長。万年中間管理職からのグローバルなキャリアアップを目指している。(002, 004, 005, 017, 029, 038, 043, 049, 064, 083, 087, 095)

マリオ
イタリア系アメリカン。肉体労働派で、ゲーム好きな弟とあちこち元気に走り回っている。(007, 008)

ルードリッヒ２世
キャッシュこそ人生と信じるユーロの王様。スケールが大きいものが好き。(003)

ミスターチャン
内部監査人、最先端の米国公認会計士（U.S.CPA）。シンガポール出身。考えすぎで痩せているが性格マッチョ。(016, 036, 081)

Prof. Otsu
国際英文会計を教えてくれる先生。ショッピングとセールとキャッシュフローが好き。(012, 022, 058)

Yumi
数字のグローバル性が気に入っている、トロピカル育ちの帰国子女。国境に縛られないハートの持ち主。(012, 014, 041, 063)

ホンダ
日系アメリカン。サッカー好きな現場主義者で工場勤務。(009, 011, 049, 060, 064, 066, 072, 076, 087)

ブルーバード
幸運を呼ぶ、働き者の青い鳥。ホンダとともに工場勤務。(009, 011, 066)

マクドナルド
アメリカの農園を営む、古き良きファーマー。(020)

ビル
減価償却をいつも心配してる建物。(024, 098)

ピサ
減価償却はもう恐くない、美の世界文化遺産。(069)

Daruma
国際会計の力によって見えないものが見えるようになった、世のことわり。(070)

エジソン
発明家の夢とあこがれ。(028)

スチーブ・アップル
ベンチャラー。未来をみつめる常に熱い若き起業家。(030, 080, 092)

トム
定職についていないノマドでニート (neat =いかしてる) な若者。起業家を夢見ている。(031, 035, 045, 050, 068, 089, 096)

マフィアーズ
この世のリスクでもありリスクヘッジでもあり、毒にも薬にもなる存在でもあるらしい。(027, 042, 045)

Shacho
苦労をして弱小企業を大きくしたCEO。(034, 046, 049, 051, 053, 055, 064, 087, 090, 091, 093, 094, 097, 100)

マダム・マリー
投資家。金も出すが口も出すフランス出身で名門サボイア家の末えい。(052, 053, 085)

Shiho
絵描き&デザイナー。見かけはおとなしいが心はイタリアン・ラテン。(015, 040, 063)

マンマイタリアーナ
ローマの青空市場にいるシニョーラ。押しが強い。(039, 059, 090)

ノンナ
トマトパスタが絶品のおばあちゃん。(059)

ラース
東南アジアからのグローバル労働者。病弱な母親思いの男の子。(006, 039)

ルーシー
ニュージーランド出身の南国育ち。ビジネスはマイペース気味。(001, 037, 044)

ムッシュー・ミシェル
パリでワイナリーカフェを営む、素敵なジェントルマン。(005, 010, 038, 057, 060, 061)

ハイジ
ヨーデルを歌うスイス出身。自然のリズムを大切にするので細かい事務作業は不得意だが、対人コミュニケーションに長け営業に向く。漫画で日本文化を学んだ来日留学生。(068, 084)

ノーベル博士
人生のすべてを研究開発費にしてしまう。(074)

ミスターヤマダ
ジャパニーズビジネスマン。小心者だが社内成績はいつもトップ。次の目標はシャイな自分のブレイクスルー。(032, 033, 082)

Mr.IRS
米国国税庁国税調査官。情をはさまないミッション遂行で泣く子も黙る必殺仕事人。(034, 051, 097, 098, 100)

マディさん
インドネシア出身の現地管理職。丸ボタンのような瞳で表情が読めないが、とても信頼できる。(032, 033, 076)

ミズ・スクエア
スクエアな（Square＝超固い）性格。窓口での書類不備は決して許さない。(080)

カルロス
オーストラリア出身のバックパッカー。風邪も当たりくじも引いたことがない。(050, 086)

チュイフイ
中国出身の裕福なお姉様。買い物が得意。(086)

アルティスタ
プライド高きイタリア出身デザイナーであり凄腕の投資家。(026, 093)

シュガー
国際会計の知識がある犬。なぜかよく事故に立ち合うことが多い。(050)

ハウスドクター
多言語を話し、グローバルな社員に対応できる社内ドクター。(065)

マイワイフ
国際結婚をしたサラリーマンの妻、妊娠中。(065)

ジョージ
夫の鏡のような優しい台湾ビジネスマン。(065)

サンバガール・キャシー
ブラジル出身の混血カジノガール。(078)

ジュン・ヨン
ベストセリング・コスメを開発した、セクシーな韓国出身の女社長。(078)

ドラキャット伯爵（Count Dollar Cat、Count= 伯爵）
招き猫がアメリカナイズされたものを「Dollar Cat」というが、英文会計の知識がある商才に長けた猫。(079)

ミスターセールス
どんなものでも売上にすることができる。フリーダムで少々怪しい謎の無国籍人。(014, 015, 040, 041)

アミーゴ
観光ビジネスで働くメキシコ出身。切ないフラメンコギターの名手。(077)

アブドゥール
トルコ出身の裕福なビジネスマン。(078)

マリア
アフリカ系のグローバル労働者。(063)

Editor Yokota
かたい本とやわらかい本が好きな編集者。世界の面白いもの探しにいつも忙しい。(022, 058, 075)

ドットーレ・ハナノ
社内の知的財産管理技能者。今日も日本発コンテンツを世界へ発信している。(079)

Character Design & Concept : Shiho Wagatsuma

BS[借方]の英単語

PART 1

001

Debit

[débit]
借方

Level ★★★

What is it?

　貸借対照表は左側の借方と右側の貸方を対照して表示するため、貸借対照表と呼ばれます。借方の合計と貸方の合計が必ず一致するので、英語では Balance Sheet（BS）です。この借方と貸方は日本語でもじつに紛らわしい2つの用語です。「左（ひだり）だから「借方（かりかた）」と覚えましょう」、などと会計の本にはよく記載されています。

　日本語に負けないくらい、英語も最初はわかりにくい2語かもしれません。左側の借方は Debit、右側の貸方は Credit（⇒ 82 頁）と呼びます。右側には Creditor（債権者）による企業への Credit（信用）が記述されることを押さえれば、おのずと左側は Debit だとわかります。Debit カードは、買い物に使った代金がそのまま銀行の預金口座から引き落とされるカードです。預金は左側に記載されるように、引き落としのために銀行に預けている（銀行は預かっている）資産だから、借方が Debit となります。

関連用語

　さまざまな取引（Transactions）が起こると、2つ以上の勘定科目（Account title）の入力を必要とする複式簿記（Double entry bookkeeping）で処理されます。たとえば、株主から1億円の資本金を受け取ったのであれば、以下のように仕訳されます。

Dr. Cash　100 million	Cr. Common Stock　100 million

Debit は「Dr.」（Debit record の略）、Credit は「Cr.」（Credit record の略）

と記述されます。また、上記のようにTの字で表す仕訳を、**T-account form**（T勘定）と呼びます。

Debit は「〜を借方に記入する」という動詞としての活用も可能です。たとえば、

I debited ¥30 million merchandise inventory which arrived at our warehouse yesterday.（昨日倉庫に到着した3,000万円分の商品在庫を、借方に記入しました）。→ **Dr. Merchandise 30 million**

この際、現金で3,000万円の対価を即支払っていれば、「**Cr. Cash 30 million**」、支払いを掛けにしていれば、「**Cr. Accounts payable 30 million**」が貸方（**Credit**）の仕訳となります。

他の単語と組み合わせると

Debit Balance　　　　　　　　名 借方残高

For assets, a debit balance means the company owns the asset.
▶資産に関し、借方残高とは企業がその資産を保有していることを意味します。

Direct Debit　　　　　　　　名 自動口座振替

Many countries provide direct debit services for utilities like electricity and gas.
▶多くの国で、電気やガス等の公共料金に自動口座振替サービスが提供されています。

Debit Card　　　　　　　　名 デビットカード

Although a debit card requires available funds in your bank account, you don't have to worry about spending too much.
▶デビットカード使用には銀行口座内に資金を必要としますが、（クレジットカードに比べて）お金を使いすぎてしまう心配がありません。

 世界の一流企業はこう語る

Provisions for losses increased $14 million or 23 percent in 2011 as compared to the prior year, primarily due to higher merchant-related debit balances.
（出所：American Express Company, Annual Report, 2012）
▶2011年度の損失引当金繰入額は、加盟店関連の借方残高の増加を主因として、前年度比1,400万ドル（23％）増となりました。

002

Current Assets

[kə́:rənt æsets]

流動資産

Level ★★★

What is it?

　BSの左側は、大きく流動資産と固定資産（⇒ 34 頁）の 2 つに分類されます。両者の区分けは、1 年ルール（**One-year rule**）が原則です。会社が保有するさまざまな資産を、1 年以内に現金化または費用化する資産か否かによって、区分けしようというものです。ただし、大手ゼネコンや重工業業界などの製品の多くは、製造工程が 1 年超の長期に及ぶのが一般的です。そんな場合でも、原材料の仕入れ→製造→完成→販売は 1 つのビジネス・サイクルです。そのサイクル内であれば 1 年を超える棚卸資産も流動資産と判断してよい、というルールが存在します。この考え方を正常営業循環基準（**Normal operating cycle rule**）と呼びます。

　流動資産は、現金及び現金同等物（**Cash and cash equivalents** ⇒ 6 頁）に始まって、概ね換金性の高い順番に上から表記されます。

　なお、日本や米国では流動資産⇒固定資産の順に書くのが原則ですが、IFRS では、そうした定めは特にありません。

関連用語

　流動資産を流動負債（**Current liabilities** ⇒ 84 頁）で割って計算する指標を、流動比率（**Current ratio**）と言います。これは企業の短期的な資金繰りを評価する時によく使うので、押さえておきたい大事な指標の 1 つです。

$$\text{Current ratio (\%)} = \frac{\text{Current assets}}{\text{Current liabilities}}$$

　自社の資金繰りを考えれば、1 年以内に現金化できる流動資産 [分子] ＞ 1 年以内に返済義務が発生する流動負債 [分母] が理想です。このため、流

動比率は 100% を超えるのが望ましく、できれば余裕を持って 120 〜 150% 程度の数値が望まれます。

　また、流動資産の中でも、現金そのものと、売掛金、有価証券など特に換金性の高い資産のみを加えたものを当座資産（Liquid assets）と呼びます。これを流動負債で割った指標は、当座比率（**Quick ratio** または **Acid-test ratio**）です。棚卸資産が入らないので流動比率よりは小さな値となりますが、80% を超える数値が理想とされています。

他の単語と組み合わせると

Short-term　　　　　　　　　　　　　形 短期間の

Since our cash is limited, let's dispose of fixed assets to pay for short-term liabilities.

▶当社の現金は限られているので、短期負債支払いのために、固定資産を処分（売却）しましょう。

［便利なイディオム］dispose of 〜　　▶〜を処分する・売り飛ばす

Liquidity　　　　　　　　　　　　　名 (流動資産の) 換金能力

A company with high current liquidity has a lot of cash and other current assets.

▶流動性の高い企業は、現金及びその他の流動資産を多く保有しています。

Current ratio　　　　　　　　　　　　名 流動比率

New creditors of a company typically want to know the current ratio to see if the liquidity of the company is secure.

▶企業の流動性の安定度判断のため、新たに取引を開始する債権者は特に流動比率を確認します。

世界の一流企業はこう語る

Our debt management policies, in conjunction with our share repurchase programs and investment activity, can result in current liabilities exceeding current assets.
（出所：The Coca-Cola Company, Form 10-K, 2012）

▶私たちの借入に関する方針は、自社株買いや投資活動と合わさることで、流動負債が流動資産を上回る状況をもたらすことがあります。

003

Cash and Cash Equivalents

[kǽʃ ənd kǽʃ ikwív(ə)lənts]

現金及び現金同等物

What is it?

　米国基準において流動資産の先頭に記載されるのは、もっとも換金性の高い Cash and cash equivalents です。Cash には、手元現金のほかに、預金残高も含まれます。Cash equivalents には、現金に容易に換金可能で、満期が近く（通常3か月以内）、かつ金利変動リスクが少ない有価証券が含まれます。具体的には、米国財務省短期証券（Treasury Bill）、CP（Commercial paper ⇒ 96頁）、短期金融商品投資信託（MMF：Money market funds）などが挙げられます。

　このように、Cash and cash equivalents は、非常に換金性の高い資金のみをとらえているので、広義では Cash and cash equivalents ＝実質 Cash と考えてよいでしょう。

　日本基準では、流動資産の先頭は現金及び預金（Cash and deposits）のみであることが通常です。現金及び現金同等物という用語は、日米ともにキャッシュフロー計算書上のキャッシュ残高を意味する用語として使用されており、米国基準ではBS上の残高とも一致するのが原則です。そこには、3か月以内に満期の訪れる換金性の高い定期預金や有価証券までが含まれます。

関連用語

　Cash is KING! という言葉を聞いたことはあるでしょうか。そのまま訳せば「キャッシュが王様！」です。黒字倒産という言葉があるように、どんな

にPL上の利益が黒字でも、キャッシュがなければ会社は破たんに至ります。会計方針など恣意性の入る余地がある利益ではなく、客観性の高いキャッシュを重視した経営を行おうとする考え方です。キャッシュフロー重視の経営を実現するには、本業でしっかりと利益を出すことに加えて、設備投資（Capital expenditures ⇒ 77頁）や運転資金（Working capital ⇒ 198頁）の適正化が求められます。

他の単語と組み合わせると

Convert　　　　　　　　　　　　動 変換する
Immediately　　　　　　　　　　副 即時に

Cash and cash equivalents can be converted into currency immediately.
▶現金及び現金同等物は、すぐに通貨に交換することができます。

Volatility　　　　　　　　　　　名 ボラティリティ（変動性）
Exclude　　　　　　　　　　　　動 除外する

Due to their volatility, common stocks are excluded from cash equivalents.
▶普通株式はボラティリティ（変動性）のため、現金同等物から除外されます。

Hostile takeover　　　　　　　　名 敵対的買収

Having too much cash and cash equivalents puts you at risk of hostile takeovers.
▶現金及び現金同等物を非常に多く所有すると、敵対的買収の危険にさらされます。

［便利なイディオム］put A at risk of B　▶AをBの危険にさらす

世界の一流企業はこう語る

The Company does not believe it will be necessary to repatriate cash and cash equivalents held outside of the U.S. and anticipates its domestic liquidity needs will be met through other funding sources (ongoing cash flows generated from operations, external borrowings, or both).

（出所：Wal-Mart Stores, Inc., Form 10-K, 2013）

▶当社は、米国外で保有する現金及び現金同等物を本国に送還する必要はないと考えており、米国内の流動性はその他の調達手段（営業活動から生み出す継続的なキャッシュフローや外部借入、または両者）で満たされると見込んでいます。

004　Level ★★☆

Short-Term Marketable Securities

[ʃɔ́:rttə:rm má:rkitəbl sikjúərətiz]
有価証券

What is it?

　償還日が1年以内に訪れる債券や、売買目的の有価証券などが含まれます。有価証券に含まれる金融商品の大部分は、リスクが限定的です。そこで企業分析をする際は、Cash and cash equivalents に加えて Short-term marketable securities までを実質的な Cash としてとらえるのが通常です。

　場合によっては、余剰キャッシュを長期の債券などで運用している企業もあるので、その場合は投資有価証券（Investment securities ⇒ 62頁）の中で実質キャッシュと思われる投資額もさらに足し込むとよいでしょう。有価証券や投資有価証券の明細は、日本も海外も決算書類上にておおよそ開示されています。

関連用語

　有価証券は、Short-term financial assets と表記されることもあります。日本では短期保有は有価証券、長期保有は投資有価証券と、「投資」の有無で言葉を切り分けます。米国では Short-term、Long-term で切り分けるか、あるいは長期保有は Investment という用語を使うのが一般的です（Investment securities、または単に Investments）。

他の単語と組み合わせると

Equivalent 　　　　　　　　　　　　名 同等物

Due to its limited risk, short-term marketable securities are virtually considered cash equivalents.

▶有価証券はリスクが限定的であるため、実質的に現金同等物であるとみなされます。

Trade 　　　　　　　　　　　　　　動 売買する・取引する

Marketable securities have limited risk, because they are frequently traded at reasonable prices and have maturation dates within a year.

▶有価証券は適正価格で頻繁に取引され、かつ 1 年以内に満期を迎えるため、リスクが限定的です。

Unused 　　　　　　　　　　　　　形 使用されていない

Rate of return（Return rate） 　　名 利益率

Companies like to put unused cash in marketable securities to earn a higher rate of return than the interest rates on bank deposits.

▶銀行預金よりも高い利息収入を目的として、企業は未活用の現金を有価証券に投資することを好みます。

［便利なイディオム］ put money in 〜　▶〜に投資する

Giant 　　　　　　　　　　　　　　名 巨大企業

Industry giants like Apple and Microsoft invest heavily in marketable securities, winning high returns and excellent credit ratings.

▶アップル、マイクロソフトといった巨大企業は、有価証券に大量の投資を行い、ハイリターンと優れた信用格付けを獲得しています。

 世界の一流企業はこう語る

Our short-term investments are primarily to facilitate liquidity and for capital preservation. They consist predominantly of highly liquid investment-grade fixed-income securities, diversified among industries and individual issuers.

（出所：Microsoft Corporation, Annual Report, 2012）

▶私たちの短期有価証券は、主に流動性を確保し、資金を保護するためのものです。大部分は流動性が高く投資適格な確定利付債で、業種や発行会社は分散されています。

005

Accounts Receivable

[əkáunts risíːvəbl]

売 掛 金

※ Tab：ツケ

What is it?

　売上を計上してからお金が入金されるまでの勘定を、Accounts receivable と言います。文章上は省略して、A/R と表記することも多々あります。

　自社の資金繰りや顧客の貸倒れリスクを考えれば、A/R は早く回収するのが得策です。一方、ゆっくり回収することで顧客の便宜を図れば、もっと多くの製品を購入してもらうチャンスが広がるかもしれません。

　営業取引から生じた売掛金は A/R-trade、営業取引以外から生じた売掛金は A/R-other として区分表示されることもあります。

関連用語

　日本語では、「掛けで売った」という過去の事実を表現するのに対して、英語では、「（これから）受け取れる勘定」と将来を向いた表現です。

　何らかの対価（仮に「A」とします）をこれから受け取ることになっていれば、「A」の後に Receivable をつけることで、「近いうちに入金される」という意味を持たせることができます。Notes receivable（受取手形）、Loans receivable（貸付金）、さらに Interest receivable（未収利息）、Dividends receivable（未収配当金）など、用途はさまざまです。Receivable の反対は Payable（⇒ 86 頁）で、まったく同じように使うことができます。単に Receivable とだけ呼ぶ場合もあるので、前後の文脈から

対価を判断しましょう。

他の単語と組み合わせると

Collect   動 回収する

We will have to collect accounts receivable, especially from ABC Corporation by the end of the week.

▶売掛金について、特に ABC 社からは、今週中に回収しなければなりません。

Collection   名 回収

In order to pursue cash flow focused management, we plan on tightening our A/R collection policy starting the next fiscal year.

▶キャッシュフロー重視の経営を貫くために、弊社の売掛金の回収方針は、来年度からより厳しくする予定です。

Payment   名 支払い

Our finance department received the payment for Crown Company's account receivable on January 25th.

▶当社の財務部は 1 月 25 日に Crown 社の売掛金を回収しました。

［便利なイディオム］make/receive a payment ▶支払いをする / 受け取る

Turnover（Receivables turnover ratio） 名（売掛債権）回転率

Our current receivables turnover is 9.0, slightly up from 8.3 in the previous year.

▶我々の現在の売掛債権回転率は 9.0 と昨年の 8.3 よりわずかに上がっています。

 世界の一流企業はこう語る

The five major customers represent 10% of trade and other receivables, none of them individually exceeding 5%.
（出所：Nestlé Group, Consolidated Financial Statements, 2012)

▶主要な顧客企業 5 社でも、売掛金やその他未収入金全体の 10% であって、その内、個別に 5% を超えている企業は 1 社としてありません。

006

Level ★★★

Notes Receivable

[nóuts risíːvəbl]

受 取 手 形

What is it?

Noteは Promissory note（約束手形）の略です。売り手が商品やサービスを販売した後に、現金ではなく手形を受け取った場合、当該勘定を受取手形として資産計上します。手形を発行する側（買い手）は、支払いまでの猶予期間を得るメリットがあります。手形を受けとった側（売り手）は、自社の資金繰り上はデメリットですが、手形を活用することで販売が拡大できている可能性は考えられます。

手形の受け手が入金日よりも前に手形を銀行に差し入れ、手数料を支払って早めに現金を受領することを、手形の割引（To discount a note receivable）と言います。期日になっても手形が入金されない場合は、不渡手形（Dishonored note receivable）と呼びます。

関連用語

手形は Notes の他にも、Bills、Drafts、Acceptances といった表現もされます。一番広い意味を表す Notes には、Bills、Drafts、Acceptances を含みます。Bills は支払義務が記載されているものすべてに適用します。Drafts は裏書譲渡のできる手形のみに使います。Acceptances は、商業引受手形（Trade acceptance）や銀行引受手形（Banker's acceptance）の略です。

> 他の単語と組み合わせると

Promissory note　　　　　　　　名 約束手形

Have the customer with the overdue payment sign a promissory note, and record the receivable.

▶支払が遅滞しているお客様には約束手形に署名していただいて、受取手形として計上してください。

Acceptance　　　　　　　　　　名 受取手形
Replace　　　　　　　　　　　　動 置き換える

When acceptances are received, they replace accounts receivable.

▶手形を受け取ったときに、売掛金を（受取手形勘定に）置き換えます。

Dollar amount　　　　　　　　　名 金額

The size of notes receivable shows the dollar amount of liability due from customers or borrowers.

▶受取手形勘定の額の大小は、自分が受け取るべき（顧客や借手の）ドル債務額を示しています。

［便利なイディオム］due from ～　▶～から受け取るべき

Multiply　　　　　　　　　　　　動 増やす

In most cases, notes receivable enable you to multiply profits through interest, much like how loans work.

▶ローンの仕組みと同じく、受取手形はほとんどのケースにおいて、利子による利益増額を可能にします。

 世界の一流企業はこう語る

Our overall net cash provided by operating activities increased as a result of a decrease in our inventory and better management of outstanding trade accounts and notes receivables.

(出所：POSCO, Form 20-F, 2012)

▶私たちの営業活動からの正味キャッシュフローは、在庫の削減と、売掛金や受取手形のより優れた管理によって、増加しました。

007

Inventory

[ínvəntɔ̀:ri]

棚卸資産

Level ★★★

What is it?

製造業の在庫は、製造のプロセスに従って、

> 原材料（Raw materials）
> ➡ 仕掛品（Work-in-progress）
> ➡ 製品（Manufactured products または Finished goods）

と変遷します。

在庫は少ないほうが一般に好まれる理由は、資金繰りの悪化（CF deterioration）、在庫保有コスト（Carrying cost）、陳腐化（Obsolescence）、の３つです。ただし、大量購買による原価低減、内製化による品質向上、機会損失の回避などにつながる在庫なら、問題ありません。

棚卸資産の原価配分方法には、先入先出法（FIFO：First-in First-out）、平均法（Average）、後入先出法（LIFO：Last-in First-out）などがあります。LIFOは米国基準では認められていますが、日本基準やIFRSでは使用できません。

関連用語

インベントリよりストックと呼ぶほうが、カタカナ英語としては浸透しています。実際にBSでも、Inventoryの代わりに、Stock-in-tradeと表記する場合もあります。会話の中では、Inventoryと言うより、むしろStock、Product、Goodsといった単語が、在庫を意味する言葉としてよく使われます。

また、Inventoryは動詞として「たな卸しを行う」といった意味があります。例：Our team inventories all items frequently, minimizing risk of theft.（当

社の在庫管理チームはすべての在庫のたな卸しを頻繁に行うため、盗難のリスクを最小限に抑えることができている。)

他の単語と組み合わせると

Inventory count 　　　　　　　　名 棚卸し

Specific directions will be given by the supervisor during tomorrow's inventory count.

▶具体的な指示は明日の棚卸し作業中、スーパーバイザーから与えられます。

Inventory reduction 　　　　　　名 在庫の圧縮
Excess 　　　　　　　　　　　　名 過剰

We propose inventory reduction to lower carrying costs associated with inventory excess.

▶私たちは、過剰在庫に伴う保有コストを削減するために、在庫の圧縮を提案します。

Shrinkage 　　　　　　　　　　 名 収縮

Sadly, employee theft accounts for over 75% of inventory shrinkage.

▶残念なことですが、在庫収縮の75%以上は従業員による盗難が理由となっています。

［便利なイディオム］account for 　▶説明となる・理由となる

Stockout 　　　　　　　　　　　名 在庫切れ
Management 　　　　　　　　　名 マネジメント

Common inventory problems including inventory excess and stockouts can be solved by hiring an inventory management firm.

▶過剰在庫や在庫切れを含む典型的な在庫問題は、在庫管理会社に任せることで解決できます。

 世界の一流企業はこう語る

Because of our model we are able to turn our inventory quickly and have a cash-generating operating cycle.

（出所：Amazon.com Inc., Form 10-K, 2012）

▶私たちの（ビジネス）モデルは、在庫を素早く回転させることができ、営業活動からキャッシュを生み出す仕組みにつながっています。

008

Level ★★★

Raw Materials

[rɔ́ː metíriəlz]

原材料

What is it?

英語で原材料は Raw（生の）Materials（材料）なので、日本語と同じ表現です。Raw materials は製造プロセスの最初に現れるように、あくまで他社から購入したものです。自動車メーカーの鉄や、家電メーカーの半導体などがそれに当たります。

原材料の発注コスト（**Ordering cost**）は、発注頻度を減らす（一度に大量発注する）ことで低減できます。発注コストには、ボリューム・ディスカウント（**Quantity discounts**）、運送費（**Shipping costs**）、注文書の発行や整合（**Issuing/matching purchase orders**）などが含まれます。在庫水準を高めに保つことによって、欠品（**Stockout**）の防止にもつながります。

もちろん、原材料の発注頻度を減らせば、在庫の保有水準が高まり、維持コスト（**Carrying cost**）や陳腐化リスク（**Obsolescence risk**）が高まります。

売上予測（**Sales forecast**）と合わせて、最適な発注頻度と発注量の追求が望まれていきます。

関連用語

必要なものを、必要なときに、必要な数だけつくる生産方法をジャストインタイム生産（**Just-in-time production**）と呼びます。そうすることで生産に伴うさまざまなリスクやコストの低減にもつながります。この考えは原材料の調達にまで及び、ジャストインタイム調達／物流（**Just-in-time supply/delivery**）と表現できます。サプライヤーにジャストインタイムで原材料を届けてもらうことで、ボトルネックの解消、在庫スペースの削減、廃棄ロスの圧縮など、さまざまなプラス効果が期待できます。ただしその実現には、サプライヤーとの強固な協力体制が必要とされます。

他の単語と組み合わせると

Conversion process 　　　　　　　　名 加工処理・生産過程
Product 　　　　　　　　　　　　　　名 製品

The purchase department should fully take into account the conversion process from raw material to product.

▶購買部は、原材料から製品への加工プロセスを十分に考慮すべきです。

［便利なイディオム］take into account 〜　▶〜を考慮する

Convey 　　　　　　　　　　　　　　動 運搬する

It may be a good idea to convey raw materials in order to manufacture products closer to customers.

▶顧客により近い地点で製品生産ができるよう、原材料を運搬することは良いアイデアかと思われます。

［便利なイディオム］it may be a good idea to 〜　▶〜することを勧める

Carrying cost 　　　　　　　　　　　名 在庫維持費
Obsolescence 　　　　　　　　　　　名 陳腐化

It has been decided that the purchase amount for each purchase will be reduced in order to lessen carrying costs and risk of obsolescence.

▶維持コストや陳腐化リスク低減のため、原材料の1回あたりの調達量を下げることが決定されました。

［便利なイディオム］it has been decided that 〜　▶〜が決定された

世界の一流企業はこう語る

In markets like North America, lower raw material and energy costs driven by the increasing crude and natural gas production strengthened refining margins in several areas.

(出所：Exxon Mobil Corporation, Form 10-K, 2012)

▶北米のような市場では、原油と天然ガスの増産がもたらした原材料価格やエネルギーコストの低下により、複数の領域において精製のマージンが改善しました。

009

Work-in-Progress

[wə́ːrk-ín-prágres]

仕掛品

Level ★★☆

What is it?

In progress（進行中）にある Work（作業）と表現して、仕掛品です。

Work **In Progress**
作業　　　　　　　　　　進行中の

　その名の通り、決算期末において製造途中にある在庫を示します。省略して WIP と記述されることも多いので、一緒に押さえてしまいましょう。

　製造の外注化が進んだ企業では、この WIP の数値が極端に小さいことが特徴として表れます。反対に、内製化志向の強い企業では、WIP の数値が膨らむ傾向が見られます。内製化によって、品質向上による製品の値上げや、製造原価の低減に結び付けば、利益の改善が期待できます。このように WIP の評価は、あくまで PL 上の利益との見合いで判断すべきものです。

　大型マンション、豪華客船やウィスキーなど、製造工程に時間のかかる製品の多い企業は、WIP の数値が大きく表れる傾向があります。こうした製品特性もとらえながら、WIP の評価を行いましょう。

関連用語

　Work-in-progress の代わりに、Goods-in-progress や Work-in-process と表記してもよいでしょう。

他の単語と組み合わせると

Partially
副 部分的・不十分に

These partially converted products will be recorded as manufactured goods once we are done working on them.

▶これら部分的に加工済みの品は、作業が完了次第、製品として計上されます。

Spoilage
名 仕損品

Typically, large work-in-process inventories are thought to increase risk of spoilage.

▶一般的には、仕掛品勘定が大きいほど仕損品のリスクが上がると考えられています。

In-house production
名 内部制作・自社生産

Some corporations aiming to reduce costs via in-house production carry large WIP values.

▶内製化により原価低減を図る企業は、ときにWIPが大きな数値となって表れています。

Outsourcing
名 外注化・アウトソーシング

The recent success of XYZ Corporation's outsourcing strategy can be seen by the clear reduction of WIP values.

▶最近におけるXYZ社の外注化戦略の成功は、WIPが顕著に減少していることからも確認できます。

［便利なイディオム］A can be seen by B　▶BでAが確認できる

世界の一流企業はこう語る

The cost of finished goods and work in progress comprises design costs, raw materials, direct labor, other direct costs and related production overheads (based on normal operating capacity).

(出所：Samsung Electronics Co. Ltd., Annual Report, 2012)

▶最終製品と仕掛品のコストには、デザインコスト、原材料、直接労務費、その他直接費と、関連する製造間接費（通常の操業生産量に基づく）を含んでいます。

010

Level ★ ★ ★

Partially Finished Products

[páːrʃəli fíniʃt práːdʌkts]

半 製 品

What is it?

Partially（部分的に）、Finished（終了した）、Products（製品）と、これもわかりやすい表現です。仕掛品（Work-in-progress）と同じく製造の途中にある在庫ですが、その状態でも販売可能な場合は、半製品と呼びます。

半製品も結局は次の製造工程へと続くので、仕掛品との区分は容易ではありません。業界ごとに2つの言葉の区分はおおよそ定まっている傾向が見られます。業界や企業によっては、仕掛品と半製品の両方を保有している場合もあるので、巨額の場合には中身の違いについてヒアリングしてみましょう。製造プロセスの長い製品ほど、半製品は多く表れるので、製造の工程に関する考察も深めていきましょう。

関 連 用 語

Partially finished の代わりに、Half-finished、Semi-finished といった表現も可能です。また、Finished の代わりに、Manufactured、Processed などに置き換えても、同じ意味で通じます。

> 他の単語と組み合わせると

Supply chain management（SCM） 　名 サプライチェーン・マネジメント／供給連鎖管理

Under SCM, a partially finished good to one company is a raw material to another.

▶サプライチェーン・マネジメントにおいて、ある会社にとっての半製品は他の会社にとっての原材料です。

［便利なイディオム］A to X is B to another（Y）
　　　　　　　　　　▶XにとってのAは、他（Y）にとってのBです

Identification 　名 個体識別

To monitor half-finished products in our production line more closely, we implemented barcode identification technology.

▶製造ラインにある半製品をより綿密に監視するために、バーコード識別機能を搭載しました。

Identify 　動 発見する・確認する
Bottleneck 　名 ボトルネック

The unusual amount of partially finished products helped us identify a bottleneck in the production process.

▶異常な半製品の量があったことが、製造工程のボトルネックを発見することにつながりました。

Instruct 　動 指示する・教える

The manager instructed us to make partially finished products this year due to the rising costs of parts used in the final production process.

▶製品の最終製造工程で使用する部品値上がりのため、今年は半製品を作るようマネジャーに指示されました。

世界の一流企業はこう語る

We sell in Korea higher value-added and other finished products to end-users and semi-finished products to other steel manufacturers for further processing.

（出所：POSCO, Form 20-F, 2012）

▶私たちは韓国国内において、高付加価値品を含む最終製品はエンドユーザーに、さらなる加工を要する半製品は他の鉄鋼メーカーに販売しています。

011

Level ★★★

Manufactured Products

[mǽnju:fǽktʃərd prá:dʌkts]

製品

What is it?

　製品＝ Manufactured products、すなわち自分で製造した在庫です。商品＝ Merchandise（⇒ 24 頁)、すなわち自分では作らずに売買するものです。
　一般論からすれば、製品のほうが商品より利益率は優れているはずです。そうでないと、製造業は自ら製造することに嫌気が差してしまいます。ところが最近はアパレル業界に見られる SPA（Specialty store retailer of Private label Apparel、日本語では製造小売業と訳す）のように、企画やデザインは自ら手がけるものの、物理的な製造は安価で委託できる新興国企業の工場に任せる企業が台頭しています。そうした企業は自社での製造は行わないので、BS 上は製品ではなく商品（Merchandise）として記載されます。

　製品在庫の規模感には、販売をどこまで自社で行っているかも大きく影響を与えます。自社の営業員によってエンドユーザーまで販売する企業は、自ずと製品在庫が膨らみます。反対に、自社は製造までに特化し、卸や商社、さらには小売店などに販売委託する企業は、製造後すぐにそうしたチャネルに在庫を引き渡すので、製品在庫は比較的少なくなります。

関連用語

　製品在庫は、製造が終了しているという観点から、Finished products/ goods とも呼ばれます。Raw materials や Work-in-progress との区分けを明確にしたい場合は、そのほうが直接的ではっきりします。実際に、決算書類上では、製品を Finished products と記述することが通常です。

他の単語と組み合わせると

Inspect 　　　　　　　　　　　動 検査・点検する

To ensure good quality, we inspect every single manufactured product by hand.
▶高品質を保証するために当社では製品を１つ１つ、人の手によって検査しています。

Transport 　　　　　　　　　　動 輸送する

Manufactured products need to be transported out of the factory in order to be sold.
▶製品が販売されるためには、工場から輸送される必要があります。

Product diversification 　　　　名 製品多様化
Inevitably 　　　　　　　　　　副 必然的に

Due to our policy on product diversification, we inevitably have a higher product inventory compared to our competitors.
▶当社の製品多様化の方針により、競合他社に比して不可避的に製品在庫の水準が高くなっております。

世界の一流企業はこう語る

Powered by a new 220-megawatt cogeneration plant, the expansion adds 2.6 million tonnes per year of new finished product capacity.

(出所：Exxon Mobil Corporation, Form 10-K, 2012)

▶220メガワットのコジェネレーション・プラントの新設によって、最終製品の年間可能生産量は260万トン増加します。

012
Merchandise
[mə́:rtʃəndáiz]
商品

Level ★★★

What is it?

Merchandise は、自社で製造した製品（Manufactured products）ではなく、他社から仕入れてきた商品在庫です。ともに販売を目的として所有するもので、出荷すれば売上になるという点は同一ですが、その発生の源はまったく異なる（他社製造 or 自社製造）ことに注意しましょう。

Merchandise inventory と言う場合もありますが、単に Merchandise でも OK です。英語で商人のことを Merchant と呼ぶのと、語源は一緒です。自社で製造したものではなく、他社から仕入れた商品在庫という点をよりクリアにするために、Purchased products と表現することも可能です。

BS 上に記載される Merchandise の金額は、仕入コストが大部分ですが、それ以外にも商品の仕入れに伴って発生する、保険料（Insurance）、倉庫費用（Warehousing）、仕入運賃（Freight-in ⇒ 152 頁）などのコストを加えるのが一般的です。

関連用語

Merchandise は「〜を販売する」という動詞としての活用も可能です。
例：Our company merchandises specialized books that cover medical treatment.（私たちの会社は、内科療法に関する専門書を販売しています。）

また、Merchandiser と語尾に r をつけると、販売業者を意味します。Merchandiser はさらに、Retailer（小売業者）と Wholesaler（卸売業者）に区分けできます。製造業者を Maker や Manufacturer と呼ぶのと対比して、一緒に押さえておきましょう。

```
Merchandisers ─┬─ Retailers
               └─ Wholesalers
```

他の単語と組み合わせると

Merchandising 　　　　　　　　名 マーチャンダイジング・販売計画

We recently hired a field expert in merchandising.

▶当社はマーチャンダイジング分野における専門家を最近雇用しました。

Promote 　　　　　　　　　　　動 売り込む

Highly demanded merchandise may not need to be heavily promoted.

▶需要度の高い商品は、大がかりなプロモーションをする必要はないかもしれません。

Wholesale 　　　　　　　　　　名 卸売り

Foreign wholesale distributors of Japanese anime merchandise should check that products conform to international copyright laws.

▶海外向けに日本アニメ商品を取り扱う卸売流通業者は、商品が国際著作権法に準拠しているかどうか、確かめる必要があります。

［便利なイディオム］conform to 〜　　▶〜と一致する・準拠する

Contemplate 　　　　　　　　　動 検討する

For faster merchandise delivery to our customers, we are contemplating building a new distribution center.

▶顧客への迅速な商品配送のために、新たな物流センターの建設を検討しています。

世界の一流企業はこう語る

Almost 50 years ago, Sam Walton started Walmart with a single store in Rogers, Ark., dedicated to providing customers with a broad assortment of merchandise at great prices.

(出所：Wal-Mart Stores, Inc., Annual Report, 2012)

▶ほぼ50年前、サム・ウォルトはアーカンソー州ロジャースで1店舗のウォルマートを初め、(それ以来) 豊富な品ぞろえの商品を魅力的な価格で顧客に提供することに専念してきました。

013

Supplies
[səpláiz]

貯蔵品

Level ★ ☆ ☆

What is it?

貯蔵品は棚卸資産を構成する 1 つの科目です。同じ棚卸資産に含まれる製品や商品と異なるのは、販売目的では保有していない点です。文房具などの消耗品、荷造や包装用の材料、消耗工具器具備品、燃料、見本品、ノベルティーなどが含まれています。一般的には金額が膨らまない科目ですが、比較的多く保有している場合は、中身を確認し、販売や生産面での非効率な部分を抱えていないかをチェックしてみましょう。

関連用語

金額が少額の場合には、重要性の原則（Materiality principle　重要性の乏しいものは、本来の厳密な会計処理ではなく簡便な方法で行ってよいこと）から、直ぐに費用として処理する場合もあります。その場合には、BS に資産計上するものは Supplies on hand、PL に費用化するものは Supplies expense とすることで、両者の違いを明確にできます。

他の単語と組み合わせると

Expendable　　　　　　　　　　形 消耗される

All expendable and small daily items in the office are normally recorded as supplies expense.

▶オフィスで消耗される些細な日常品は、通常、消耗品費として費用計上されます。

Factory supply　　　　　　　　名 工場用貯蔵品

Give the managerial accountant the factory supply total so he can determine product costs.

▶管理会計担当者が製品コストを決定できるように、工場用貯蔵品の総数を伝えてあげてください。

Insignificant　　　　　　　　　　　形 ささいな・小さな

Materiality principle　　　　　　　名 重要性の原則

Treating insignificant amounts of leftover supplies as expenses goes in line with the materiality principle.

▶少額の残余貯蔵品を費用化するのは、重要性の原則に基づくものです。

［便利なイディオム］in line with 〜　▶〜に沿って

Unexpectedly　　　　　　　　　　　副 予想外に・予想以上に

Although we had an unexpectedly large turnout, our new assistant had prepared enough supplies for the entire crowd.

▶予想以上の人数が集まりましたが、新しいアシスタントが全員に十分な物資を準備していました。

Efficiency　　　　　　　　　　　　名 効率

Optimum, Optimal　　　　　　　　 形 最適な・最善な

Corporate fixed asset management will not only improve overall efficiency of personnel and equipment, but provide optimum levels of supplies.

▶会社の有形資産管理は、人員や設備の全体的な効率を改善するだけでなく、貯蔵品の量を最適なレベルにします。

世界の一流企業はこう語る

Inventories consist primarily of raw materials and packaging (which includes ingredients and supplies) and finished goods (which include concentrates and syrups in our concentrate operations, and finished beverages in our finished product operations).

(出所：The Coca-Cola Company, Form 10-K, 2012)

▶棚卸資産は主に、原材料、パッケージ（含有物と消耗品を含む）、そして最終製品（濃縮物製造の濃縮物とシロップ、最終製造工程の飲料製品を含む）から成っています。

014

Accrued Revenue

[əkrúːd révən(j)ùː]

未 収 入 金

Level ★ ★ ★

What is it?

　会計の世界では Accrued という単語が良く出てきます。自動詞 Accrue には、「(当然に) 発生する」という意味があるため、「Accrued A」とすることで、「未収の〜」「未払いの〜」という意味を持たせることができます。

　Accrued（未収の）Revenue（収益）は、何らかの対価の未入金です。通常の販売活動から生まれる売掛金以外の取引に基づくものです。具体的には、固定資産や有価証券の売却代金の入金待ちが挙げられます。すでに取引は完了していて、入金待ちの状態なので、売掛金と同様にあくまで資産として計上します。Accrued revenue の金額が大きい場合は、取引相手を確認し、入金までの期間や回収可能性について精査したうえで、実質的な Cash と考えてよいかの判断を行いましょう。

関連用語

　Accrued assets、Accrued income と言っても同じ意味を持たせることができます。未請求の場合には、Unbilled revenue とも言うことができます。

　また、通常の販売活動以外からの未入金ということで、Non-trade receivables としてもよいでしょう。

他の単語と組み合わせると

Counterparty　　　名 取引先・相手方

Major counterparties regarding accrued revenue are disclosed in Japanese annual securities reports.

▶日本の有価証券報告書上では、未収入金についての重要な取引先が開示されています。

Accurate　　　形 正確な

Picture　　　名 状況・事態

A more accurate picture of the company may be obtained when accrued revenue is taken into account, because any work or service that has been completed is included.

▶提供済みの作業やサービスを内含する未収入金を考慮に入れることで、より正確な会社の状況をつかめるかもしれません。

Derive　　　動 (〜から) 引き出す・得る

Accrued revenue can be thought of as accounts receivables derived from non-trade activities.

▶未収入金は、非営業活動から得た売掛金と考えることができます。

Payment in arrears　　　名 後払い

Rent is commonly paid in advance, but payment in arrears will require an accrued revenue account for property owners.

▶家賃は一般的に前払いですが、後払いの場合はオーナー側には未収入金勘定が必要になります。

［便利なイディオム］A will require B　▶AがBを必要になるでしょう

世界の一流企業はこう語る

The Company has non-trade receivables from certain of its manufacturing vendors resulting from the sale of components to these manufacturing vendors who manufacture sub-assemblies or assemble final products for the Company.

(出所：Apple Inc., Form 10-K, 2012)

▶当社は複数の製造業者からの未収入金（非販売取引の債権）を保有していますが、これは当社のために部品を組み立てたり、最終製品の加工をしてくれる製造業者に対して、部品を供給することから生じるものです。

015

Prepaid Expenses

[prì:péid ikspén(t)siz]

前払費用

Level ★★★

What is it?

Prepaid（前払い）された Expenses（費用）なので、日本語と同じ響きです。もっともわかりやすい例は、毎月の家賃の支払いでしょう。一般的に家賃は、翌月分を今月中に振り込む前払い形式です。発生主義（Accrual basis）に基づき、来月分の家賃の支払いを今月中は前払費用としていったん資産計上し、来月になって初めて PL 上の費用として処理します。前払費用として計上するのは、契約に従って定期的に支払いが発生するもので、他には駐車場代、保険料、リース料などが挙げられます。

関連用語

定期的でないものは前渡金（Advance payments）とするのが通常です。1 年超にわたる前払いの場合は、長期前払費用（Long-term prepaid expenses）として、固定資産に計上します。

5 月分の家賃 100 万円を、4 月に支払ったことにしましょう。それぞれの月の仕訳は以下となります。

4月

Dr. Prepaid expense 1 million	Cr. Cash 1 million

5月

Dr. Rent 1 million	Cr. Prepaid expense 1 million

他の単語と組み合わせると

Charge 　　　　　　　　　　　　名 請求されるもの・費用

If you are paying rent charges for the following month, debit prepaid expense instead of rent expense.

▶翌月の家賃を支払う場合、家賃ではなく前払費用を借方記入しましょう。

Heaps 　　　　　　　　　　　　名 たくさん・どっさり

When you find heaps of prepaid expenses, I recommend you to talk to the accounting department of the company.

▶前払費用がたくさんあるときは、会社の経理部に相談することをお勧めします。

［便利なイディオム］recommend (A) to ～　▶ (A) に～することを勧める

Policy 　　　　　　　　　　　　名（保険の）契約

Renewing a 1 year health insurance policy requires the full amount to be debited to prepaid expenses at first.

▶期間1年の健康保険証書の更新時には、いったん全額を前払費用に計上する必要があります。

世界の一流企業はこう語る

If the contributions already paid exceed the contribution due for service before the end of the reporting period, the Company recognizes that excess as an asset (prepaid expense) to the extent that the prepayment will lead to a reduction in future payments or a cash refund.

(出所：POSCO, Form 20-F, 2012)

▶会計年度末において、（従業員により）提供された役務に対して、会社が（退職給付用の積立金を）支払った金額が多い場合、その超過分を資産（前払い費用）として計上し、前払い分が将来の支払額から差し引かれるか、現金の払い戻しがあるまで、計上を継続します。

016

Allowance for Doubtful Accounts

[əláuəns fɔ́ːr dáutfəl əkáunts]

貸 倒 引 当 金

Level ★★★

What is it?

　Allowance は、「認める」を意味する動詞 Allow の名詞形で、「認めること」です。Doubtful（疑わしい）な Accounts（顧客勘定）を認めることから、貸倒引当金を意味します。会計にはさまざまな引当金がありますが、引当金とは将来高い確率で起きうる事象に対して合理的に見積もることができる場合に「前もって会計上認識しておく」ことを意味するものです。Allowance for doubtful accounts は、貸倒れる可能性の高い勘定について、あらかじめ費用として認識しておこうという処理です。

　貸倒引当金は、企業の勝手な都合や判断で計上することはできません。一般債権には過去の貸倒実績率を使用します。貸倒懸念債権や破産更生債権等は、回収可能性を勘案して計上します。

　BS 上での記述には、計算プロセスを示す間接控除（下例参照）と、単に、Accounts receivable ￥9,500,000 と正味残高のみを記述する直接控除とがあります。海外では直接控除で表記したうえで明細を注記に記述することも多いので、注意しましょう。

【間接控除】

	Accounts receivable	￥10,000,000
Less:	Allowance for doubtful accounts	(500,000)
	Accounts receivable	￥9,500,000

関連用語

貸倒引当金は、営業債権 (Operating receivables) と、金融債権 (Finance receivables) の2種類の債権に対して発生します。英語では特に金融債権に対しては、Doubtful accounts より具体的な表現にして、Allowance for bad debts や Allowance for credit losses とすることもあります。

他の単語と組み合わせると

Questionable 　　　　　　　　　　　形 疑わしい・不審な

We record a higher allowance for doubtful account for any questionable or first-time customers.

▶新規顧客や疑義のある顧客に対して、当社では高めの貸倒引当金を計上しています。

Estimate 　　　　　　　　　　　　　名 見積もり

Please check if our estimate for allowance for doubtful accounts is adequate.

▶貸倒引当金の見積もりが適切かどうか確認をお願いします。

Historical data 　　　　　　　　　　名 過去のデータ

The current year's allowance for doubtful accounts will be calculated using historical data.

▶当期の貸倒引当金は、過去のデータを用いて計算されます。

世界の一流企業はこう語る

We will continue to closely monitor repayment risk and, when necessary, we will continue to adjust our allowance for doubtful accounts.

(出所：Pfizer Inc., Form 10-K, 2012)

▶(欧州危機に対して) 私たちは引き続き返済リスクを綿密に監視し、必要とあれば貸倒引当金の調整を継続していきます。

017

Fixed Assets

[fíkst ǽsets]

固 定 資 産

Level ★★★

What is it?

　流動資産＝１年以内なので、固定資産は１年超にわたって保有する資産です。日本基準では、流動資産と固定資産を明確に区分けして、それぞれの合計額を示すのが一般的です。しかし、海外の BS では流動資産は合計額が記入されるものの、固定資産は合計額を示さないのが通常です。その場合でも、総資産－流動資産＝固定資産なので、特に慌てることはありません。

　日本基準では、固定資産は、有形固定資産（Tangible (fixed) assets または Property, plant, and equipment）、無形固定資産（Intangible (fixed) assets）、投資その他の資産 (Investment and other assets) の３つに区分けして順番に表記されます。

Fixed assets ← **Tangible assets**
Intangible assets
Investment and other assets

　海外の BS では、日本ほど明確な区分けや順番が定義されないので、１つ１つを注意しながら見ていきましょう。

　また、海外では、有形固定資産のみを指して、Fixed assets と呼ぶことも多々あります。表記や会話の中で不明な場合には、Fixed assets がすべての固定資産を含むのか、単に有形固定資産だけなのかに留意し、わからない場合には相手に確認するようにしましょう。

関連用語

有形固定資産だけではなく、すべての固定資産を含めて表現したい場合には、Non-current assets と呼ぶことでより明確にすることができます。

他の単語と組み合わせると

Description　　　　　　　　　　　　名 説明

A brief description of fixed assets should be filed in annual reports.

▶固定資産の概要は、アニュアルレポートに記載していただく必要があります。

Write off　　　　　　　　　　　　動（BSから）帳消しにする

A company may record gains and losses when writing off fixed assets during disposal.

▶固定資産の処分において帳消しにする場合、会社は利益や損失を計上する可能性があります。

Fixed capital　　　　　　　　　　　名 固定資本

With adequately prepared fixed capital, you can provide for all of your fixed asset needs.

▶適切に固定資本の準備をすることで、必要とされる固定資産をすべて揃えることができます。

Note　　　　　　　　　　　　　　動 注意する
Burden　　　　　　　　　　　　　名 負担

Companies with large fixed assets should note the burden of depreciation and future possibility of impairment.

▶固定資産が大きい企業は、減価償却負担や将来の減損可能性について注意しておきましょう。

世界の一流企業はこう語る

Fixed assets associated with outsourcing contracts are capitalized and depreciated on a straight-line basis over the expected useful life of the asset.

（出所：IBM (International Business Machines Corp.), Annual Report, 2012）

▶外注契約に関連する固定資産は資産計上したうえで、資産の耐用年数にわたって定額法で減価償却されます。

018 Property, Plant and Equipment

[prápərti plǽnt ənd ikwípmənt]

有形固定資産

Level ★★★

What is it?

Property、Plant、Equipment のどれも、個別には日本語で「設備」と訳すことができますが、総称して有形固定資産を意味します。省略して PP&E または単に PPE と表記されます。日本の BS 上では、Buildings（⇒ 38 頁）、Land（⇒ 40 頁）、Machinery（⇒ 42 頁）など、有形固定資産をさらに種類ごとに区分けして表記するのが一般的ですが、海外ではまとめて PP&E とのみ表記するのが通常です。日本の有価証券報告書上では、工場ごとの有形固定資産の計上額が詳細に記述されるのに比べると、海外は決算書類の注記でも、それほど細かい表記はありません。

PP&E の数値を見る時に最初に注意すべきは、それが取得価額（Acquisition cost）なのか、あるいは減価償却（⇒ 158 頁）が進捗している現時点での簿価（Book value または Carrying amount）なのかです。詳細は減価償却累計額（⇒ 48 頁）を参照してください。

関連用語

前項で触れたように、PP&E の代わりに、有形固定資産を Fixed assets や Tangible assets と表記する場合もあります。これら 3 つの中で、PP&E がもっとも直接的表現で有形固定資産を明確に表しています。

売上高を有形固定資産で割って計算する指標を、有形固定資産回転率 ((Tangible) Fixed assets turnover rate) と言います。これは保有する有形固定資産が、効果的に売上高に結び付いているのか、あるいは過剰な設備負担となっていないかを判断するための指標です。

$$(\text{Tangible}) \text{ Fixed assets turnover rate [times]} = \frac{\text{Sales}}{\text{PP\&E}}$$

業界特性の表れやすい指標で、製造業では2〜5倍と広いレンジに及びます。電力や鉄道業界では、同指標が1倍を下回る（売上より有形固定資産の額が大きい）場合もあります。

他の単語と組み合わせると

Considerable　　　　　　　　　　形 かなりの

Large shipping companies carry considerable PP&E due to the countless ships that are necessary for business.

▶大手海運会社はビジネス上、非常に多くの船舶を必要とするため、有形固定資産が相当の額に及びます。

Measurement　　　　　　　　　　名 測定・計算

PP&E is recorded separately in accounting, because different methods of depreciation measurement may be applied.

▶有形固定資産は、減価償却において異なる計算方法を適用することがあるため、会計上は（他の資産と）分けて表記します。

Vital　　　　　　　　　　形 重要な・必要な

On the one hand PP&Es cannot be easily liquidated, but they are also vital to business operations.

▶有形固定資産は容易に現金化できない側面を持つ一方、事業運営には欠くことのできない重要なものです。

［便利なイディオム］on the one hand〜　▶〜である一方

世界の一流企業はこう語る

GE property, plant and equipment consisted of investments for its own productive use, whereas the largest element for GECC was equipment provided to third parties on operating leases.

（出所：General Electric Company, Annual Report, 2012）

▶GEの有形固定資産は、自社の生産用途の投資であるのに対して、GECC（GEの金融子会社）の大部分の中身は、オペレーティングリース契約で第三者に貸与する機器でした。

019

Buildings

[bíldiŋz]

建 物

What is it?

Build（建てる）に ing をつけた Buildings ＝建物は、わかりやすい勘定科目です。日本の BS では、Buildings and structures（建物及び構築物）として表記されるのが通常です。構築物には舗装道路や塀などを含みます。詳細は減価償却費に委ねますが、建物は典型的な減価償却対象資産です。建物は長期にわたって使用するので、耐用年数（Economic life) は長く設定されます。日本では税法上、鉄筋コンクリート造の事務所は 50 年で償却します。

建物と 42 頁の機械装置（Machinery and equipment）を比較すると、製造業では機械のほうが数値は膨らんでいてもおかしくありません。反対に、建物の金額が極端に大きくなる業界には、不動産やホテルなどが挙げられます。

関連用語

建物の取得から除却までの流れと、それに伴う英語表現は以下です。

取得	➡	減価償却 / 減損（保有中）	➡	売却 / 除却
名 Acquisition	➡	Depreciation / Impairment	➡	Sale / Retirement
動 Acquire	➡	Depreciate / Impair	➡	Sell / Retire

他の単語と組み合わせると

Economic life　　　　　　　　　名 耐用年数
Technically　　　　　　　　　　副 厳密な意味に従って

Although the Parthenon in Greece is technically a building that has passed its economic life long ago, it continues to bring tourism income to the country.

▶厳密に言えば、ギリシャのパルテノン神殿ははるか昔に耐用年数の過ぎた建物ですが、今でも国に観光収入をもたらし続けています。

Closing cost 　　　　　　　　　　　名 権利移転費用
Bear 　　　　　　　　　　　　　　動 負担する

Buildings, in accounting, include any and all down payments, purchase prices, transaction fees and closing costs borne by the purchaser.

▶勘定科目の建物には会計上、購入者の負担したすべての手付金、購入額、手数料および権利移転費用が含まれます。

Wooden house 　　　　　　　　　名 木造住宅

In Japan, wooden houses are commonly depreciated over twenty to twenty-two years.

▶日本では、木造の住宅は 20 年～ 22 年をかけて減価償却します。

[便利なイディオム] depreciate over ～ years 　▶～年かけて減価償却する

Self-owned 　　　　　　　　　　　形 自社の（自己の）
Accordingly 　　　　　　　　　　副 それに応じて

For companies with self-owned buildings, the value of buildings and land on the BS are inflated accordingly.

▶自社ビルを保有している企業は、BS 上の建物や土地の金額がそれなりに膨らんで見えます。

世界の一流企業はこう語る

The purchase of property in 2012 included the acquisition of 11 buildings comprising 1.8 million square feet of our previously leased corporate office space and three city blocks in Seattle, Washington for $1.4 billion.

(出所：Amazon.com Inc., Form 10-K, 2012)

▶2012 年の固定資産の購入には、以前は賃借していた本社オフィスの 180 万平方フィートからなる 11 の建物と、14 億ドルのワシントン州シアトルの 3 ブロックを含んでいます。

020

Land

[lænd]

土地

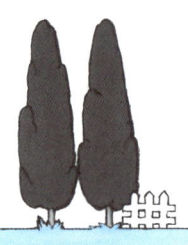

What is it?

　Buildings と並んで、Land＝土地も、とてもわかりやすい勘定科目です。Buildings と異なり、Land はいつも単数形で表現します。土地の価値は時間の経過に伴って減少するものではないため、減価償却は行いません。含み益を時価評価することもないので、取得時の金額がそのまま記載されることになります（ただし減損処理は行います）。このことから、歴史ある企業が東京都心の広い一等地をわずか数億円で資産計上しているようなケースもあります。土地の時価とのかい離額がどの程度あるかには、いつも留意しましょう。

　BS 上に記載される Land の金額は、取得価額が大部分ですが、それ以外にも土地の仕入れに伴って発生する手数料（Commissions）、登記料（Registration fees）、整地費用（Land grading fees）などのコストを加えるのが一般的です。

　自社使用や投資目的ではなく、不動産会社が販売目的で持っている土地であれば、固定資産ではなく棚卸資産として、販売用土地（Land held for sale）が計上されます。

関連用語

　米国や英国では、面積を平方フィート（Square feet、ft^2）やエーカー（Acre）で表すのが一般的です。1 square foot(feet の単数形) ＝ 929 cm^2、1 acre ＝ 4,047 m^2 ＝ 0.4ha（ヘクタール）です。

例) 1,000 ft^2 ⇒ 1,000 × 929 cm^2 ＝ 929,000 cm^2 ＝ 92.9 m^2 の間取り

他の単語と組み合わせると

Revalue
動 再評価する

The book value of land is never depreciated for its indefinite life, but will be revalued according to similar plots of land in nearby areas when it is sold.

▶土地に耐用年数の概念はないため、その簿価が減価償却されることは決してありませんが、売却時には周辺地域の類似した土地に即し再評価されます。

Sustainable
形 持続可能な

It can be said that Japan's limited resources have given birth to many ideas for sustainable land management.

▶日本の国内資源が限られていることが、持続可能な土地活用アイデアを多く生み出してきたとも言えるでしょう。

[便利なイディオム] give birth to 〜　▶〜(子どもや物事)を生む

Restitution
名 原状回復

Land lease contracts include restitution clauses to ensure that the land is returned the way it was.

▶土地賃貸借契約は、土地が以前同様の状態として返還されるよう、原状回復に関する条項が含まれています。

Deposit
名 保証金・敷金

When renting land and buildings in general, a certain amount of deposit is normally required.

▶一般に土地や建物を借りる際、一定額の保証金を支払うことが通常要求されます。

世界の一流企業はこう語る

Land and buildings held for use are stated in the statement of financial position at their cost, less any subsequent accumulated depreciation and subsequent accumulated impairment losses.

(出所：Vodafone Group PLC, Annual Report, 2013)

▶自社使用の土地と建物は、取得価額から、以降に発生した減価償却累計額や減損失累計額を控除した金額で、財政状態計算書に記載されています。

021

Machinery and Equipment

[məʃíːn(ə)ri ənd ikwípmənt]

機 械 装 置

Level ★★★

What is it?

Machine が特定の 1 つの機械を示すのに対して、Machinery は機械装置、つまり機械の集合体を意味します。

製造業では、モノ造りための機械に多くの投資を行うので、取得価額（Acquisition cost）合計では、建物より機械の数値が大きくなる傾向があります。ただし、減価償却の耐用年数は、建物より機械のほうが短いのが通常なので、簿価 (Book value または Carrying amount) を見るときには、減価償却の進捗度も十分考慮して判断しましょう。取得価額と簿価の違いは、48 頁の減価償却累計額で確認してください。

機械の資産計上額には、その機械が使用可能となるまでにかかったコスト（機械の配送コスト＝ Transport(ation) cost、設置コスト＝ Implementation cost、試験費＝ Experiment cost など）をすべて含みます。

関連用語

日本の法人税法上、建物の減価償却は定額法（Straight line method）で行うことが定められていますが、機械は定額法と定率法（Accelerated method or Declining-balance method）の主な 2 つの方法からの選択となります。初期の節税効果（Tax Shield）や、将来への負担軽減（Alleviation of future burden）の観点から、国内では定率法を選択する企業が多いです。海外では会計上と税金上の償却方法を切り分けるのが通常で、会計上は定額法を使う企業が大部分です。

他の単語と組み合わせると

Retirement cost　　　　　　　　　名 除却コスト

In determining whether to buy new machinery, one of the things that should be considered is retirement cost.

▶新しい機械の購入を検討する際に、考慮すべき点の1つは除却コストです。

［便利なイディオム］in determining whether to 〜　▶〜をするか決める際に

Find　　　　　　　　　動 計算する

To find the book value of a piece of machinery or equipment, subtract its accumulated depreciation from its acquisition cost.

▶機械装置や設備の簿価を計算するには、取得価額から減価償却累計額を差し引きます。

Repair　　　　　　　　　名 修理・修繕

Machinery used for a long time may no longer incur depreciation charges, but is likely to incur increased cost for repairs.

▶長期間使用している機械から減価償却費はもう発生しないかもしれませんが、修繕費の増加が生じやすいものです。

世界の一流企業はこう語る

Property, plant and equipment totaled $69.7 billion at December 31, 2012, up $4.0 billion from 2011, primarily reflecting an increase in machinery and equipment at GE and in equipment leased to others principally as a result of aircraft acquisitions at our GECAS leasing business.

(出所：General Electric Company, Annual Report, 2012)

▶有形固定資産は、2011年から40億ドル増加して、2012年12月31日に697億ドルに達しましたが、主なものはGEでは機械装置の増加、GECAS（GEグループの商業航空機のリース・ファイナンス会社）のリース事業では他社へのリース機器の増加で、特に航空機の取得によるものです。

022

Furniture and Fixtures

[fə́:rnitʃər & fíkstʃərz]

工 具 ・ 器 具 ・ 備 品

Level ★ ☆ ☆

What is it?

Furniture は複数形でも s がつかないので注意しましょう。有形固定資産を構成する勘定科目の１つとして、建物、機械、土地と並んで記されるものです。建物や機械、土地に比べれば、金額は大きく膨らみにくいものなので、その他資産としてまとめて計上されることも多々あります。小売業であれば、自ら建物や土地といった不動産を所有することは少なく、また製造のための機械も保有しないので、相対的に店舗の中にある家具や什器が大きなウェイトを占めてきます。こうした場合に **Furniture and fixtures** が膨らみやすいので、店舗拡大を急ぐ小売企業では、当該勘定科目の推移に注視するとよいでしょう。

関連用語

工具・器具・備品については、**Furniture, Fixtures and Equipment**（FF&E）とも言います。その他にも **Tools** や **Fittings** などの用語と併記して記述されることもあります。

他の単語と組み合わせると

Factor 　　　　　　　　　　　　　　名 要素・要因

Furniture and fixtures are important factors when valuing a company during liquidation.

▶清算中の会社を評価する際、工具・器具・備品は重要な要素となります。

Partition 　　　　　　　　　　　　　名 衝立・間仕切り

Some examples of furniture and fixtures are desks, computers, partitions and bookcases.

▶工具・器具・備品の例として、机、コンピュータ、パーティションや書棚があります。

Permanently　　　　　　　　　　　　副 完全に・永久に

Furniture and fixtures are not permanently fixed to land.

▶工具・器具・備品などは、土地に完全には固定されていません。

Refurbish　　　　　　　　　　　　　動 磨き直す・改装する

When opening a new office, look for refurbished or previously used furniture and fixtures to lower startup costs.

▶事務所を新設する際は、開業費を減らすために再生家具や中古家具備品を探しましょう。

Opening　　　　　　　　　　　　　形 開始・開設・初めの
Previous　　　　　　　　　　　　　形 以前の・先の

A new office's opening balance sheet should include furniture and fixtures, with either the purchase price or value estimates from previous owners.

▶新しい事務所の開始貸借対照表には、家具備品が購入価格または以前の所有者からの見積もり額で入ります。

世界の一流企業はこう語る

Equipment includes assets such as furniture and fixtures, heavy equipment, servers and networking equipment, and internal-use software and website development.

(出所：Amazon.com Inc., Form 10-K, 2012)

▶設備には、工具・器具・備品、重機、サーバーやネットワーク機器、さらには内部使用目的のソフトウェアやウェブサイト開発費を含みます。

023

Construction in Progress

[kənstrʌ́kʃən ín prɑ́gres]

建 設 仮 勘 定

Level ★ ☆ ☆

What is it?

　建設仮勘定は、日本語で読むと意味難解なものが、英語で見ればすっきりと判別する代表的な勘定科目の1つです。Construction（建設）が In progress（進行中）ということで、現在建設途中にある有形固定資産です。まだ完成していない建物や機械であっても、建設メーカーに対して、一部の代金を前もって支出するのが通常です。この場合、完成までは建設仮勘定として計上し、完成した段階で建物は建物、機械は機械へと振り替えられます。

　建設仮勘定の計上金額を時系列で追うことによって、その企業が積極的に投資している（建設仮勘定が上昇傾向）のか、あるいは投資を抑えている（建設仮勘定が下降傾向）かの判断ができます。なお、建築物が完成前である Construction in progress は減価償却しません。

関連用語

　In progress の代わりに、In process としても、同じく進行途中という意味を持たせることができます。よく Construction in Progress を省略して CIP asset（資産）と言いますが、CIP の P は Progress としても Process としても同じということです。

> 他の単語と組み合わせると

Renovation　　　　　　　　　　　名 改築

The hotel renovation will be completed next May, but until then, we will carry a large CIP.

▶ホテルの改築は来年5月に完成しますが、それまでは建設仮勘定が大きいままです。

［便利なイディオム］until then, 〜　▶その時までは〜

Make progress　　　　　　　　　動 進歩する・前進する

We make better progress on the building's construction when the weather is clear.

▶天気が晴れているときは建物の建設が早く進みます。

［便利なイディオム］make progress on 〜　▶〜を順調に進める

Depreciate　　　　　　　　　　動 減価償却する
Thereafter　　　　　　　　　　副 それ以降・その後

Once we finish the CIP, it will be capitalized as a building and depreciated thereafter.

▶建設仮勘定（の建設）が終わり次第、建物として資産計上され、その後は減価償却されることになります。

Multiple　　　　　　　　　　　形 複数の

Good CIP accounting software enable users to easily manage multiple projects with both capitalized and expensed assets.

▶良いCIPの会計ソフトは資産計上と費用化された資産の両方に対応でき、利用者が複数のプロジェクトを管理しやすくします。

世界の一流企業はこう語る

We capitalize construction in progress and record a corresponding long-term liability for build-to-suit lease agreements where we are considered the owner during the construction period for accounting purposes.

（出所：Amazon.com Inc., Form 10-K, 2012）

▶会計上の目的により、建設中であっても私たちが所有者とされるビルド・トゥ・スーツ契約（顧客の要望に合わせた建築）の場合、私たちは、建設仮勘定を資産計上し、対応する長期負債を計上します。

024

Accumulated Depreciation

[əkjúːmjəleitid diprìːʃiéiʃən]

減 価 償 却 累 計 額

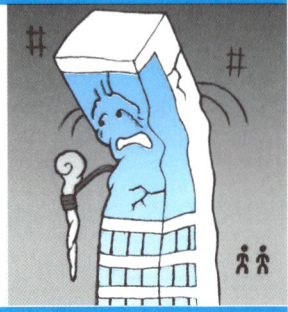

Level ★ ★ ★

What is it?

Accumulate は、積み上げるという意味の動詞です。積み上げられた減価償却費、すなわち減価償却累計額です。ここまで触れたように、減価償却対象の有形固定資産（建物、機械など）を見るときに最初に注意したいのは、それが取得価額（**Acquisition cost**）なのか、減価償却が進行している現時点での簿価（**Book value**）なのかです。たとえば 100 百万円の機械を購入して、5 年間の定額法で減価償却するとします。毎年の減価償却費は、100 百万円 ÷ 5 年 ＝ 20 百万円です。機械を購入してから丸 2 年経過した時点では、以下のように表記されます。

Machinery

取得価額	Acquisition cost	￥100,000,000
減価償却累計額	(Less accumulated depreciation)	￥(40,000,000)
簿価	Book value	￥60,000,000

減価償却累計額 ÷ 取得価額の計算（上例では 40％）によって、当該有形固定資産の減価償却がどの程度進捗しているのか（どの程度機械が古いのか）も、判断することができます。

BS 上では、上記のように減価償却累計額を表示する間接控除方式と、簿価のみを記載する直接控除方式（償却の詳細は財務諸表注記に記載）があるので注意しましょう。なお、無形資産の償却（**Amortization** ⇒ 160 頁）は、直接控除のみです。

関連用語

取得価額は、Acquisition cost の他に Purchase price（cost）、簿価は Book value の他に Carrying amount とも表現できます。また、取得価額を Gross amount、簿価を Net amount と表現して、両者を対比することも可能です。

他の単語と組み合わせると

Write-down 　　　　　　　　　　　图 評価切り下げ

Accumulated depreciation is the total write-down of assets due to age and usage.

▶減価償却累計額とは、資産の経年および使用による評価切り下げの合計額を意味します。

Expense 　　　　　　　　　　　動 費用化する

In other words, the amount of depreciation expensed since the purchase of an asset is accumulated depreciation.

▶言いかえますと、資産購入以降に費用計上した減価償却の金額が、減価償却累計額です。

Accelerated depreciation 　　　图 加速減価償却

Companies using accelerated depreciation for much of their assets are expected to have large accumulated depreciation.

▶保有資産の多くに対して加速減価償却を適用している企業は、減価償却累計額が大きく表れることが推測されます。

世界の一流企業はこう語る

Property, plant and equipment are stated at cost less accumulated depreciation and accumulated impairment losses.

（出所：Samsung Electronics Co. Ltd., Annual Report, 2012）

▶有形固定資産は、コストから減価償却累計額と減損損失累計額を控除した額で表記されます。

025

Leased Equipment under Capital Leases

[líːst ikwípmənt ʌ́ndər kǽpətl líːsiz]

リース資産

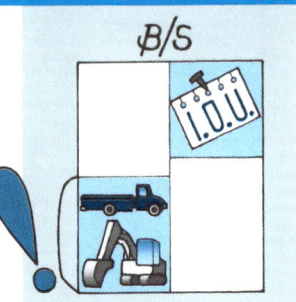

Level ★★★

※ I.O.U.：借用書

What is it?

　リースには大きく2つのタイプがありますが、借り手が実質的に資産を所有していると判断されるものをファイナンス・リース（英語では、Capital lease）と呼びます。契約が中途で解約できないことから、リース物件からの経済的利益もコストも借り手が実質的に負担する取引です。この場合には売買取引と同様に、リース契約締結時に、借り手はリース資産を借方に、リース負債を貸方に計上します。

　実質的に所有しているとは判断されないリースは、オペレーティング・リース（Operating lease）と呼ばれ、資産計上せずに毎月のリース料を費用としてPL計上します。

関連用語

　リースの貸し手をLessor、借り手をLesseeと呼びます。
　ファイナンス・リース取引の契約時のLessee側の仕訳は以下のとおりです。

Dr. リース資産　1億円 （Leased equipment under capital leases）	Cr. リース債務　1億円 （Lease obligation）

　決算時には、減価償却費（定額法）を計上し、その分リース資産が減額されます。契約後に毎月行うリース料の支払いに伴う仕訳は、106頁のリース債務を参照してください。

> 他の単語と組み合わせると

Net book value　　　　　　　名 正味帳簿価格

Look at net book value under leased equipment in capital leases for an idea of the company's leased assets.

▶ある会社のリース中の資産を調べるには、キャピタル・リース資産の正味帳簿価額を見てみましょう。

Investment　　　　　　　　　名 投資

For capital leases, you must record property under capital leases and then depreciate, as if you made investments in plant and equipment.

▶ファイナンス・リースにおいては、設備投資を行ったかのように、リース資産として資産計上後に減価償却する必要があります。

［便利なイディオム］as if 〜　▶まるで〜であるかのように

Retailer　　　　　　　　　　名 小売業者

Among major American retailers, companies frequently lease stores and often record large property under capital leases.

▶米国の大手小売業の中には、店舗のリースを頻繁に行い、リース資産を多額に計上している企業が見受けられます。

Outflow　　　　　　　　　　名 流出

In order to reduce early outflow of cash from capital investments, our company has a strong tendency to use capital leases.

▶設備投資に伴う初期のキャッシュアウトを抑えるために、当社はリースを積極的に活用する傾向があります。

［便利なイディオム］have a tendency to 〜　▶〜する傾向がある

世界の一流企業はこう語る

Certain of our equipment, primarily related to technology infrastructure, and buildings have been acquired under capital leases.

(出所：Amazon.com Inc., Form 10-K, 2012)

▶テクノロジー・インフラに関わる特定の装置や建物は、キャピタル・リース契約で取得されています。

026

Intangible Assets

[intǽndʒəbl ǽsets]
無 形 固 定 資 産

Level ★★★

What is it?

　「触れることができる」を意味するTangibleにIn-をつけて否定することで、Intangibleは「触れることのできない」を意味します。形が無いので触れない、つまり無形固定資産です。日本語では有形固定資産、無形固定資産と言うように、形があるかないかの視覚で判断しますが、英語では触れるか触れないかという触覚に訴えています。

　日本の無形固定資産に含まれる代表的な資産は、ソフトウェア（**Software** ⇒ 54頁）、のれん（**Goodwill** ⇒ 60頁）、特許権（**Patent rights** ⇒ 56頁）、著作権（**Copyrights**）、商標権（**Trademark rights** ⇒ 58頁）、販売権（**Sales rights**）などです。なお、海外のBS上では、ソフトウェアやのれんは**Intangible assets**の中ではなく、別建てで表記するのが一般的です。金額の大きな**Intangible assets**がある場合は、その中に何が含まれているかを、決算書類の注記から確認しましょう。

　無形固定資産は、日本基準では一定の年数で償却されます。米国基準と**IFRS**では経済的耐用年数が確定できない場合には償却せず減損テストのみ実施されます。無形固定資産の償却は**Amortization**と表現します。国内も海外も、減損（**Impairment** ⇒ 224頁）は、のれんを含む無形固定資産に対して行います。

関連用語

　Patentや**Copyright**などを包括して、**Intellectual Property**（**IP**）**rights**（知的財産権）という語がよく使われます。

52

他の単語と組み合わせると

Impair 動 減損する

Common examples of intangible assets that are impaired are trademarks and goodwill.
▶減損する無形固定資産の中で代表的なものは、のれんと商標権です。

Known 形 わかっている・知られている
Amortize 動 償却する

Intangible assets with known useful lives such as patents are amortized.
▶特許のように存続年数が判明している無形固定資産は償却されます。

Intellectual 形 知的

Intellectual properties are intangible assets that require legal protection with registration and/or enforcement.
▶知的財産権は、登録あるいは法執行による法的保護を必要とする無形固定資産です。

Frequent 形 頻繁な

Companies with frequent mergers and acquisitions have large intangible assets such as goodwill and patent rights.
▶M&Aが活発な企業は、のれんや特許権などの無形固定資産が大きくなります。

Value 動（価値を）評価する

Commonly valued intangible assets include publishing rights for books, music, and film, production processes, know-how, trademarks, and software copyrights.
▶よく評価対象となる無形固定資産には音楽、映画や書籍の出版権、生産工程、ノウハウ、商標やソフトウェア著作権を含みます。

世界の一流企業はこう語る

The corporate competition paradigm is rapidly shifting from tangible assets such as price, functionality, quality, and other criteria to intangible assets such patents, designs, and the like.

(出所：Samsung Electronics Co. Ltd., Sustainability Report, 2012)
▶企業間競争のパラダイムは、価格、機能、品質やその他の有形資産から、特許やデザインのような無形資産へと急速にシフトしています。

027 Software

[sá:f(t)wer]

ソフトウェア

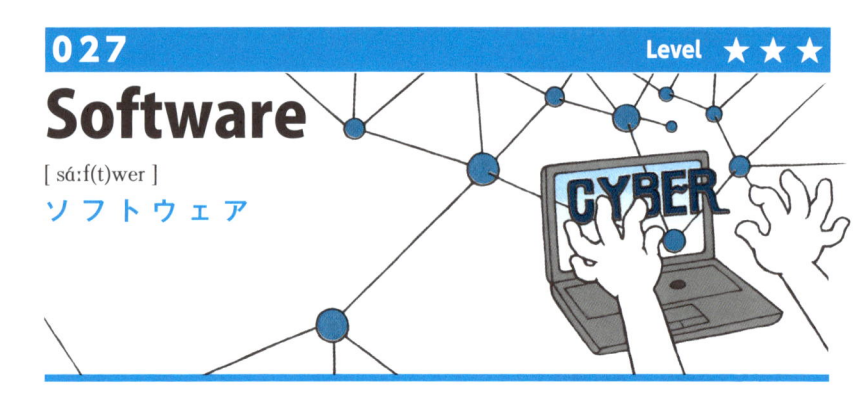

Level ★★★

What is it?

　固定資産として計上するソフトウェアには、市場販売目的の製品マスター製作費（研究段階のものは除く）と、自社利用目的（内製、外部購入問わず）の大きく2つが挙げられます。日本では自社利用ソフトウェアは5年以内で定額償却するのが一般的ですが、海外ではより実態に合わせて償却します。

　顧客と直接取引をする企業は顧客の個人情報を保有しているため、自ずとソフトウェアの計上額が大きくなる傾向が表れます。製造業であっても生産管理や物流最適化のためのシステム投資がかさめば、ソフトウェア額が多額に表れてきます。

関連用語

　自社で開発されたソフトウェアは、**In-house developed software** です。これに対して、外部から購入してきたパッケージソフトであれば、**Packaged software** となります。

他の単語と組み合わせると

Public domain 　　　　　　　　　　名 パブリックドメイン・公有
Operating system（OS）　　　　　　名 コンピュータ用基本ソフト（OS）

Our computers run on public domain software and operating systems.
▶私たちのコンピュータは、パブリックドメインのソフトウェアや OS で稼動しています。

Patentability 　　　　　　　　　　名 特許性

Software patents protect developers but there is an ongoing debate on the extent of patentability.

▶ソフトウェア特許は開発者を保護する一方で、特許性の範囲について議論が続いています。

［便利なイディオム］ongoing debate on A　▶Aについて続いている議論

Localize
動 ローカライズする

Marketing software to a foreign area will require a company to translate the product, enable foreign language characters, and localize payment options.

▶国外地域にソフトウェアを販売する場合、会社は製品を翻訳し、外国語文字を利用可能にし、そして支払方法をローカライズする必要があります。

Human error
名 人為ミス

Integration
名 統合

Software specially designed for payroll will minimize human error, but it is important that the product comes with seamless integration with accounting software, and email or telephonic support.

▶給与計算に特化して作られたソフトウェアは人為ミスを最小限に抑えますが、会計ソフトとのシームレスな統合が成されていること、メールや電話でのサポート付きであることが重要です。

Software-as-a-service（SaaS）
名 サービス型ソフトウェア（サース）

Many software companies are now choosing to distribute software as software-as-a-service and charge regular subscriptions as opposed to the traditional license fee model.

▶現在多くのソフトウェア企業は、伝統的なライセンス料ビジネスモデルではなく、サービス型ソフトウェアとしてソフトウェアを提供し、正会員に課金するモデルを選択しています。

世界の一流企業はこう語る

Costs incurred to develop software for internal use and our websites are capitalized and amortized over the estimated useful life of the software.

(出所：Amazon.com Inc., Form 10-K, 2012)

▶内部で使用するソフトウェアやウェブサイトの開発コストは、資産計上してソフトウェアの予測耐用年数で償却します。

028

Patent Rights

[pǽtnt ráits]

特 許 権

What is it?

　パテントは、カタカナでも十分通用する英単語の１つでしょう。Patent rights として計上する金額は、自社で取得した特許の場合は、特許を登録する際に要した費用のみです。その特許を取得するために費やした過年度の研究開発費は、過去に費用計上されているため、それを戻して資産計上することはありません。この点において、自社で取得した特許権の（少額の）計上額＝特許の価値小さい、とはまったく言えないことがわかります。

　他者から取得した特許の場合は、取得に要した費用が全額資産計上されます。このため、他者から取得した特許のほうが、金額が大きくなる傾向があります。特許が効力を発して売上や利益に結び付くかは、その後の活用次第なので、この場合もまた、他者から取得した特許権の（多額の）計上額＝特許の価値大きい、とはまったく言えないのです。

関 連 用 語

　特許権は無形固定資産なので、償却は Depreciation ではなく、Amortization と表現するのが正解です。ただし、ネイティブの日常会話では Depreciation と言ってしまうことも多く見られます。

他の単語と組み合わせると

Patent attorney　　　　　　　　　　　　名 弁理士

Please find native speaking patent attorneys so we can apply for the same patent in foreign countries.

▶外国で同特許を申請するために、各国のネイティブスピーカーの弁理士を探してください。

［便利なイディオム］apply for 〜　　▶〜を申し込む・申請する

Assign　　　　　　　　　　　　　　　動 譲渡する・（特許権を）売る

I assigned the patent rights to my friend so she can use it for her business.

▶友人がビジネスで特許の実施ができるように、特許権を譲渡しました。

Make use　　　　　　　　　　　　　　動 使用する

Since patents generally have shorter terms than copyright, owners should make use while they have them.

▶通常、特許権は著作権よりも存続期間が短いのですから、権利者は期間中に活用を考えるべきです。

Potentially　　　　　　　　　　　　　副 潜在的に・もしかすると

When you have a great idea for an invention that may potentially generate income, it is safe to look for similar patents in case it has already been invented.

▶収入を生みだす可能性を秘めた素晴らしい発明アイデアが浮かんだ場合、類似特許の調査を行い、すでに発明されていないか確認すると安全です。

世界の一流企業はこう語る

Acquiring a company is also an effective means of developing patent competence as it allows the obtaining not only of the technological capacity but also the patent rights of the company.

(出所：Samsung Electronics Co. Ltd., Sustainability Report, 2012)

▶企業買収は、技術開発力だけでなく、企業が保有する特許権も獲得できるため、特許優位性を築くには効果的な選択肢です。

029

Trademark Rights

[tréidmɑːrk ráits]

商標権

Level ★★★

What is it?

　商標権とは、商標法に基づいて登録された商標を、独占的かつ排他的に行使できる権利です。その商標権を獲得するために過去に費やしたさまざまなコストは、すでに過年度に費用処理されています。よって、自社で開発した商標権は登録費用等が少額で計上されることとなります。他者から取得した場合は、取得時に要した対価をすべて資産計上するため、大きな額となる傾向があります。

関連用語

　商標権と似たものに意匠権（Design rights）があります。意匠とは、物品の形状や色彩、模様などに関するものです。意匠権は、意匠法に基づいて登録された意匠を、独占的かつ排他的に行使できる権利です。商標権も意匠権も日本語では難解な言葉ですが、英語では Trademark rights、Design rights と、一目でイメージがわくことばです。

他の単語と組み合わせると

Registration　　　　　　　　　名 登録

Trademark rights may be obtained through registration or usage.

▶商標権は登録または使用を通して取得することができます。

Trademark holder　　　　　　　名 商標権者

A trademark holder has the right to stop others from selling similar goods or services with names resembling the original.

▶商標権者は他者に対し、原商標と類似する名称の商品・役務の販売や提供を止めさ

せる権利を持ちます。

[便利なイディオム] stop A from 〜 ing　▶Aが〜することを止める

Kleenex　　　　　　　　　　　　　名 クリネックス（ティッシュ）

Xerox（machine）　　　　　　　名 ゼロックス（コピー機）

Famous trademarks such as Kleenex and Xerox have become part of everyday English.

▶クリネックス（ティッシュペーパー）やゼロックス（コピー）などの著名商標は、日常英語の一部となっています。

Distinguish　　　　　　　　　　動 区別する

Origin　　　　　　　　　　　　　名 起源・出所（原産国）・製造者

A good trademark distinguishes the product (or service) and identifies its origin, making it difficult for competitors to develop similar products.

▶良い商標は製品（またはサービス）を差別化し、その出所を明示するため、競合他社が類似品を開発しにくくなります。

世界の一流企業はこう語る

Although the Company believes the ownership of such patents, copyrights, trademarks and service marks is an important factor in its business and that its success does depend in part on the ownership thereof, the Company relies primarily on the innovative skills, technical competence and marketing abilities of its personnel.

(出所：Apple Inc., Form 10-K, 2012)

▶特許権、著作権、商標権やサービスマークは事業を行ううえで重要な要素であり、企業の成功は一部そうした権利の所有によるものと考えますが、当社は創造力に富むスキルや技術的力量、マーケティングといった従業員の能力に強く負っているのです。

030

Level ★★★

Goodwill

[gudwíl]

のれん

What is it?

　Goodwill はビジネス上の「信用」を意味する単語で、正に日本語の「のれん」と同義です。被取得企業の BS 上にある純資産に対して支払われるプレミアムの金額に相当するもので、定量的に計算されます。BS には計上されないブランドや技術、あるいは顧客ベースなど、何らかの超過収益力（**Excess earning power**）が企業には存在するため、プレミアム（正ののれん）を支払って買収するのが一般的です。まれに純資産価値より低い金額で買収が行われ、その場合は負ののれん（**Negative goodwill**）が発生します。

　2013 年現在、日本基準ではのれんを 20 年以内の年数で償却（**Amortize**）しますが、米国基準と **IFRS** では償却しません。M&A した後に、被取得企業が十分な利益を生み出していない場合、日本も海外ものれんは減損されます。米国基準及び **IFRS** では減損の兆候の有無にかかわらず、必ず年一度の減損テストが要求されます。日本では減損の兆候がある場合のみ減損テストが要求されます。のれんが膨らんでいる企業は、万一減損になった場合に、利益剰余金や純資産がどの程度棄損するかを確認しておきましょう。

関連用語

　日本ではのれんを償却しますが、海外では償却しない場合がほとんどです。そこで、日本企業と海外企業を営業利益で比較してしまうと、販管費でのれん償却費を計上する日本企業の利益が低く映ります。そこで、日本企業と海外企業を比較するには、のれんの償却費（**Amortization**）を営業利益に足し戻した **EBITA**（Earnings Before Interest, Taxes, and Amortization）を計算します。**EBITA** であれば、会計基準によらず、公平に企業の収益力を評価することが可能となります。

なお、海外では無形固定資産とは別にのれんをとらえるのが通常で、Goodwill and intangible assets のように表記されます。

他の単語と組み合わせると

Acquire　　　　　　　　　　　　動 買収する

Goodwill is the amount of money paid over and above the acquired company's net assets.

▶のれんとは、買収された会社の総資産より多く支払われた金額のことです。

［便利なイディオム］over and above 〜　▶〜に加えて

Name and fame　　　　　　　　　名 評判・名声

A company's reputation or name and fame contributes to goodwill.

▶会社の評判や名声は、のれんに貢献しています。

Circumstance　　　　　　　　　　名 状況・事情

Circumstances in which goodwill needs to be evaluated arise when the structure of companies and partnerships change.

▶のれん評価の必要が発生する状況は、企業やパートナーシップの構造が変化したときです。

Separate　　　　　　　　　　　　形 別々の・個々の

Any impairment losses for goodwill should be reported as a separate line item on the profit and loss statement.

▶のれんの減損は、PL上に独立した項目として報告しなければなりません。

世界の一流企業はこう語る

Due to the substantial carrying value of goodwill under International Financial Reporting Standards ('IFRS'), revisions to the assumptions used in assessing its recoverability, including discount rates, estimated future cash flows or anticipated changes in operations, could lead to the impairment of certain Group assets.

（出所：Vodafone Group PLC, Annual Report, 2013）

▶IFRSにおいてのれんの巨大な帳簿価額が存在するため、割引率、予測将来キャッシュフローや今後予測される営業活動の変更を含む、回収可能性の評価に使われる条件が見直された場合、特定グループの資産の減損に至る可能性があります。

031

Level ★★★

Investment Securities

[invéstmənt sikjúərətiz]

投 資 有 価 証 券

What is it?

　日本基準において、投資その他の資産（Investment and other assets）の最初に記載されるのが、投資有価証券（Investment securities）です。

　ここには、長期（＝1年超）保有する予定の債券（Held-to-maturity securities）や長期保有目的の株式（Available for sale securities）などが含まれています。また、連結BSでは、関連会社への投資（Investments in affiliated companies）も含まれます。

　時価のある株式は決算期の株価で時価評価します。簿価と時価との差額は純資産の中にあるその他有価証券評価差額金（Net unrealized holding gains/losses on securities）で税効果を反映させて計上します。

関連用語

　会計基準や企業によって表記の仕方や表現が若干異なるのが、投資有価証券です。単にInvestmentsと言ってしまう場合もあれば、さまざまな固定資産の最後にOther assetsとまとめて、その中の一部として含まれる場合もあります。その他にも、Long-term marketable securitiesやLong-term financial assetsなどの表現も可能です。

　日本も海外も決算書類の注記を見れば、そうした投資勘定の中身の概要は記載されています。特に金額が膨らんでいる場合は、必ず中身を確認するようにしましょう。

> 他の単語と組み合わせると

Impairment 　　　　　　　　　　　名 減損

Financial crisis 　　　　　　　　　名 金融危機

The financial crisis has resulted in serious impairment losses on investment securities.

▶金融危機は投資有価証券の深刻な減損損失をもたらしました。

Investment management 　　　　名 投資管理・顧問

He quit the bank and started a business in investment management.

▶彼は銀行を辞めて投資管理事業を始めました。

Cross-holding 　　　　　　　　　名 株式持合

Double counting 　　　　　　　　名 二重計算

Cross-holding between listed companies can lead to double counting of securities' values.

▶上場企業間での株の持ち合いは、有価証券の価値を重複集計することにつながる可能性があります。

Keep record 　　　　　　　　　　動 記録を付ける

Keeping a simplified record of each stock you own may prove to be useful in future analysis.

▶保有する各株式に簡単な記録を付けることで、将来の分析に有益となるかもしれません。

［便利なイディオム］prove to be ～　　▶～とわかる・～であることを証明する

世界の一流企業はこう語る

The Company's marketable securities investment portfolio is invested primarily in highly-rated securities and its investment policy generally limits the amount of credit exposure to any one issuer.

(出所：Apple Inc., Form 10-K, 2012)

▶当社の有価証券投資ポートフォリオは、主に高格付証券に投資をしており、その投資方針はいかなる発行体への信用リスク額も限定するものです。

032

Investments in Affiliates

[invés(t)mənts ín əfílieits]
関 連 会 社 投 資

Level ★★★

What is it?

Affiliates は関連会社（20%以上50%以下の議決権ある株式を保有するなど、影響力を有する）を意味するもので、**Affiliated companies** や、**Associates** とも呼びます。このような関連会社に対する投資額が、**Investments in affiliates** です。

売却目的で保有する投資ではないので、仮に上場していて株価が存在する企業であっても時価評価は行いません。ただし、日本では取得原価より50％以上の株価下落があった場合には強制的に減損処理を行います。

また、関連会社から投資企業への配当金の支払いは、投資企業の関連会社に対する持分を減らすことに他なりません。仮に関連会社から投資企業へ100円の配当金が支払われた場合は、以下の2つの連結調整の仕訳を行って配当金を相殺します。

Dr.		Cr.	
Cash	100	Dividend income	100
Dividend income	100	Investments in affiliates	100

関連用語

株式を過半数（50%超）保有する子会社は、**Subsidiary** と呼ぶのが正式です。ところが、親しみを込めて **Consolidated affiliates**（連結される仲間たち）のように子会社を表現することも見られます。前後の文脈で **Affiliates** が一体誰なのかを明確にしましょう。関連会社であることを明確にしたいのなら、**Equity method investment** や **Equity companies** などと表現するとよいでしょう。（**Equity method** は持分法）

親会社、子会社、関連会社を含めて、日本語では関係会社と呼びます。英語に訳せば Related companies でしょう。

他の単語と組み合わせると

Establish 　　　　　　　　　　　　　動 成立させる・確立する
Association 　　　　　　　　　　　　名 関連性

In order to establish a relationship of association with another company, you must possess over 20%, but not the majority of shares.

▶他社との関係において関連性を成立させるためには、20％以上かつ過半数に満たない数の株式を保有する必要があります。

Tax return 　　　　　　　　　　　　名 納税申告
IRS 　　　　　　　　　　　　　　　　名 米国国税庁

For consolidated tax return purposes, the IRS defines affiliated groups as companies whose parents have over 80% of voting stock.

▶連結納税申告の場合、IRS の定義では、親会社が議決権付き株式を 80％以上保有している企業を関連グループとしています。

Holding company 　　　　　　　　　名 持株会社
Adequately 　　　　　　　　　　　　形 適切に・十分に

Management wants to make a holding company to adequately allocate resources over subsidiaries and affiliates.

▶経営陣は持株会社を作り、子会社や関連会社への適切な資源割当を望んでいます。

世界の一流企業はこう語る

Toyota evaluated its investments in affiliated companies, considering the length of time and the extent to which the quoted market prices have been less than the carrying amounts, the financial condition and near-term prospects of the affiliated companies and Toyota's ability and intent to retain those investments in the companies for a period of time.

(出所：Toyota Motor Corporation, Annual Report, 2012)

▶トヨタが関連会社投資を評価する際には、市場価格が帳簿価額を下回っている期間と程度、これらの関連会社の財政状態と将来の見通し、および当該関連会社に対する投資を継続するトヨタの能力および意思を考慮して行います。

033 Lease Deposit

[líːs dipázit]

差入敷金

Level ★☆☆

What is it?

　店舗やオフィス用途で不動産を賃借するときには、不動産オーナーに対して敷金を差し入れます。賃借を終了する際は、原状回復（Restoration to original state）の費用は控除されたうえで、敷金は借り主（テナント）に戻るのが慣例です。このため、借り主が差入れる敷金は、あくまで借り主の資産です。これを不動産オーナー側から見れば、一時的に敷金は預かるだけなので、預かり敷金（Lease deposit received）という科目で固定負債に計上されます。

　本社施設などを、賃借することで敷金を差し入れ、毎月の家賃を支払うのか、または最初の投資は大きいものの、購入することで月々の家賃の支払いをなくすのか（減価償却費は発生します）は、企業にとっての大事な決定事項です。

関連用語

　敷金は単に Deposit と呼んでも意味は通りますが、Lease deposit としたほうが、賃借（Lease）に絡む Deposit（預け入れ）であることが明確に伝わります。これ以外にも Rental deposit, Guarantee deposit, Security deposit などの表現も可能です。不動産のオーナー側から見た預かり敷金は、Guarantee deposited、(Guarantee) deposit received となります。

　本来は Lease を 1 か月以上の契約に、Rental を毎月更新するレンタルに使います。契約書の内容も Lease のほうがより細かくできており、Rental 契約は簡単なフォームであったりします。日常会話ではしっかり使い分けられていないので、内容に注意を払いましょう。

> 他の単語と組み合わせると

Violation　　　　　　　　　　名 違反

Termination　　　　　　　　　名 終了・解除

A security deposit is a way to ensure the landlord payment for any violations or early termination of the lease contract.

▶敷金は、賃貸借契約の違反や中途解除の際に、家主への支払いを確保するための方法です。

Landlord　　　　　　　　　　名 家主

Attic　　　　　　　　　　　　名 屋根裏・屋根裏部屋

The landlord wants to keep the room's deposit despite hiding the mold in the attic from the tenants.

▶家主は屋根裏のカビのことを借主に隠していたにもかかわらず、部屋の敷金を返したくないようです。

Restoration　　　　　　　　　名 原状回復

The removal and restoration clause requires that the lessee return the rented property to its original state.

▶賃貸借契約の移転及び原状回復条項は、貸借物を元の状態にして返還することを借主に要求しています。

世界の一流企業はこう語る

In a constantly changing retail industry, time-limited leases ensure that H&M can always establish its stores in the best possible location for business.

(出所：H&M (Hennes & Mauritz AB), Annual Report, 2011)

▶絶えず変化する小売業界では、期限付きリースを活用することによって、H&M はビジネスに最適な立地にいつでも店舗を構えることができるのです。

034

Deferred Income Tax Assets

[difɔ́ːrd ínkʌm tǽks ǽsets]

繰 延 税 金 資 産

What is it?

　会計上の税引前利益（Income before taxes）と、税法上の課税所得（Taxable income）は、さまざまなケースで異なります。こうした差異の結果生じた会計上と税務上の資産負債の簿価の差額を調整する処理を税効果会計（**Deferred tax accounting**）と呼びます。たとえば法人税法上はその期の損金として認められない減価償却超過額や、貸倒引当金繰入超過額の計上があったとします。会計上は多額の費用が発生するのに、税金計算ではこれらは損金として認められず、そのままにすると少ない利益に対して多額の税金を払っているように映ります。業績評価を適切に行うには、利益額に対して適正な税金を支払っているように見せる必要があり、税効果会計によってこれが実現します。

　繰延税金資産の回収可能性については、会社の財政状態、過去の業績や課税所得等の状況を慎重に検討して、必要に応じて評価性引当金（**Valuation allowance**）が計上されます。

関連用語

　仕訳を英語と日本語で表記しておきましょう。仮に税法上認められなかった減価償却超過額が 30 億円、税率が 40% であるとします。次の仕訳を行うことで、BS の資産に繰延税金資産が計上され、PL 上では実際に支払う税金より 12 億円少ない税負担（法人税、住民税及び事業税 ＋ 法人税等調整額）として映すことが可能となります。

Dr. 繰延税金資産　12 億円 （Deferred income tax asset）	Cr. 法人税等調整額　12 億円 （Income tax – deferred）

他の単語と組み合わせると

Reassessment 　　　　　　　　　　　名 再評価
Realizability 　　　　　　　　　　　名 実現可能性

Based on a recent reassessment of the realizability of deferred tax assets, the Company posted a reversal of deferred tax assets of 1 billion dollars.

▶最近の繰延税金資産の実現可能性の再評価に基づき、当社は10億ドルの繰延税金資産の取り崩しを計上しました。

Accelerated depreciation 　　　　　名 加速減価償却
Provision 　　　　　　　　　　　　　名 規定・定め

Recording deferred tax assets due to accelerated depreciation is a typical practice in accordance with provisions of the Corporation Tax Act.

▶前倒しの減価償却による繰延税金資産の計上は、法人税法の定めに沿った典型的な会計手法の一例です。

［便利なイディオム］in accordance with 〜　▶〜に沿って・従って

Generate 　　　　　　　　　　　　　動 生み出す
Offset 　　　　　　　　　　　　　　動 相殺する

Watch out for companies with an enormous amount of DITA and see if they continue to generate enough profit to offset the amount.

▶巨大な繰延税金資産を持つ企業に対しては、相殺するのに十分な利益の継続が可能かどうかに注意を払いましょう。

世界の一流企業はこう語る

Management believes it is more likely than not that forecasted income, including income that may be generated as a result of certain tax planning strategies, together with future reversals of existing taxable temporary differences, will be sufficient to fully recover the deferred tax assets

(出所：Apple Inc., Form 10-K, 2012)

▶経営陣は、特定の税務計画から生み出される分を含む予測利益と、既存の課税一時差異の将来における相殺によって、繰延税金資産はすべて回収することが十分可能であろうと考えています。

035

Deferred Assets

[difə́ːrd ǽsets]

繰 延 資 産

What is it?

すでに対価の支払いが行われ、役務の提供を受けたものの、その効果は今後も続くと期待される費用を、いったん資産として計上するものです。具体的には、

Stock delivery expenses	株式交付費
Bond issuance expenses	社債発行費
Founding expenses	創立費
Opening expense, Startup expenses	開業費
Development expenses	開発費

です。

償却の年数を定めるのは容易でないため、繰延資産は支出した年度に全額費用として処理するのが原則です。そうしなかった場合のみ、繰延資産としてBSに計上した後、定められた期間内で定額法により償却（**Amortize**）します。

関連用語

繰延資産は、**Deferred debit** や **Deferred charges** とも呼ばれます。

繰延資産・負債をまとめて **Deferred**（形容詞）と表現する場合もあります。日常会話では繰延資産を **Deferral**（名詞）と、もっと直接的に表現することもあります。

> 他の単語と組み合わせると

Benefit　　　　　　　　　　　名 利益

Deferred assets continue to give benefits to the company over a long period and are included in other assets.

▶繰延資産は長期にわたって会社に利益を供給し続けるもので、その他の資産に含まれています。

Bond issuance costs　　　　　名 社債発行費

Bond issuance costs are first deferred to long-term assets on the balance sheet.

▶社債発行費は、貸借対照表の長期資産として最初に繰り延べられます。

Startup expense　　　　　　　名 開業費

Were startup expenses added to deferred assets when you calculated for adjustments?

▶調整項目を計算したときに、開業費は繰延資産に入れましたか？

Expansion　　　　　　　　　　名 拡大・増加

I need you to check with the accounting department to see if the sudden expansion of deferred assets was necessary for business.

▶急増した繰延資産がビジネスに必要なものだったのか、会計部門に確認を取ってください。

［便利なイディオム］check with A　▶ Aに確認を取る・照らし合わせる

世界の一流企業はこう語る

The timing differences between the billings and the maintenance costs incurred generate both deferred assets and deferred revenues.

（出所：United Technologies Corporation, Annual Report, 2012）

▶（アフターサービスの修繕契約について）請求と修繕コスト発生の間に生じるタイミングのズレは、繰延資産と前受収益を発生させます。

Tips.1
紛らわしい言葉を整理しよう

Tips.1

Sales vs Revenue vs Profit

「収益」と「利益」の違いをきちんと説明できますか？ この2つの言葉は日常会話ではかなりあいまいに使われていますが、会計の世界ではまったく別の意味になります。これも英語で見ると、両者の違いがはっきりわかるでしょう。収益＝ Revenue、利益＝ Profit。式で表すと次のようになります。

Revenue（収益）－ Expense（費用）＝ Profit（利益）

「利益」という表現が日本語では響きが強すぎるきらいがあるので、「利益を高める」と言うべきところを、「収益力の向上」などと和らげることがよくあります。でも、それでは「売上を増やしたい」と言っているだけで、黒字なのか赤字なのかはさっぱりわかりません。Profit を語りたいなら、「利益」であって「収益」ではないのです。

それでは、収益 (Revenue) と売上 (Sales) の違いは何でしょうか。収益とは会社に入ってくるすべてのものを指します。その大部分は売上（Sales）ですが、厳密には受取利息（Interest income）、受取配当金（Dividend income）など、売上とはならない収益も含まれています。このことから、両者の関係は、以下のように表せます。なお、Revenue の中でも Sales なのだということをより明確にするため、売上高のことを Sales revenue と呼ぶ場合もあります。

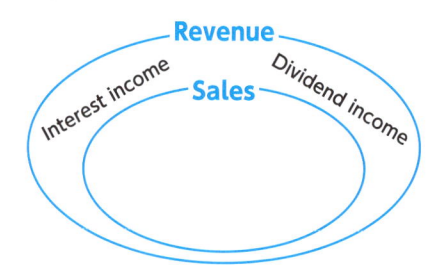

ただし、日本語でも売上のことを時おり (営業) 収益と呼ぶように、Revenue も「売上」を意味することばとして、PL のトップに現れてくるこ

とが多々あります。英国では、売上のことを Turnover と表現することもあるので、一緒に覚えてしまいましょう。

Profit vs Income vs Margin vs Earnings vs Return

どれも日本語では「利益」と訳しますが、どう使い分ければいいのでしょうか。横軸にギスギス度合い（言葉の響き）の強弱を、縦軸にがんばり度合い（気持ち）の強弱を取って、整理してみることにしましょう。

図の右上の Profit は、5 つの「利益」の中で、もっともギスギスした響きを持つ言葉です。ズバリ「儲け」という日本語がピッタリくる単語です。自らがんばって獲得したのだという主張も感じさせるので、右上に位置しています。

Profit に比べると、左上の Earnings は「Earn=（ある対価として）獲得する」ことに重点を置くため、ギスギスした響きはありません。

左下の Income は Earnings と比べて、「所得」という日本語がしっくりくるような、とてもニュートラルな言葉です。ギスギスした響きや自らがんばって獲得したのだというニュアンスも少ない単語です。

中央下の Margin は、元々は「余白」という意味があり、利益として取れる余白の部分なので、Income に比べると少しギスギスした印象を与えます。自らがんばって獲得したというニュアンスはありません。

中央の Return は戻ってくるもの、つまり「見返り」ですが、「がんばった成果」という意味も少し感じさせます。

Profit と Income は、PL 上でも、おおむね同じような頻度で現れます。たとえば、PL 上で最初の利益となる売上総利益は、Gross income、Gross profit どちらも同じ意味で OK です。Margin や Earnings も時折、PL 上の「利益」として現れることがありますが、Gross margin というと売上総利益率（％）と考える人も多いです。

Earnings がもっともよく使われるのは、EPS（Earnings Per Share、1 株当たり純利益）を語るときです。Earnings はいつも複数形で使われるので注意してください。海外では、EPS が PL 上に記載されますが、日本では注記の情報の 1 つです。株主重視の経営が浸透した米国企業では、決算発

Tips.1

表の場でEPSの動きに数多く言及します。このため、決算発表では利益を語るときにEarningsという単語をそのまま使う傾向が多く見られます。図に示したように、Earningsはギスギス度合いが弱いものの、自らががんばって獲得したのだという意味の強い言葉なので、株主にアピールするうえでも、使いやすい単語なのでしょう。

Returnは、PL上に直接現れることは通常ありません。ROA（Return on Assets、総資産利益率）、ROE（Return on Equity、株主資本利益率）、ROIC（Return on Invested Capital、投下資本利益率）などの利益率を表現する際に、もっともひんぱんに使われる「利益」です。また、Returns to stockholders（株主への利益還元）のように、配当や自社株買いなどの「利益還元」を表現するうえでも多用されます。

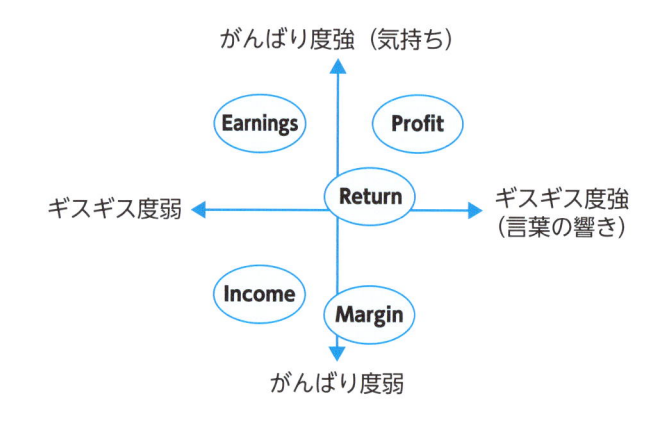

```
              がんばり度強（気持ち）
                     ↑
        Earnings      Profit

ギスギス度弱 ←——— Return ———→ ギスギス度強
                                （言葉の響き）
        Income        Margin
                     ↓
              がんばり度弱
```

Cost vs Expense

Cost（コスト）とExpense（費用）はどう違うのでしょうか？

たとえば、ある小売店が1個700円の商品を10個仕入れたとします。この場合、7,000円を仕入先に支払いますが、この7,000円はCostです。

仕入れた10個の商品のうち、7個だけが販売できたとします。販売価格が1,000円とすると、PLは次のようになります。

Sales	7,000	(¥1,000 × 7個)
COGS	4,900	(¥700 × 7個)
Gross Profit	2,100	

　PLには、Matching principle（費用収益対応の原則）という決まりがあります。収益と費用をできるかぎりMatchingさせることで、期間の損益を明らかにしようというものです。この小売店は700円の商品を1,000円で販売することで、1個当たり300円の黒字の商売をしているのです。これをPL上で表現するには、Matching principleが必要なのです。売れ残った3個分の商品、すなわち700円×3個=2,100円は、BSに商品在庫として記載されます。

　ここで言う4,900円がExpenseです。簡単に言えば、PL上に計上されているものはExpenseで、BS上に留まっているものはCostです。ただし、広告宣伝費など、BSを経由しないで直接PLのExpenseとなる勘定もあります。

　特に、修繕や修理（⇒164頁）に関連する支出（Aとします）を、固定資産としてBSにいったん資産計上するのか（to Capitalize A）、あるいは即座にPL上で費用として認識するのか(to Expense A)は、議論になりやすいところです。言葉の使い分けとともに、しっかり押さえておきましょう。

Expense vs Expenditure

　今度は、Expense（費用）とExpenditure（支出）の違いです。ExpenseがPL上の言葉なのに対して、Expenditureは固定資産投資のためのキャッシュの支出と考えるとよいでしょう。

　たとえば10億円の機械に設備投資（Capital expenditures）をすると、有形固定資産（Tangible fixed assets）としてBSに10億円が計上されます。その後、耐用年数にわたって減価償却されていくことで、PLのExpensesとして減価償却費（Depreciation expenses）となるのです。

　言葉と記載場所が、次のように変遷していくことになります。

Tips.1

Capital expenditure ［CF］
→ Tangible fixed asset ［BS］
→ Depreciation expense ［PL］

なお、Capital expenditure は、CAPEX と略して表記されることが多々あります。国内投資家向けの日本語の資料の中にあっても、設備投資や広く固定資産への投資のことを、CAPEX と好んで表現をする企業も散見されます。

資産計上する Capital expenditure に対して、修繕費などすぐに費用化される費用は、Revenue expenditure と呼ばれます。

| **Capital expenditure (CAPEX)**
固定資産として、いったん BS に計上するもの（後に減価償却で PL 上に費用化） | VS | **Revenue expenditure**
すぐに PL 上に費用化されるもの |

Assets vs Equity

「資産」と「資本」の2つの言葉も、日本語では違いがわかりにくいものです。資本とは、通常は株主資本の省略形と考えられますが、「投下資本」などのように広義の資金調達や投資額を意味する場合もあります。日本語だと、「資本」がいったい何を意味するのか、場合によっては相手に確認する必要さえ生じます。

英語では、資産＝ Assets、株主資本＝ Equity なので、その区分けは明確です。Assets は BS の左側、Equity は BS の右下の部分です。

日本語が紛らわしいのは、Invested capital を「投下資本」と訳すように、Capital と Equity が同じ「資本」と翻訳されてしまうことでしょう。Capital は調達した資金を意味しますが、Equity の他にも有利子負債を含んでいます。

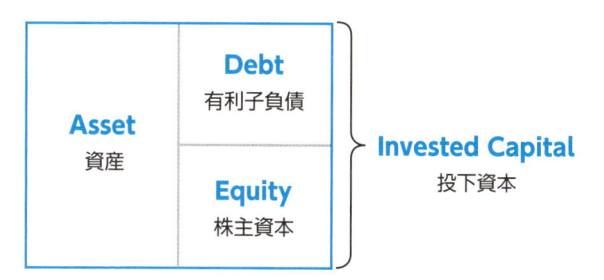

```
┌─────────────────────────────────┐
│                 │    Debt       │ ┐
│      Asset      │   有利子負債   │ │
│       資産      ├───────────────┤ ├ Invested Capital
│                 │    Equity     │ │      投下資本
│                 │   株主資本    │ ┘
└─────────────────────────────────┘
```

Depreciation vs Amortization

減価償却について、日本語では、有形固定資産は「減価償却費」、無形固定資産は単に「償却費」と呼びます。両者の差がほとんどないので、経理部門の方でない限り、あまり知られていない事実かもしれません。

英語では、有形固定資産の減価償却は Depreciation、無形固定資産の償却費は Amortization と呼びます。こうした使い分けがしっかりできると、よりプロフェッショナルな響きになります。

減価償却額の大きな企業が重要視する経営指標として、営業利益に減価償却費を足し戻した EBITDA(Earnings Before Interest, Taxes, Depreciation, and Amortization) があります。

設備投資に伴う Depreciation のみを足し戻すなら、EBITD、M&A によって生じるのれんや特許権など無形固定資産の Amortization のみを足し戻すなら、EBITA とすることもあります。

Depreciation　　vs　　**Amortization**
有形固定資産の「減価償却」　　　　無形固定資産の「償却」

Tips.1

Manufactured Products vs Merchandise

「製品」と「商品」の違いがわかりますか？ 日々の企業活動では、意外と混ぜこぜに使用している2語かもしれません。あるいは、お客様に対しては、「製品」だとメーカーのロジックを押し付けているきらいがあるので、「商品」と呼ぶように心掛けているでしょうか。

正に両者の違いはそこにあります。「製品」の製は製造業の「製」、つまり自分で製造したものが製品です。「商品」の商は商社の「商」、つまり自分で製造したのではなく、メーカーが作ったものを仕入れたものです。このように紛らわしい2語でも、幸い日本語は漢字なので、漢字を凝視することでその違いが見えてくることがあります。あきらめずに日本語も勘定科目に向かっていきましょう。

英語であれば両者の違いはさらに明快です。製品はManufactured products、商品はMerchandiseです。日常の会話であれば、「製」なのか「商」なのかを特に明らかにする必要もないので、Our product(s)のような表現で十分でしょう。

Manufactured products
製造業の「製品」

VS

Merchandise
小売業・商社・卸売業の「商品」

BS [貸方] の英単語

PART 2

036

Credit

[krédit]

貸方

What is it?

　BSの左側＝借方＝ Debit（⇒2頁）に対して、右側＝貸方＝ Credit です。右側には取引先、銀行、株主などから、企業が預かっている金額が記載されます。そうしたステークホルダーからの Credit（＝信用）があるからこそ、お金をクレジットして（＝入金して）もらえるということです。広く債権者のことを、英語で Creditor（債権者）いうことにもつながります。

　BSの貸方は大きく負債と純資産（海外の BS では、株主資本が一般的）の2つに分類されます。純資産は株主からの調達、負債は非株主からの調達です。株主は企業のオーナーですが、非株主は言わば他人。他人のお金には返済義務（＝債務）があります。債務を負っているので、日本語では負債と呼びます。英語でも、法的な支払い義務などを負うことを意味する形容詞、Liable の名詞形である Liabilities が負債を意味します。Liabilities は通常複数形で表記します。

```
Credit ─┬─ Liabilities ─┬─ Current liabilities
        │               └─ Fixed liabilities
        └─ Net assets (Stockholders' equity)
```

関連用語

　Credit＝信用なので、Credit analysis は与信行為を行う前の信用調査を、Credit line は貸出限度額（クレジットライン）をそれぞれ意味します。Credit は「〜を貸方に記入する」という動詞としての活用も可能です。

例：We credited the ¥100 million that we borrowed from XYZ Bank to the debt account.（XYZ銀行から借りた1億円を、貸方の有利子負債に記入しました）

Dr. Cash 100 million が Debit 側の仕訳になります。

他の単語と組み合わせると

Confirm　　　　　　　　　　　　動 確認する・確かめる

Regarding the late payment, our assistant had already credited accounts receivable when he confirmed the receipt of cash.

▶遅れていた支払いの件ですが、すでに私たちのアシスタントが入金確認時に、売掛金を貸方処理しておりました。

Journal entry　　　　　　　　　　名 仕訳

For each journal entry, the sum of debits must equal the sum of credits.

▶1つ1つの仕訳において、借方の合計と貸方の合計が等しくなければいけません。

Creditor　　　　　　　　　　　　名 債権者

Creditors like XYZ Bank are organizations and persons to whom money is owed.

▶たとえばXYZ銀行といった債権者とは、金銭を受け取る権利を持つ組織や人のことです。

世界の一流企業はこう語る

Tax is charged or credited to the income statement, except when it relates to items charged or credited to other comprehensive income or directly to equity, in which case the tax is recognised in other comprehensive income or in equity.

（出所：Vodafone Group PLC, Annual Report, 2013）

▶その他包括利益や直接に株主資本に課税または税額控除されるとき（その場合は、税金はその他包括利益または株主資本で認識される）を除いて、税金は損益計算書上で課税または税額控除されます。

037

Level ★★

Current Liabilities

[ká:rənt làiəbílətiz]

流動負債

※ I.O.U.：カリ、借用書

What is it?

Current ＝ 1 年以内は、左側の資産と一緒です。Current liabilities ＝ 1 年以内に返済義務が発生するもの、ということになります。

安全性の疑われる企業で流動負債が膨らんでいる場合は、文字通り 1 年以内に返済義務が果たせなくなる可能性もあります。流動資産（⇒ 4 頁）で紹介した流動比率や当座比率を計算して、極端に低い企業には注意を払いましょう。

流動負債は、支払手形及び買掛金（**Notes and accounts payable**）に始まって、概ね支払い義務の発生する順番に上から表記されます。流動負債にも、正常営業循環基準（**Normal operating cycle rule**）は適用されます。

関連用語

Liable for 〜の〜に具体的な負債名や金額を入れることで、〜を支払う義務がある、という意味にすることができます。**Hold X liable for 〜**は相手（X）に〜の支払義務を負わせる、という表現になります。例：**Please do not touch. We will hold you liable for any broken merchandise at its sales value.**（お手を触れないようお願いします。当店では破損した商品は（販売価格で）弁償をしていただきます。）

また、借用書のことをくだけた表現で IOU（アイ・オー・ユー）と言います。「私はあなたに 2000 円借りています」は **I owe you 2000 yen** と言いますが、この **I owe you** の発音から IOU と省略された表現です。国や地域によって IOU の定義や法律上の取扱いが違うので注意しましょう。

他の単語と組み合わせると

Advance received　　　　　　　名 前受金

Any advances received are recorded as current liability, under prepaid income, until the goods or services are delivered.

▶前払いで受領した金銭は、商品やサービスの提供がなされるまで、流動負債である前受収益として計上されます。

Bank overdraft　　　　　　　名 当座借越

Bank overdrafts are also current liabilities because the banks will expect you to pay back within a short amount of time.

▶当座借越も、銀行が短期間内での返済を見越していることにより、流動負債となります。

Satisfy　　　　　　　動（負債を）完済する

Thanks to our collection policy, we were able to collect enough cash to satisfy current liabilities.

▶当社の回収方針により、流動負債を弁済するに十分な資金を集めることができました。

［便利なイディオム］thanks to ～　　▶～のおかげで

世界の一流企業はこう語る

Financial liabilities measured at amortized cost, due within twelve months after the balance sheet date, are classified as current liabilities, otherwise, they are classified as non-current liabilities.

(出所：Samsung Electronics Co. Ltd., Annual Report, 2012)

▶金融負債は償却原価で評価され、決算日から12か月以内に満期の来るものは流動負債に、それ以外は非流動負債に計上されます。

038

Accounts Payable

[əkáunts péiəbl]

買 掛 金

※ Tab：ツケ

What is it?

　原材料や商品を仕入れたものの、まだその対価を仕入先に支払っていない金額が、Accounts payable です。省略して、A/P と表記することも多々あります。

　自社の資金繰りを考えれば、A/P はできるだけゆっくりと支払うのが得策です。一方、早く支払うことで仕入先の便宜を図れば、その分仕入れ値を安くしてもらえるなどのメリットも生まれます。

Accounts　　　　　　**Payable**
勘定　　　　　　　支払うことになっている

　買掛金や売掛金の上位の相手先は、日本の有価証券報告書上では開示されています。

関連用語

　何らかの対価（仮に「A」とします）をこれから支払うことになっていれば、「A」の後に Payable をつけることで、「近いうちに支払う」という意味を持たせることができます。Notes payable（支払手形 ⇒ 88 頁）、Loans payable（有利子負債）、Interest payable（未払利息）、Taxes payable（未払税金）など、用途はさまざまです。日常会話の中で Payables とだけ聞く場合がありますが、どの勘定科目かとあわてないで、業種や前後の話から判断しましょう。

　掛けで買う / 売ることを、Buy/Sell 〜 on credit と言います。

他の単語と組み合わせると

Payment terms　　　　　　　　　　　名 支払条件

"Net 30" is a very common payment term that requires the non-discounted amount of the A/P to be paid within 30 days.

▶英語で「Net30」とは広く一般に使われる支払条件で、30 日以内に買掛金の全額を支払わなければなりません。

Discount terms　　　　　　　　　　名 割引条件

"2% 10 net 30" is a discount term that allows a 2% discount for payments made within 10 days, or full payment between 11 and 30 days.

▶「2% 10 net 30」とは割引条件のことで、10 日以内の支払いに対しては 2% の割引、11 日から 30 日以内の場合は全額支払になります。

Recognize　　　　　　　　　　　　動 認識する

Bookkeepers record accounts payable when recognizing the arrival of the products.

▶簿記係は商品の到着を認識した際に、買掛金を計上します。

Regularly　　　　　　　　　　　　形 規則正しく・定期的に
Prompt　　　　　　　　　　　　　形 迅速な・早速の

Train your staff to regularly perform accounting tasks such as entering incoming bills into accounts payable, filing expense reports, and preparing prompt payment of bills in bulk.

▶請求書の買掛金入力や経費報告書作成、累積した請求の迅速な支払準備など、規則正しく会計業務が行えるようにスタッフを訓練してください。

世界の一流企業はこう語る

On average, our high inventory velocity means we generally collect from consumers before our payments to suppliers come due. Inventory turnover was 9, 10, and 11 for 2012, 2011, and 2010.

(出所：Amazon.com Inc., Form 10-K, 2012)

▶概して、私たちの高い在庫回転数によって、サプライヤーへの支払い期日が来る前に顧客から入金されるのが通常です。在庫回転率は、2010 年、2011 年、2012 年で 11 回、10 回、9 回でした。

039
Notes Payable

[nóuts péiəbl]
支払手形

Level ★★★

What is it?

　商品やサービスを購入した後に、すぐに現金を払うのではなく手形を渡した場合、当該勘定を支払手形として負債計上します。手形を発行する側（買い手）は、支払いまでの猶予期間を得るメリットがあります。**Notes payable** の後に、"- trade" や "- equipment" と表記することで、原材料や商品の仕入れなのか、設備投資の支払いなのかを、明確にすることができます。期日が1年超におよぶ長期支払手形の場合には、**Long-term notes payable** として固定負債に計上します。

関連用語

　海外のBSでは、銀行からの短期借入を **Bank note payables**、または単に **Note payables** とも表記します。このように **Notes payable** は、原材料や商品の購入のほかにも、設備投資や銀行借入など、さまざまな対価の未払いを指している場合があります。多額の場合には、中身を決算書類から確認するように心がけましょう。

他の単語と組み合わせると

Outflow 　　　　　　　　　　　　　名 流出

A decrease in notes payable is a cash outflow.
▶支払手形の減少は、現金の流出を意味しています。

Written promise 　　　　　　　　　名 誓約書

A note payable is a form of written promise to pay a debt.
▶支払手形は、債務を支払う誓約書の一形態といえます。

Forge 　　　　　　　　　　　　　　動 偽造する
Felony 　　　　　　　　　　　　　 名 重罪

Forging payment instruments such as fake notes payable is a felony.
▶支払手形といった対外支払手段を偽造することは、重罪にあたります。

Risk management 　　　　　　　　 名 危機管理・リスクマネジメント
Predictable 　　　　　　　　　　　形 予想できる・予測可能な
Preserve 　　　　　　　　　　　　動 維持する・保つ

There are many advantages of issuing notes payable, such as risk management through fixed (and therefore predictable) interest rates, preserving company ownership, and tax deductions for interest rates.
▶支払手形発行には多くの利点があります。たとえば固定金利による（よって予測可能な）リスクマネジメント、会社の所有権維持、金利の税金控除などです。

世界の一流企業はこう語る

Accounts and notes payable increased during fiscal 2012 by ¥739.5 billion, or 49.2%. This increase was due to an increase in production volume in fiscal 2012.
　　　　　　　　　　　（出所：Toyota Motor Corporation, Annual Report, 2012）
▶買掛金と支払手形は、2012年度に49.2%増に相当する7,395億円増えました。これは2012年度に生産量が増加したことによるものです。

040

Prepaid Income

[prìːpéid ínkʌm]

前受収益

Level ★★☆

What is it?

　Prepaid expense（⇒ 30 頁）の反対の立場にある側の言葉で、まだ役務の提供は行っていないものの、先に顧客から入金があった場合の勘定です。収益は実現主義に基づき、役務の提供が完了した時点で計上します。よって、5 月分の家賃が 4 月に入金されても、不動産のオーナーはすぐにこれを収益として認識することはできません。前受収益としていったん負債に計上し、5 月が終了した時点で収益に振り替えるのです。前受収益として計上するのは、契約に従って定期的に支払いが発生するもので、他には駐車場代、保険料、リース料などが挙げられます。

関連用語

　Advances from customers や Deferred revenues と呼ぶことで、売上高に直結するものであることをより明確にできます。

　前受収益はまだ実現していない収益なので、Unearned revenue とも表現できます。5 月分の家賃 100 万円を、4 月に受け取ったことにしましょう。それぞれの月の仕訳は以下となります。

4 月

Dr.		Cr.	
Cash	1 million	Prepaid income	1 million

5 月

Dr.		Cr.	
Prepaid income	1 million	Rent revenue	1 million

他の単語と組み合わせると

Consideration　　　　　　　　　　名 対価

When receiving consideration for services due in the following month, credit prepaid income instead of immediately recognizing revenue.

▶翌月提供予定のサービスの対価を受領したときは即収益と認識せずに、前受収益として計上しましょう。

Precede　　　　　　　　　　　　動 先に起こる
Delivery　　　　　　　　　　　　名 出荷

If cash payment precedes delivery of goods, post advances from customers.

▶もし現金での支払いが物品の出荷より先に行われた場合、前受金を計上しましょう。

Earn　　　　　　　　　　　　　　動 獲得する・稼ぐ

When the prepaid income is earned, debit prepaid income and credit the appropriate income account.

▶前受収益を得た場合には前受収益を借方計上し、適切な収益勘定を貸方計上しましょう。

世界の一流企業はこう語る

Unearned revenue from volume licensing programs represents customer billings for multi-year licensing arrangements

(出所:Microsoft Corporation, Annual Report, 2012)

▶ボリューム・ライセンス・プログラム(複数のソフトウェア・ライセンス契約)からの前受収益は、複数年のライセンス契約に伴う顧客への売上高を表しています。

041

Accrued Expenses

[əkrúːd ikspén(t)siz]

未 払 費 用

What is it?

Accrued revenue（⇒ 28 頁）の反対の言葉で、買掛金として計上される原材料や商品など以外の購入に対する未払い額です。未払費用として計上するのは、契約に従って定期的に支払いが発生するものの未払いで、給与、家賃、保険料、賃借料などが例として挙げられます。

特定の固定資産の購入など、一時的な取引による未払額は、日本では未払金として勘定科目を分けて計上するのが通常です。海外では特に細かな区別はなく、買掛金と未払費用の 2 つに大別されます。

Accrued expenses の金額が大きい場合は、取引相手や明細を確認することで、費用使途を明らかにできます。同時に、支払いのための現金の確保や、支払い後の資金繰りについての考察も深めましょう。

関連用語

Accrued liabilities と言っても、同じ意味を持たせることができます。会計の世界は、現金の出入りをもって収益や費用を認識する現金主義会計（Cash basis accounting）ではありません。製品出荷やサービスが実現した時点で収益を、財貨やサービスの発生した時点で費用を認識します。この考え方を発生主義会計と呼び、英語では Accrual basis accounting と言います。

ほとんどの未払費用は、Accrued がつきます（未払税金は、Accrued taxes）。

他の単語と組み合わせると

Threaten　　　　　　　　　　動 脅威となる

Accrued expenses like salary and taxes may threaten the company in times of low cash flow.

▶給与や税金などの未払費用は、資金繰りがひっ迫しているときには、会社の脅威となる可能性があります。

［便利なイディオム］in times of ～　▶～のときに・～の時代に

Handle　　　　　　　　　　　動 担当する・処理する

Most of our accrued expense account is for payment to advert agencies who have handled our branding, marketing and commercials.

▶未払費用のほとんどは、当社のブランディングやマーケティング、広告を担当した広告代理業者への支払いです。

Substantial　　　　　　　　　形 相当な・大量の
Construction　　　　　　　　名 建設

Since we made a substantial amount of capital expenditures last year, accrued expenses for construction companies has temporarily risen.

▶昨年度に巨額の資本支出を行ったため、建設業者への未払費用が一時的に上昇しています。

世界の一流企業はこう語る

Included in "Accrued expenses and other" at December 31, 2012 and 2011 were liabilities of $1.1 billion and $788 million for unredeemed gift certificates.

（出所：Amazon.com Inc., Form 10-K, 2012）

▶未払費用その他に含まれるものは、未決済のギフト商品券に関する負債で、2011年、2012年それぞれ、7億8,800万ドル、11億ドルでした。

042　Short-Term Debt

[ʃɔ́ːrt tə́ːrm dét]

短期有利子負債

Level ★★★

What is it?

　有利子負債、平たく言えば借金のことを、英語では **Debt**（**b** は無声音でデット）、または **Borrowings**、**Loans** と表現します。日本語の有利子負債（利息の支払いを伴う負債）と同様に、**Interest bearing liabilities** と表現することもあります。**Short-term debt** は短期有利子負債です。短期有利子負債には、銀行などの金融機関から借りてくるものに加えて、1 年以内に返済予定の長期有利子負債（**Commercial paper**、**Current portion of long-term debt**）などが含まれている場合もあります。決算書類の注記などから、具体的な中身については確認するようにしましょう。

　なお、米国基準では期末時点で返済期限が 1 年以内に到来するものでも、長期有利子負債（**Long-term debt** ⇒ 100 頁）へ借り換え（**Refinance**）する意図があり、かつ、その意図が客観的に裏付けられる場合には、固定負債として分類されます。

関連用語

　株式の発行を伴う資金調達を **Equity financing** と呼ぶのに対して、有利子負債による資金調達を **Debt financing** と呼びます。また、債務者のことを **Debtor** と言います。

$$\text{Short-term debt ratio [\%]} = \frac{\text{Short-term debt}}{\text{Total debt}}$$

　一般に、短期有利子負債は金利が低いので、同比率の高いほうが支払利息負担の軽減が期待できます。一方、短期的な資金繰りが圧迫される可能性は高まるので、事業の収益性や資金繰りと併せて評価しましょう。

他の単語と組み合わせると

Bank loan 　　　　　　　　　　　[名] 銀行ローン

Most short-term debts are made of short-term bank loans.

▶短期有利子負債の大部分は、銀行からの短期借入金です。

Pay off 　　　　　　　　　　　[動] 完済する・すっきり返す

The short-term debt accounts need to be less than cash and cash equivalents in order to pay off debts as they become due.

▶支払期限到来時に確実に弁済できるよう、短期有利子負債勘定は現金及び現金同等物より小さくする必要があります。

Rollover 　　　　　　　　　　　[名] 借り換え・ロールオーバー

In preparation for the maturity of short-term borrowings, negotiations began with the bank for a rollover.

▶短期借入金の満期到来に備えて、ロールオーバーの交渉を銀行と開始しました。

Raise funds 　　　　　　　　　　　[動] 資金を調達する

We raised funds for working capital through short-term borrowings.

▶運転資金をまかなうために、短期借入で資金調達しました。

世界の一流企業はこう語る

From time to time, we utilize the liquidity under our short-term borrowing programs to fund our operations, dividend payments, share repurchases, capital expenditures and for other cash requirements and corporate purposes, as needed.

(出所：Wal-Mart Stores, Inc., Form 10-K, 2013)

▶時おり、私たちが短期借入契約を使って流動性を確保するのは、営業活動への資金提供、配当金の支払い、自社株買い、資本的支出やその他必要に応じた現金のニーズに対するものです。

043

Level ★★★

Commercial Paper

[kəmə́ːrʃəl péipər]

コマーシャルペーパー

What is it?

Commercial paper は、日本語でもそのままコマーシャルペーパーと呼ばれます。省略して CP とも表します。CP は財務的に優良な企業が発行する、通常は無担保の (Unsecured) 約束手形です。金利分を額面から差し引く割引方式で発行され、満期日に額面額を返済することで、利息を負ったこととするのが通常です。銀行借入より実質的な金利が低いことや、発行日や満期日の設定などの発行条件に柔軟性が高いのが企業にとってのメリットです。

関連用語

有担保の CP は、Asset-backed commercial paper と呼ばれます。

Commercial (形容詞) はもともと Commerce (商業) から来る言葉でいろいろな分野で使われています。英語でもテレビ・ラジオなどの宣伝放送を Commercials (名詞) と呼びます。

他の単語と組み合わせると

Backed 形 守られた・支えられた
Collateralized 形 有担保の

The asset-backed CP is collateralized by financial assets.
▶資産担保コマーシャルペーパーは、他の資産を担保に発行されています。

Issue 動 発行する

Since the company is low on cash, we must issue commercial paper to pay our employees' salaries.
▶会社が現金不足なので、従業員の給料を支払うためにコマーシャルペーパーを発行

しなければなりません。

Standing 　　　　　　　　　　　　　　　名 地位・名声

Commercial paper are generally issued by companies with good standing to meet current liabilities.

▶コマーシャルペーパーは、一般的に信用力のある企業が流動負債を満たすために発行するものです。

Issuer 　　　　　　　　　　　　　　　名 発行者
Buyer 　　　　　　　　　　　　　　　名 買い手

The biggest issuers and buyers of commercial paper are banks.

▶コマーシャルペーパーの最大の発行者および購入者は銀行です。

Credit enhancement 　　　　　　　　名 信用補完
Overcollateralization 　　　　　　　名 超過担保

Companies with low credit ratings may attempt to issue commercial paper through credit enhancement by relying on overcollateralization.

▶低信用格付けの企業はコマーシャルペーパーを発行するために、超過担保により信用補完を試みることもあります。

世界の一流企業はこう語る

The weighted-average interest rate for commercial paper at December 31, 2012 and 2011 was 0.1% percent, respectively.

(出所:IBM (International Business Machines Corp.), Annual Report, 2012)

▶2011年と2012年12月期のコマーシャルペーパー加算平均金利はそれぞれ0.1%でした。

044

Level ★★★

Fixed Liabilities

[fíkst làiəbílətiz]

固定負債

※ I.O.U.：カリ、借用書

What is it?

　固定負債は、1年以内には返済義務が訪れない負債です。日本基準では、流動負債（⇒ 84 頁）と固定負債を明確に区分けして、それぞれの合計額を示すのが一般的です。しかし、海外の BS では流動負債は区分けして明示されるものの、固定負債は項目が個別に並ぶだけで、区分けして明示されないのが通常です。その場合でも、負債合計－流動負債＝固定負債で簡単に計算できます。

　発行時には償還まで5年あった社債でも、償還日（Maturity date）が1年以内に近づけば、1年以内に返済予定の長期有利子負債（Current portion of long-term debt）として、流動負債に移動します。

関連用語

　固定負債は、米国基準では Long-term liabilities（長期負債）、IFRS では Non-current liabilities（非流動負債）と表記されることが多いです。

　より多くの負債を活用している企業を、Leverage のかかった企業（Leveraged company）と表現します。負債が多い＝他人のお金が多い＝自己（＝株主）のお金は少ない＝テコの原理、ということです。

　Leveraged company は、株主にとっては少なめの資金投下による高リターンの期待が高まりますが、負債過多によって安全性が揺らいでいる可能性があることも十分注意しましょう。

　日常会話でも Leverage（名詞）は影響力を意味する単語としてよく使われます。

　（例）have leverage in ～で「～に影響力を持つ」

> 他の単語と組み合わせると

Mortgage 　　　　　　　　　　　名 住宅ローン

Debenture 　　　　　　　　　　 名 債券・無担保社債

Mortgages and debentures as fixed liabilities do not mature in less than one year.

▶固定負債としての住宅ローンや社債は、1年以内に満期日は来ません。

Accrued retirement benefit 　　名 退職給付引当金

Long-term debt is included in non-current liabilities, along with accrued retirement benefits and deferred tax liabilities.

▶長期有利子負債は、退職給付引当金や繰延税金負債などと一緒に固定負債に含まれています。

Maturity 　　　　　　　　　　　名 満期

Compared to current liabilities, fixed liabilities allow for extended time until maturity.

▶流動負債に比べ、固定負債は満期までの時間に余裕があります。

［便利なイディオム］allow for 〜　▶〜の余裕を認める・〜を許す

Surprisingly 　　　　　　　　　形 驚くべきことに・意外に

(The) real world 　　　　　　　名 現実界・現実

Leases and pensions are surprisingly under-tested in the CPA exam despite the fact that these fixed liabilities are used very often in the real world.

▶会計士試験において、リース債務と年金費用は驚くほど重要視されていませんが、これらの固定負債は実務上非常に頻繁に使われる勘定科目です。

世界の一流企業はこう語る

Long-term liabilities totaled ¥1,828,243 million at the end of fiscal 2012, for a ¥287,903 million (18.7%) increase year on year.

(出所：Softbank Corp., Annual Report, 2013)

▶固定負債は2012年度決算期末で1兆8,282億4,300万円であり、前年度から2,879億3百万円（18.7％）の増加です。

045
Long-Term Debt

[lɔ́ːŋ táːrm dét]

長 期 有 利 子 負 債

Level ★★★

What is it?

Long-term debt は長期有利子負債です。長期有利子負債には、銀行などの金融機関から借りてくるものに加えて、社債（**Bonds**）、転換社債（**Convertible bonds** ⇒ 104 頁、日本では新株予約権付社債（**Bonds with subscription rights**）と表記）、リース債務（**Lease obligations**）などが含まれている場合もあります。決算書類の注記などから、具体的な中身については確認することにしましょう。

借入のうち、長期有利子負債の比率の高い企業は、当面の資金繰りの心配は比較的低いと見ることができます。

関連用語

有利子負債の合計額が、安全性の観点から問題ないかを評価するレバレッジの指標として DE レシオ (**Debt-to-Equity ratio**) があります。

$$\text{Debt-to-Equity ratio [times]} = \frac{\text{Total debt}}{\text{Stockholders' equity}}$$

財務上の安全性のみを考えれば、同比率は低いほうが安心できます。日本企業のおおよその平均値は 0.6 倍程度です。製造業で同比率が 1 倍を超えると、安全性がやや懸念されるため、「DE レシオ 1 倍以下が目標」などと経営指標として活用する企業も見られます。

他の単語と組み合わせると

Alleviate 　　　　　　　　　　動 緩和する・楽にする

Restructure 　　　　　　　　　動 再編成する・再構築する

To alleviate the burden of interest payment, I propose restructuring our long-term debts.

▶利払い負担の軽減のために、当社の長期有利子負債の再編を提案いたします。

Opportunity 　　　　　　　　　名 機会

Companies with high debt to equity ratios resulting from new long-term debts may be aiming for a business opportunity.

▶新しい長期有利子負債によってDEレシオが高まっている企業は、ビジネスチャンスを狙っている可能性があります。

Industry 　　　　　　　　　　　名 業界・産業

When analyzing the soundness of long-term debt, we should compare companies in the same industry.

▶長期有利子負債の健全性を評価する場合、同じ業界にしぼって比較したほうがよいでしょう。

Debt covenant 　　　　　　　　名 コベナンツ・制限条項

Debt covenants reduce the risk for lenders by restricting the company's spending power.

▶コベナンツ（財務制限条項）は借り手企業に対して資金運用の制限を設けることで、貸し手のリスクを軽減します。

世界の一流企業はこう語る

We maintain debt levels we consider appropriate after evaluating a number of factors, including cash flow expectations, cash requirements for ongoing operations, investment and financing plans (including acquisitions and share repurchase activities) and the overall cost of capital.

（出所：P&G（The Procter and Gamble Company），Annual Report, 2012）

▶キャッシュフロー計画、継続的な営業活動へのキャッシュの必要性、投資及び調達計画（買収と自社株買い活動を含む）、資本コストといった多くの要素を評価したうえで、私たちが適正と考える借入の水準を維持しています。

046

Level ★★★

Corporate bonds

[kɔ́:rp(ə)rət bɑ:ndz]

社 債

What is it?

　Corporate（企業）が発行する債券（Bonds）は、社債です。通常は定期的に利札（Coupon）を支払います。金融機関などからの有利子負債に比べると、社債のほうが広く投資家からお金を集めるので発行やコミュニケーションの手間はかかります。一方、市場から直接的にお金を調達することによって、手数料等の発生が限定されるので、調達金利は低いのが通常です。

　格付会社（Rating agency）による社債格付け（Bond rating）に従って、利札が決まります。

関連用語

　社債に伴ういくつかの用語があるので、同時に紹介しておきましょう。

Bond issuer	発行者
Bondholder	保有者
Face value（Par value、Nominal value）	額面価額
Secured bond	有担保社債
Unsecured bond	無担保社債
Maturity date	償還日
Debenture bond	無担保社債

　Maturity date は Redemption date（償還日）ともいいます。これは償還日に受け取る（Redeem する）側を考えて使う表現です。

他の単語と組み合わせると

Expand　　　　　　　　　　　　動 拡大する

Corporate bonds are issued by companies to expand their businesses.

▶社債はビジネスを拡大するために会社から発行されるものです。

Liquidity risk　　　　　　　　　名 流動性リスク

Subject to liquidity risk, corporate bonds may not resell so easily.

▶流動性リスクにさらされるため、社債はそう簡単に転売できないかもしれません。

［便利なイディオム］subject to 〜　▶〜にさらされる・〜を前提としている

Flexibility　　　　　　　　　　　名 柔軟性・弾力性

Investors looking for flexibility can also turn to corporate bonds, as they can be sold to other investors before maturity.

▶柔軟性を求める投資家は社債に目を向けるのもよいでしょう。償還日前でも他の投資家に売却もできます。

［便利なイディオム］turn to 〜　▶〜を頼る・考慮する・目を向ける

Set, Fixed　　　　　　　　　　　形 設定・固定された
Bankruptcy　　　　　　　　　　名 倒産・破産

Corporate bonds usually have a set rate of interest and fixed redemption date, holding priority over common and preferred shares during bankruptcy.

▶社債は通常、金利と償還日が指定されているため、破産時には普通株式や優先株式よりも優先されます。

世界の一流企業はこう語る

Apple has a huge cash stockpile, but much of its money is overseas. Raising cash in the bond market helps Apple avoid the big tax bill that would hit if the company brought its cash back to the U.S., executives said last week.

（出所：K. Burne & M. Cherney, "Apple's Record Plunge Into Debt Pool", Wall Street Journal, 2013 年 4 月 30 日）

▶アップルは巨額の現金の備蓄を持っているが、その多くは海外にある。社債市場で現金を調達することで、仮にそうした現金を米国に戻した場合に課される莫大な税金を回避することができる、と同社重役が先週コメントした。

047

Convertible Bonds

[kənvə́ːrtəbl bɑːndz]

転 換 社 債

What is it?

あらかじめ定められた転換価格（**Convertible price**）によって、途中で普通株式に転換することのできる権利（**Conversion option**）がついた社債です。略して **CB** とも呼ばれます。

CB を発行する企業のメリットは、株式転換の権利を社債権者に付与することで、利札（**Coupon**）を通常より低めに設定できることです。デメリットは、株価が転換価格を上回って推移すれば、社債権者がオプションを行使し、株式数が増加するため、既存株主の持分シェアが希薄化（**Dilution**）することです。もっとも株式への転換は株価が上昇する局面なので、株価そのものが上がっていれば、既存株主もハッピーのはずです。

関連用語

転換社債のことを、日本の BS 上では新株予約権付社債（**Bonds with subscription rights**（新株予約権付社債）と呼ぶのが通常です。**Subscription rights** の代わりに **Stock acquisition rights** や **Share option** としても OK です。

Convertible とはもともと **Convert**（変更する）＋ **able**（可能）という意味ですが、**A convertible** は車の種類（屋根などを操作できるもの）になるので注意しましょう。また **Convert**（動詞・名詞）と **Conversion**（名詞）は宗教的な改宗の言葉としても使われるので、**Convertible bonds**（**CBs**）とフルで表現したほうが伝わりやすいです。

他の単語と組み合わせると

Bondholder   名 社債権者

Convertible bonds practically provide bondholders the option to change the bonds into cash or common stock.

▶転換社債は、現金または普通株式に社債を転換するオプションを社債権者に与えています。

Coupon   名 利札

Because of their flexible option, CBs commonly have lower coupon interest rates than regular bonds.

▶柔軟なオプションが付いているため、CBは一般的に他の社債より低めの利札が設定されています。

Stock dilution   名 株価の希薄化

Due to the continuing increase in stock price, many convertible bonds were turned into common stock, resulting in considerable stock dilution.

▶株価の継続的な上昇に伴い、多くの転換社債が普通株式に転換され、結果として相当な株式の希薄化に繋がりました。

世界の一流企業はこう語る

Upon conversion, we will pay cash up to the aggregate principal amount of the notes and pay or deliver cash, shares of our common stock, or a combination of cash and shares of our common stock, at our election.

(出所:Microsoft Corporation, Annual Report, 2012)

▶転換の際、私たちは最高で社債額面価格の総額までを現金で支払いますが、現金、普通株式、現金と普通株式の組み合わせのいずれになるかは、私たちが選択します。

048

Lease Obligations

[líːs əblıgéıʃ(ə)nz]

リース債務

Level ★★★

※ I.O.U.：借用書

What is it?

　ファイナンス・リース締結時に、貸方に負債として計上される勘定科目です。ファイナンス・リースは、リース契約を実質的に解除できない取引です。実態は有利子負債を調達して固定資産を購入したのと同じなので、借方にリース資産、貸方にリース債務を計上します。リース締結後は毎月決まったリース料を支払いますが、そのリース料の中には支払利息も含まれています。この点から、リース債務も有利子負債の一部と判断され、日本も海外も決算書類の中では、有利子負債としての概略（平均利率など）の開示が行われます。

関連用語

　ファイナンス・リース取引における、ある月のリース料の支払いが10とします。その内訳が、9はリース債務の返済、1が支払利息である場合、以下のような仕訳を行います。

Dr.	Cr.
Lease obligation　9 Interest expense　1	Cash　10

　Obligation は果たすべきことを意味します。形容詞の Obligatory と Obligated は規定などの決まりごとからくるニュアンスがあります。また、Obliged と Obligated はどちらも「義務」があるときに使えますが、最近では Obliged を借りや感謝の意味を込めて使います。たとえば（I am）Very much obliged ＝とても感謝しています。これは丁寧な表現であり、若者が

使った場合はユーモアに気取っている感じもあります。Obligated は義務あり、Obliged は感謝のニュアンスです。

他の単語と組み合わせると

Make sure 　　　　　　　　　動 確認する

When taking capital leases, make sure to credit lease obligations.
▶ファイナンス・リースをしたときは、必ずリース債務を貸方計上するようにしましょう。

［便利なイディオム］make sure to 〜　▶必ず〜するようにする

Bearing 　　　　　　　　　　形 負っている

Capital leases usually count for one of the interest-bearing borrowings.
▶ファイナンス・リースは通常、有利子負債の１つとして数えられます。

Procure 　　　　　　　　　　動 調達する

Because we hold a large amount of lease obligations, it is becoming difficult to procure new financing from banks.
▶当社はリース債務の金額が大きいため、銀行からの新規融資が難しくなってきています。

世界の一流企業はこう語る

Lease payments are apportioned between finance charges and reduction of the lease obligation so as to achieve a constant rate of interest on the remaining balance of the liability.

（出所：Vodafone Group PLC, Annual Report, 2013）

▶負債の残高に対する金利が一定となるように、リース料の支払額は、支払利息とリース債務の減額に分配されます。

049

Allowance for Retirement Benefits for Employees

[əláuəns fɔ́ːr ritáiərmənt bénifits fɔ́ːr emplɔ́iːz]

退職給付引当金

Level ★★★

What is it?

　企業が従業員に対して将来支払う退職一時金や企業年金を合わせて、退職給付債務（Retirement Benefit Obligations）と呼びます。企業は企業年金制度に基づき、将来の退職給付債務の支払いに備えて外部に年金資産を積み立てますが、不足額がある場合には、費用として会計上引き当てていく必要があります。そのために行う毎年の仕訳は以下のとおりです。

| Dr.
退職給付費用　100
（Retirement benefit expenses） | Cr.
退職給付引当金　100
（Allowance for retirement benefits for employees） |

※ 148 頁参照

　このことから、退職給付引当金の大きな企業は、退職給付債務に対して外部の年金資産が不足していることになるで、今後の企業年金の積み立てや、退職給付引当金の推移には注意が必要です。なお、海外同様に日本基準でも、退職給付の積立不足（退職給付債務－年金資産）を、2014 年 3 月期の連結決算から財務諸表に反映します。これにより、簿外にあった積立不足も BS に計上することになり、負債が増加され経営への影響も大きくなります。

関連用語

　過去から積み上げられたものなので、Accumulated retirement benefit とも呼ばれます。
　企業年金には、企業から従業員への将来の給付額が決まっている確定給付型年金（DB：Defined Benefit Pension Plan）と、年金資産への拠出額が決

まっている確定拠出型年金（DC：Defined Contribution Pension Plan）の大きく2種類があります。

他の単語と組み合わせると

Cover 　　　　　　　　　　　動 保証する・保険をかける

Companies maintain retirement benefit plans covering most of their employees.
▶大部分の従業員に保証される退職給付制度を企業は維持しています。

Obligation 　　　　　　　　　名 義務・債務

One should always be careful whether there is any amount of retirement benefit obligations that are not yet posted on the balance sheet.
▶貸借対照表にまだ計上されていない退職給付引当金がないか、常に注意しなくてはなりません。

Terminate 　　　　　　　　　動 終える
Lump sum 　　　　　　　　　名 一時払い・一時金

After the employee terminates from service, retirement benefit plans may be paid in the form of lump sum or annual income.
▶従業員が退職した後、退職給付金は一時金または年金で支払われます。

［便利なイディオム］terminate from 〜　▶〜を終える

世界の一流企業はこう語る

Our investment objective for defined benefit retirement plan assets is to meet the plans' benefit obligations, while minimizing the potential for future required Company plan contributions.
　　　　　　（出所：P&G (The Procter and Gamble Company), Annual Report, 2012)
▶確定給付型年金資産に対する私たちの投資方針は、企業からの将来の拠出の可能性を最小にしながら、年金制度の義務を果たしていくことです。

050

Contingent Liabilities

[kəntíndʒənt làiəbílətiz]

偶 発 債 務

Level ★ ☆ ☆

What is it?

Contingent（偶発的な）な Liability（債務）は、日本語そのままの表現です。その時点では確定債務ではないものの、将来に発生する可能性の高い債務を総称して呼びます。たとえば、他人に対して行った債務保証（**Guaranty of liabilities**）、割引手形の不渡り（**Dishonored note**）、係争中の損害賠償責任（**Liabilities in damages**）などがこれに当たります。

発生確率の低い場合は決算書類の注記に表記します。確率が高くなるとBS 上に引当金としての計上、さらに確定した段階では実際の負債として BS に計上します。オンバランスもオフバランスも、偶発債務は将来発生し得る損失なので、金額が大きい場合には特に注意しましょう。

関連用語

偶発債務の発生確率が高まり、これを引当金として負債に計上する場合は、**Provision for 〜**とすることで、「〜に関する引当金」を意味することができます。

よく使う Contingent の日常的なイディオムが **Contingent on 〜**＝〜次第、です。また名詞の Contingency は「ハプニング」に近く、少し緊急性を感じさせます。映画などでよく **Contingency plan**（非常事態対処計画）が使われています。これまでの計画がダメになったときなどに発動される次善策は、よりニュートラルな響きのある **Plan B**（代替プラン）と表現すればよいでしょう。

他の単語と組み合わせると

Constitute 動 構成要素となる

A liability having some chance to be incurred depending on future outcomes constitutes a contingent liability.
▶将来の結果次第で負担可能性が生じる債務を、偶発債務と呼びます。

Probable 形 起こりそうな

A journal entry for contingent liability is made when the liability is probable and the amount can be estimated.
▶債務となる可能性が高く、かつ債務額を予測できる場合に偶発債務を計上します。

Outstanding 形 未解決の

Outstanding lawsuits are an example of a contingent liability.
▶未解決の訴訟は、偶発債務の一例です。

Certainty 名 確実性
Impact 名 衝撃・影響

Contingent liabilities lack certainty, but once realized they can have a serious impact on the company.
▶偶発債務は確実性には欠けているものの、現実化した場合は大きな影響を会社に及ぼすことがあります。

世界の一流企業はこう語る

We are currently involved in certain legal proceedings and, as required, have accrued estimates of the probable and estimable losses for the resolution of these claims.

(出所：The Walt Disney Company, Form 10-K, 2012)

▶私たちは現在、ある訴訟手続きに関与しており、要求に従って、そうした申し立ての結果として想定評価される金額を損失として計上しています。

051

Level ★★★

Deferred Income Tax Liabilities

[difə́ːrd ínkʌm tǽks làiəbílətiz]

繰延税金負債

What is it?

　繰延税金資産（⇒ 68 頁）と同様に、会計上と税法上の利益（所得）の一時的なズレを調整する税効果会計（**Deferred tax accounting**）に伴う科目です。繰延税金資産が発生するプロセスとは反対です。

　米国では税務上の減価償却費と会計上の減価償却費は別に計算されるため、その差額は税効果会計に基づいて、繰延税金負債が認識されます。

　たとえば税法上は損金として認められるのに、会計上は計上しなかった減価償却費があったとしましょう。仮にその金額が 30 億円、税率は 40% であるとします。そのまま 12 億円（30 億円× 40%）の税金を PL 上に計上しないと、多額の利益に見合わず税金負担が少ないように映ります。下記の仕訳を行うことで、BS の負債に繰延税金負債が計上され、PL 上では実際に支払う税金より 12 億円多い税金負担（法人税、住民税及び事業税 ＋ 法人税等調整額）を反映することが可能となります。

Dr.	Cr.
法人税等調整額　12 億円 （Income tax – deferred）	繰延税金負債　12 億円 （Deferred income tax liability）

　繰延税金資産と繰延税金負債は、流動区分と固定区分で、それぞれ相殺後に純額のみを資産または負債のどちらかとして記載します。

関連用語

　繰延税金資産は「税金の前払い」に相当するもので、将来の税金を減額させる貴重な資産（将来減算一時差異（**Future deductible amount**）に実効税

率を乗じたもの）です。繰延税金負債は「税金の繰り延べ」に相当するもので、将来の税金を増額させる負債（将来加算一時差異（**Future taxable amount**）に実効税率を乗じたもの）です。

　Defer は会計上、延期するという意味があります。日常会話では他にも **Postpone**（名詞：**Postponement**）や **Delay** が「延期する」に当てはまります。**Extend** の場合は延長するという意味なので、使い分けると便利です。

他の単語と組み合わせると

Recognized 　　　　　　　　　　　　形 実現されている

Deferred income tax liabilities are estimated amounts of future taxes that are both earned and recognized for accounting purposes, but not yet for tax purposes.

▶繰延税金負債は会計上獲得・実現されているものの、税法上はまだ認められていない将来における税金見込み額です。

Temporary 　　　　　　　　　　　　形 一時的な
Taxable income 　　　　　　　　　名 課税所得

Temporary differences between book income and taxable income lead to deferred income tax liabilities and assets.

▶会計上の利益と課税所得の一時的な差異は、繰延税金負債や資産につながります。

Settle 　　　　　　　　　　　　　　動 確定する・解消する

Deferred income tax liabilities are written off when the temporary differences are settled.

▶繰延税金負債は、一時差異の解消時に帳簿から消去されます。

世界の一流企業はこう語る

Deferred tax assets and liabilities are recognized for the estimated future tax consequences attributable to differences between the financial statement carrying amounts of existing assets and liabilities and their respective tax bases.

（出所：Wal-Mart Stores, Inc., Form 10-K, 2013）

▶繰延税金資産と負債は、財務諸表上の資産や負債の帳簿価額と、それらの課税基準の差に基づく、予測される将来の税金の影響を認識するためのものです。

052

Net Assets

[nét ǽsets]

純資産

Level ★★★

What is it?

日本基準では、BS の右側は負債と純資産（**Net assets**）ですが、海外では **Liabilities** と **Stockholders' equity**（株主資本）と表記するのが通常です。文字通り株主の持分に相当するものです。純資産は、資産と負債の差額の概念です。保有する資産から返済義務のある負債を差し引いた正味の純粋な資産（＝純資産）であり、それは株主のものなのです。

日本の純資産、海外の **Stockholders' equity**（株主資本）も、大きな構成要素はほぼ同一です。日本では下記全体を **Net assets** と呼んでいて、株主資本が純資産の1つの構成要素であるのに対して、海外では下記全体を **Stockholders' equity** と呼んでいます。

Stockholders' equity	株主資本
Common stock	普通株式（資本金）
Additional paid-in capital	資本剰余金
Retained earnings	利益剰余金
Treasury stock	自己株式
Accumulated other comprehensive Income	その他の包括利益累計額
Subscription rights to shares	新株予約権
Minority Interest	少数株主持分
Net asset	純資産合計

↑
海外ではこれが Stockholders' equity

関連用語

Stockholders' equity（主に米国）の代わりに、Shareholders' equity（主に英国）、または単に Equity と言う場合もあります。多くの用語において、Stock と Share は代替することができます。Stockholders も Shareholders も複数形なので、「'」の位置に気をつけましょう。

他の単語と組み合わせると

Left over 　　　　　　　　　　　　形 残りの・余りの

Net assets is the amount of assets left over after subtracting all liabilities.
▶純資産とは、すべての負債を差し引いた後に残る資産の額です。

Erosion 　　　　　　　　　　　　名 低下

A typical reason for a deficit in net asset is a sudden erosion of asset value.
▶債務超過が発生する典型的な理由として、急な資産価値の低下があります。

Tie 　　　　　　　　　　　　　　動 結び付ける・拘束する
Point in time 　　　　　　　　　名 一瞬・時点
Up to date 　　　　　　　　　　形 最新の・更新された

Any calculation involving net asset is tied to a specific point in time, therefore never fully up to date.
▶純資産に関連する指数は特定時点に結びつくため、完全に最新であることはありません。

世界の一流企業はこう語る

We believe so strongly that repurchasing our shares represents an attractive use of our capital that we have dedicated the vast majority of the increase in our capital return program to share repurchases.

（出所：Apple Inc., プレスリリース, 2013年4月23日）
▶私たちは、自社株買いすることは資本の魅力的な活用手法であると強く信じているため、資本還元プログラム増強の大部分を自社株買いに投入してきました。

053 Common Stock

[kámən sták]

資本金

What is it?

　資本金は、株主による払込資本に相当します。日本では、株主からの払込資本の最低半分は資本金に組み入れる義務があります。残りの半分は、資本金でも資本剰余金（**Additional paid-in capital** ⇒ 118頁）でもどちらにも組み入れることが可能です。資本金の金額は、契約書類や企業パンフレットなどに記載されるように、会社の大きさを表す1つの顔と言えます。ただし日本では資本金の額によって決まる税金もあるので、過度な資本金に膨らませたくないというインセンティブも働きます。資本金の金額の評価は、利益剰余金（⇒ 120頁）と併せて行いましょう。

関連用語

　資本金は口語では **Capital** と表現しますが、BS上では **Capital** ではなく、**Common Stock**（普通株式）で表すのが通常です。優先株も発行されている場合は **Preferred Stock** と表記され、株の種類ごとに分けて表示します。

　その他の表現として、**Capital stock**、**Common share**、**Share Capital** などがあります。資本金を増やす増資は **Increase in capital**、減資は **Decrease in capital** と、それぞれ表現できます。

他の単語と組み合わせると

Appealing　　　　　　　　　　　形 魅力的な・引きつけるような

Companies with appealing investment opportunities can easily succeed in raising capital by issuing common stock.

▶魅力的な投資機会を持つ企業は、普通株式の発行により容易な資金調達が可能です。

Restructuring   名 再構築・リストラ

The decrease in common stock resulted in corporate restructuring.

▶資本の減少は事業のリストラクチャリングにつながりました。

Authorized   形 発行可能な

Authorized common stock is defined in the corporate charter.

▶発行可能な株式総数（授権資本金）は、会社の定款に載っています。

Tend (to)   動 する傾向がある・しがちである

Companies which cannot borrow any more money tend to increase capital by issuing new common stock.

▶借入れがこれ以上は難しいという企業は、新株を発行して増資する傾向が見られます。

［便利なイディオム］tend to A　▶Aする傾向がある

Positive (stock) market   名 株式市場の上昇景気
Inactive   形 低迷している・不活発な

Try to issue stocks in a positive market, and repurchase them in an inactive market to minimize risk of hostile takeovers.

▶敵対的買収リスクを最小限にするために、株式発行は市場上昇時に、再取得は市場低迷時に行うとよいでしょう。

世界の一流企業はこう語る

Our common stock is traded on the NASDAQ Stock Market under the symbol MSFT. On July 18, 2012, there were 128,992 registered holders of record of our common stock.

（出所：Microsoft Corporation, Annual Report, 2012）

▶私たちの普通株式はNASDAQ市場でMSFTのシンボルで取引されています。2012年7月18日現在、私たちの普通株式には128,992人の登録名義人の記録がありました。

054

Additional Paid-In Capital

[ədíʃənl péid-ín kǽpətl]

資 本 剰 余 金

Level ★★★

What is it?

　Additional（剰余した）、Paid-in（支払われた）、Capital（資本）で、資本剰余金を意味します（**APIC**）。日本では株主からの払込資本額のうち、最低半分は資本金に組み入れるのが義務です。残りの半分のうち、資本金に組み入れなかった金額は、資本剰余金として記入されます。

　米国基準では、額面金額（**Par value**）のある株式を時価発行する場合は、額面金額×株数のみを資本金（**Common stock** ⇒ 116 頁）に記載し、残りを APIC に記載します。無額面株式の場合は、発行額全額を資本金に組み入れます。資本金や資本剰余金の動きは、株主資本等変動計算書（**Statement of changes in equity**）で見ることが可能です。

関連用語

　仮に増資（**Capital increase**）に応じた株主が、100 億円を払い込んだものとします。払込額の半分のみを資本金に組み入れた場合の仕訳は、以下となります。

Dr.	Cr.	
Cash　10,000 million	Common stock	5,000 million
	Additional paid-in capital	5,000 million

　APIC は Capital Surplus、Capital Reserves、Share Premium、Paid-in Surplus などと表現されることもあります。

他の単語と組み合わせると

Par　　　　　　　　　　　　　　　名 額面

Since our new stocks sold over par value, we have more APIC.

▶当社新株が額面以上で売れたため、資本剰余金が増えました。

Increase in capital（Capital increase）　名 増資

When there is an increase in capital, examine changes in both common stock and APIC.

▶増資が行われた場合には、普通株式と APIC の両方の変化を調べましょう。

Raise　　　　　　　　　　　　　動 調達する

Japanese companies tend to divide the raised capital into halves, posting one as common stock and the rest as APIC.

▶日本企業は調達された資本を半分に割り、一方を普通株式、もう一方を資本剰余金に計上する傾向があります。

世界の一流企業はこう語る

As a result of acquiring additional shares of each subsidiary, noncontrolling interests decreased by ¥117,881 million, accumulated other comprehensive income (loss) decreased by ¥6,503 million and additional paid-in capital increased by ¥44,481 million.

（出所：Toyota Motor Corporation, Annual Report, 2012）

▶各子会社の株式を追加取得した結果、非支配持分は 1,178 億 8,100 万円減少、その他包括利益累計額は 65 億 300 万円減少、そして資本剰余金は 444 億 8,100 万円増加しました。

055

Retained Earnings

[ritéind ə:rˊniŋz]

利 益 剰 余 金

Level ★ ★ ★

What is it?

日本語ではついつい「利益余剰金」と言ってしまいそうな難しい表現です。でも、英語で読めばその意味を簡単につかむことが可能です。

Retained **Earnings**
留保された　　　利益

Retained（留保された）、Earnings（利益）。つまり、過去からの利益の蓄積（配当の支払いなどは控除）を意味しています。よりわかりやすい日本語で言えば、Retained earnings をそのまま日本語にしたと言える、内部留保に相当します。Earnings はいつも複数形で使用します。

優良企業であれば、過去にしっかりと利益を積み上げ、利益剰余金が膨らんでいきます。その結果、株主からの資本金や金融機関からの有利子負債はあまり必要としません。

優良企業………………利益剰余金が大　➡　資本金や有利子負債が小
業績の厳しい企業……利益剰余金が小　➡　資本金や有利子負債が大

という反対の傾向が見られます。

関連用語

日本語では「利益」という一語に集約できるものが、英語では Earnings、Profit、Income、Return とさまざまな表現があります。それぞれのニュアンスの違いについては、75 頁を参照してください。

他の単語と組み合わせると

Invest 　　　　　　　　　　　　　　動 投資する

Retained earnings will be invested in our expansion into Southeast Asia.

▶内部保留金につきましては、今後の東南アジアへの進出に投資される予定です。

［便利なイディオム］invest in 〜　▶〜に投資する

Distribute 　　　　　　　　　　　　動 分配する

The amount of retained earnings depends on how the board has historically decided to distribute its income.

▶利益剰余金の額は、これまでの取締役会で収入分配についてどのような判断がなされてきたかによります。

［便利なイディオム］depend on 〜　▶〜次第で決まる

Deficit 　　　　　　　　　　　　　　名 欠損・損失

This year's amount of deficit in retained earnings can be offset by reducing share capital.

▶今年の利益剰余金の欠損金額は、資本金を減少させて相殺できるものです。

Copious 　　　　　　　　　　　　　形 （供給量・使用量が）豊富な

Dividend 　　　　　　　　　　　　名 配当金

The company has elected to pay its shareholders copious dividends from retained earnings.

▶当社は利益剰余金から相当な株主配当金を支払うことを選びました。

世界の一流企業はこう語る

GECC pays dividends to GE through a distribution of its retained earnings, including special dividends from proceeds of certain business sales.

（出所：General Electric Company, Annual Report, 2012）

▶GECC（GE Capital Corporation：GEの金融子会社）は、利益剰余金の分配を通じてGEに配当金を支払っており、それには特定事業の売却収入から生まれた特別配当も含まれています。

056

Level ★★★

Treasury Stock

[tréʒ(ə)ri sták]

自己株式

What is it?

　企業が保有する自社の株式です。日本語でも自己株式を金庫株と表現するように、英語でも自己株式を Treasury（宝物）Stock（株式）と表現します。宝物とは言いますが、自己株式そのものには議決権も配当をもらう権利もありません。ただし将来の M&A などに活用することは可能です。企業が自社株買いを行う理由には、ROE や ROA といった経営指標の改善、一株当たり利益（EPS）向上による株価上昇への期待、一株当たり配当額の改善、浮動株数の減少による敵対的買収防衛策などが挙げられます。

関連用語

　自己株式は、**Treasury shares** とも呼びます。

　100 億円の自社株買いをした時の仕訳は以下のとおりです。**Treasury stock** は、BS の左の資産の部ではなく、右の純資産の部にマイナス勘定として表記されます。

Dr. Treasury stock　　10,000 million	Cr. Cash　　10,000 million

　自社株買いすることは、以下のように表現されます。

自社株買いする（動詞）		自社株買い（名詞）
Buy back shares	⇔	Share buy-back
Repurchase shares	⇔	Share repurchases

また購入した後の自己株を消却（Retire or cancel）すると、発行済み株式数（Number of shares outstanding）が初めて減少します。

他の単語と組み合わせると

Retire　　　　　　　　　　　　　　　動 消却する

Treasury stock may eventually be retired or reissued.

▶自己株式は、いずれ消却または再発行することができます。

Reacquire　　　　　　　　　　　　　動 再取得・再購入
Open market　　　　　　　　　　　　名 公開市場

Reacquiring company shares helps prevent hostile takeovers by reducing the amount of available stocks in the open market.

▶会社の自己株式の再取得は公開市場における浮動株数の減少となり、敵対的買収を防ぐのに役立ちます。

Repurchase　　　　　　　　　　　　動 買い戻す

Repurchased shares are not included in share calculations, increasing values such as earnings per share.

▶買い戻された株は株式指標の計算に含まないため、一株当たり純利益（EPS）などの数値を改善します。

世界の一流企業はこう語る

We plan to buy back shares to get below 10 billion, where we were before the crisis. We will make significant progress toward that goal in 2013 by allocating a significant portion of the NBCU cash to repurchase our shares.

（出所：General Electric Company, Annual Report, 2012）

▶私たちは金融危機前の水準である100億株以下まで自社株買いする計画です。2013年には、NBCU（NBC Universal：GE が 2013 年に売却したメディア・エンタテイメント企業）の現金の大部分を自社株買いに回すことで、計画の達成に向かって大きく前進するでしょう。

057

Level ★★★

Accumulated Other Comprehensive Income

[əkjúːmjəleitid ʌ́ðər kɑ̀mprihénsiv ínkʌm]

その他の包括利益累計額

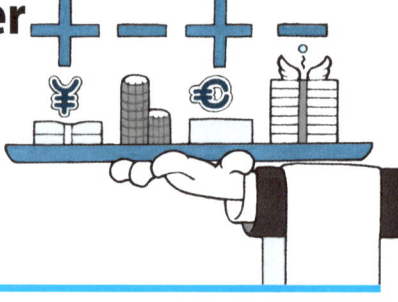

What is it?

Other comprehensive income（OCI）は、PL上の計算以外で発生する損益です（CI = Net Income + OCI）。具体的には企業の財産の増加分です。過年度からのその累計額が、Accumulated other comprehensive income として、BS上の純資産の中に記載されます。日本のOCIには、その他有価証券評価差額金（Net unrealized holding gains or loss on securities）、為替換算調整勘定（Foreign currency translation adjustments）、繰延ヘッジ損益（Deferred gains or losses on hedges）などが含まれています。持合株が多い日本企業は、保有株の株価動向によってOCIの数値が大きく左右されやすいので注意しましょう。

関連用語

当該年度の Comprehensive income を一覧で計算する表を、Statement of comprehensive income（包括利益計算書）と呼びます。損益計算書と包括利益計算書を別々に表記する2計算書方式と、2つの表を合体させて包括利益計算書と呼ぶ1計算書方式の表示方法が認められています。

ここで Comprehensive 以外に、総合的を意味する言葉のニュアンスを確かめておきましょう。

単純な合計	➡	Total
全部や全体	➡	Whole
全体的に似たようなことが起きている感じ	➡	Overall
積もり積もって溜まる感じ	➡	Accumulated

他の単語と組み合わせると

Cross shareholding (ownership)　　名 株式持ち合い

Particularly　　副 特に・とりわけ

Companies with a substantial amount of cross shareholdings and foreign operations should particularly be observed through changes in OCI.

▶株式の持ち合いや海外事業の多い企業は、特に OCI の変動に注意して観察するべきです。

Post　　動 転記する・計上する

The strong yen made our company post accumulated other comprehensive losses since we have several foreign subsidiaries.

▶当社は海外子会社をいくつか持っているため、円高により、その他の包括損失を計上することになりました。

Realize　　動 実現する

Items included in OCI vary from country to country, but once they are realized, they are included in net income.

▶その他の包括利益に含まれるものは国によって異なりますが、損益が実現した時点で純利益に組み入れられます。

［便利なイディオム］vary from A to A　▶A によって異なる

世界の一流企業はこう語る

The Company's other comprehensive income consists of foreign currency translation adjustments from those subsidiaries not using the U.S. dollar as their functional currency, unrealized gains and losses on marketable securities classified as available-for-sale, and net deferred gains and losses on certain derivative instruments accounted for as cash flow hedges.

(出所：Apple Inc., Form 10-K, 2012)

▶その他包括利益累計額には、米国ドル以外の機能通貨を持つ子会社の外国為替調整額、売却可能有価証券の未実現損益、キャッシュフローヘッジ目的の特定デリバティブ商品の正味繰延損益を含んでいます。

058

Minority Interest

[mainɔ́:rəti ínt(ə)rəst]

少数株主持分

Level ★★★

What is it?

親会社が、ある企業の議決権ある株式の過半数（50％超）を保有している等、その企業の支配を有している場合、その支配されている企業のことを子会社（**Subsidiary**）と呼び連結されます。子会社であっても、発行するすべての株式を親会社が保有しない場合は、残りの株主たちのことを日本では少数株主と呼びます。少数株主持分は純資産の部の中で、株主資本、その他の包括利益累計額と並ぶ大項目として併記されます。PL上では、親子間の取引を除いて、子会社の売上高から費用まですべてフル連結されますが、最後の純利益の1行手前で、少数株主に帰属する利益は控除されます。この点からすれば、子会社が黒字だとすると100％の株式を保有する完全子会社（**Wholly owned subsidiary**）にしたほうが、PL上での利益の流出はなく有効です。

ROE（自己資本当期純利益率）を計算する場合、分子に（少数株主利益を控除した）純利益、分母に（少数株主持分を控除した）自己資本を置くことで、親会社を主体としたROEを計算することが可能となります。

関連用語

Minority interest は、米国基準やIFRSでは非支配持分株主（**Non-controlling interest**）と表記します。

他の単語と組み合わせると

Consolidate 動 連結する

We must report non-controlling interests to fully consolidate partly owned subsidiaries.

▶部分所有子会社をフルに連結するため、私たちは少数株主持分を報告しなければなりません。

Control right 名 制御権

Minority interest can be taken as a control right over subsidiaries that the parent company does not fully own.

▶少数株主持分とは、親会社が完全所有していない子会社に関してのコントロール権とみなすことができます。

［便利なイディオム］take as ～　▶～としてとる

Voting right 名 議決権

Since we own 100% of voting rights for all subsidiaries, we have no minority interests on our consolidated BS.

▶当社はすべての子会社の議決権ある株式を100%保有しているため、BS上に少数株主持分はありません。

Attractive 形 魅力的な

A minority interest may be attractive to investors looking for limited responsibilities, but it may be good to first check whether they can sell their minority interest when they want to.

▶有限責任を希望する投資家にとって少数株主持分は魅力的かもしれませんが、希望時に売却可能かどうか最初に調べておくとよいでしょう。

世界の一流企業はこう語る

In December 2011, the Company acquired an additional minority interest in Central Japan. As a result, the Company began to account for our investment in Central Japan under the equity method of accounting beginning in December 2011.

(出所：The Coca-Cola Company, Form 10-K, 2012)

▶2011年12月にセントラル・ジャパン社の少数株主持分を追加取得しました。この結果、セントラル・ジャパン社を2011年12月より、持分法を使って評価することを始めました。

Tips.2

数字にまつわる表現を
整理しよう

Tips.2

長い数値の読み方

　長い数値を読むときに、ケタがいったいいくらから始まるかに、戸惑う方は意外に多いものです。下1ケタ目から、「一、十、百、千、万……」などと数えてから数値を読む方は、正に数値の罠にはまっているのでしょう。日本語で数値を読むのがやっかいなのは、カンマの位置と数値の区切りが一定していないためです。英語では、この両者が見事に合致しているので、ストレスなく上から読み上げればよいのです。

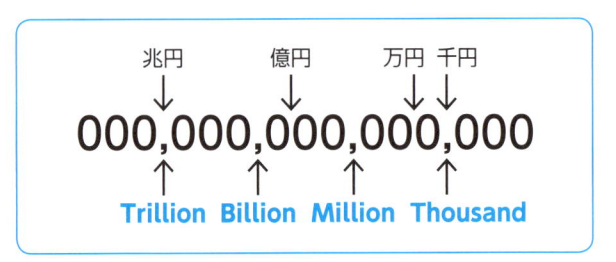

```
        兆円        億円       万円 千円
         ↓          ↓         ↓  ↓
    000,000,000,000,000
         ↑          ↑        ↑   ↑
    Trillion  Billion  Million  Thousand
```

　￥123,456,789 を英語で読んでみましょう。①英語はカンマで区切って読むこと、② Hundred の後には and を入れたほうがていねい、の2点に注意して読んでみます。ただし、and は1回だけにしておくとスマートです。

　いかがでしょうか。①と②に従って読むと、One hundred (and) twenty three million four hundred (and) fifty six thousand seven hundred (and) eighty nine となります。

　百万でも2百万でも、数値の million には複数を意味する s はつけません。1 million、2 million です。trillion、billion、thousand も同様です。Millions of people（何百万もの人々）といったときには、s をつけて表記します。

小数点の読み方

　小数点「.」のことを、英語では Decimal point と言います。では、小数点の付いた数字を読むときは何と言うかご存じですか？

　日本語で「点」と発音するところを Point（ポイント）と言い換えるだけ

です。たとえば 4.5 であれば、Four point five と読みます。

また英語独特の表現で、Basis point（ベーシス・ポイント）というのがあります。これは、1%の 100 分の 1、つまり 0.01% を意味します。

0.01%	⇒	1 basis point
1%	⇒	100 basis points

たとえば、

We will increase our operating profit margin by 100 basis points.

とあれば、「我々は、営業利益率を 100 ベーシス・ポイント（1%）改善するだろう」となります。「1% の改善」だと大した業績に聞こえませんが、「100 ベーシス・ポイントの改善」と言われれば、ものすごく大きな実績に響きます。利益率を 1% 改善することが現実的にもそう容易でないことを考えれば、それをアピールするためにも「ベーシス・ポイント」の表現を使って、数値を大きく見せるのも有効なのでしょう。

分数の読み方

分数のことを、英語では Fraction と言います。分子は Numerator（または単に top）、分母は Denominator（または単に bottom）です。

$$\frac{\text{Numerator (top)}}{\text{Denominator (bottom)}}$$

4/5 を日本語では「5 分の 4」と、分母⇒分子の順に読みますが、英語では「Four-fifths」と、分子⇒分母の順に読みます。分母と分子の間にハイフンを置くのが通常です。

このとき、分母は Five ではなく、Fifths となることに注意しましょう。つまり、分母になる数字は、Half、Third、Fourth、Fifth、Sixth、Seventh、Eighth、Ninth、Tenth……などのような序数となります。

Tips.2

分子が複数のときにはsを付けます(例:3分の2は、Two-thirds)。
あるいは、4/5をFour over fiveという表現でも通じます。

英語の分数は、上から下に読む

Numerator (top) / **Denominator (bottom)**

$\dfrac{4}{5}$ → Four fifths or Four over five

加減乗除の読み方

小学校で習う加減乗除(足し算、引き算、掛け算、割り算)を英語でどう読むかご存じですか? 最初は戸惑うかもしれませんが、慣れればスラスラ読めるようになるでしょう。

足し算(Addition 答えの「和」は、SumまたはTotal)
8 + 2 = 10 ⇒ Eight plus two equals (is equal to) ten.

引き算(Subtraction 答えの「差」は、Difference)
8 − 2 = 6 ⇒ Eight minus two equals (is equal to) six. Two subtracted (deducted) from eight equals (is equal to) six.

掛け算(Multiplication 答えの「積」は、Product)
8 × 2 = 16 ⇒ Eight times (multiplied by) two equals (is equal to) sixteen.

割り算(Division 答えの「商」は、Quotient)
8 ÷ 2 = 4 ⇒ Eight divided by two equals (is equal to) four.

なお、日本語の「加減乗除」のような四字熟語にまとめた表現は、英語に

はありません。"Addition, subtraction, multiplication and division" と並べて表現します。あるいは、日本語の「四則演算」に相当する、The four (arithmetic) operations と表現するのもよいでしょう。

四捨五入の読み方

四捨五入を、英語では Round または Round off と言います。5 以上の数字を切り上げるときは「Round up」、4 以下を切り捨てるときは「Round down」と表現します。そして、小数点以下を四捨五入する場合は、Round 〜 (off) to the closest whole number となります。小数第 2 位まで四捨五入する場合は、Round 〜 (off) to two decimal places です。Whole number は整数で、Integer とも言います。

日本の決算書類では四捨五入の影響によって、各勘定科目の数値の合計と、記載されている合計数値の下 1 ケタが一致しないことがよくあります。

これに対して、米国の決算書類では、両者が必ず一致するように調整したうえで表示されています。

累乗の読み方

累乗のことを英語では Power と言います。マイクロソフト・エクセルでも、2 の 3 乗は「= power(2,3)」と入力して計算できます。2^3 を英語では Two to the third power または Two to the power of three と表現します。

単利 vs 複利

単利と複利の違いは何でしょうか。単利は何年経っても当初の元本のみに利息が付くものですが、複利は利息にも利息が付いていくものです。英語では、単利は Simple interest、複利は Compound interest と呼びます。数値で例を示してみましょう。仮に 100 万円を年利 3％で 3 年間預金した場合、3 年後の受取金額は、以下のように異なってきます。

Tips.2

> 【単利】**Simple interest**
> 100万円 × 3% = 3万円、 3万円 × 3年間 = 9万円
> ⇒ 3年後の受取総額は、元本100万円 + 9万円の利息 = 109万円
>
> 【複利】**Compound interest**
> 3年後の受取総額は、100万円 × $(1+3\%)^3$ = 109万2,727円

たった2,727円の違いかもしれませんが、金利の高い国や高利回り債券の場合、相応の金額の差となって表れます。

Compoundには、もともと合成や複合といった意味があります。よく **CAGR** という略語を目にしますが、これはCompound Annual Growth Rate、つまり年平均成長率を意味しています。

たとえば売上が100億円から3年後に150億円に達したのであれば、
100億円 × $(1 + CAGR)^3$ = 150億円なので
$CAGR = (150/100)^{1/3} - 1 = 14.5\%$
と計算されます。

参考までに、前年比のことを英語ではyear-on-yearやyear-over-yearとも言います。略してYOYやY/Yとも表記されます。

プラス、マイナスの正しい表現

日本ではマイナスの数値を、△や▲で表すのが通常です。△500 million yenとあれば、5億円の費用を意味しています。ところが海外では△はデルタ（差分・増分）を意味するものであって、マイナスではありません。マイナスは、(500) million yenのようにしてカッコで囲って表現するか、シンプルに − 500 million yenと、前にマイナスを付けます。プラスの値は日本同様、海外も前に何もつけないか、わかりやすく＋を付けて表現します。

時に、費用項目のリストの中で、(500) million yenなどと表記されていることがあります。たとえば金融収支をすべて合算して、Financial expenses [net] (500) million yen と書かれているとします。この場合には、マイナス項目の中でマイナスなので、プラスの値、つまり金融収益ということになります。

　さまざまな収益や費用を計算した結果として、黒字なのか、赤字なのか。英語でも黒字は Black ink、赤字は Red ink と言います。Run in the black（黒字を出す）のように、ink なしでも問題ありません。

PART 3
PL[営業活動]の英単語

059

Sales

[séilz]

売上高

Level ★★★

What is it?

売上高＝ Sales は、日本人にとっても親しみやすい英語表現です。商品たった1つの売上でないなら、Sale の後には s が付きます。

売上のことを、日本語で収益とも呼ぶように、英語では Sales の代わりに Revenues と表現することが多々あります。日本語でも売上より収益の方が柔らかい響きであるように、英語も Sales より Revenues のほうがソフトに聞こえます。日本語では利益のことすら収益と表現する誤りもよく見られますが、収益＝売上高＝ Revenues、利益＝ Profit です。

> Revenues（収益）－ Expenses（費用）＝ Profit（利益）

関連用語

類似する用語に Income があります。日本語では「所得」に相当しますが、収益の意味合いで用いることもあります。

特にイギリスでは、売上のことを Turnover と表現することもあります。また口語では、Top line や Proceeds と呼ぶこともあります。

売上高を認識するタイミングは、業界や企業によって異なります。実現主義（Realization Principle）が基本となる原則です。

出荷基準（Shipping basis）、引渡基準（Delivery basis）、検収基準（Inspection basis）、工事進行基準（Percentage-of-completion method）、工事完成基準（Completed-contract method）、割賦販売基準（Installment sales method）など、売上を認識する基準はさまざまです。

> 他の単語と組み合わせると

Same-store sales　　　　　　　　　名 既存店売上高

Same-store sales grew 10 percent compared to last year.

▶昨年に比べて既存店の売上は 10% 成長しました。

Gross　　　　　　　　　　　　　　形 総

Thanks to our customers, gross sales for this period doubled compared to the previous quarter.

▶顧客のおかげで、今期の総売上は前四半期と比べて倍増しました。

Revenue　　　　　　　　　　　　　名 収益・収入

The company's source of revenue is mainly from sales of products, but lease revenue had the largest growth.

▶会社の収益源は主に商品販売によるものですが、リース収益がもっとも成長していました。

[便利なイディオム] be mainly from 〜　　▶主に〜から

Net　　　　　　　　　　　　　　　形 正味

On an income statement, "Net Sales" refers to "Sales" after deduction of discounts, returns and allowances.

▶損益計算書の中の「売上高」は、値引き、返品および引当金を控除した後の「正味売上高」を示すものです。

世界の一流企業はこう語る

The Company's priority of growth focuses on sales through comparable store and club sales and unit square feet growth.

（出所：Wal-Mart Stores, Inc., Form 10-K, 2013）

▶私たちが成長において重視するのは、既存店ベース、サムズクラブ（ウォルマートの会員制スーパーマーケット）、そして単位面積当たりの売上成長です。

060

Level ★★★

Cost of Goods Sold

[kɔ́:st əv gudz sóuld]

売上原価

What is it?

売上原価は、漢字をよく見れば「売上げたものの原資となる価値」と読めます。これをそのまま英語にしたものが、**Cost of goods sold** です。略して **COGS** と表記されます。

```
Cost   of   Goods   Sold
 ↑           ↑
グッズのコスト  売れたグッズ     ➡ 売れたグッズのコスト
```

COGS のことばの通り、売上原価には売上として計上したものに直接対応する原価のみが記述されます。製造業は製造原価、小売業は仕入原価、サービス業はサービス原価のうち、あくまで今期の売上高に直接対応するものです。製造業や小売業では、まだ売れていないものは棚卸資産として、BS にいったん計上されます。

製造業の3大原価と言えば、原材料費 (**Raw materials**)、労務費 (**Labor**)、減価償却費 (**Depreciation**) です。製造を外注する企業は、減価償却費が少ない代わりに、外注作業費 (**Outsourcing cost**) が膨らんでいきます。日本の有価証券報告書では単体ベースの製造原価明細書が開示されています。海外の決算書類でも主たる原価の中身は表記されるのが通常です。

なお、IFRS では **COGS** と **SG&A**（⇒ 144頁）の区分に分ける費用機能法 (**Function of expense method**) に加えて、区分せずに単に費用を並べる費用性質法 (**Nature of expense method**) が認められています。

関連用語

Cost of goods sold ＝売上原価は、厳密には在庫 (Goods) を販売する企業のことばです。もっと汎用的には、Cost of sales と表現することもあります。またサービス業はサービスコストが売上原価なので、Cost of services とするほうがより明確でしょう。

他の単語と組み合わせると

Cost accounting　　　　　　　　図 原価計算

Personnel at the manager level and above should have an understanding of cost accounting.

▶マネジャーレベル以上の人材は、原価計算の理解が必要でしょう。

Percentage of sales　　　　　　　図 売上高比率

We are committed to reducing COGS as a percentage of sales over the next three years.

▶我々は向こう3年にわたって、売上高原価率を下げることを、コミットメントしました。

［便利なイディオム］be committed to 〜 ing　　▶〜にコミットする

Price hike　　　　　　　　　　　図 価格上昇

The price hike in raw materials led to an increase in COGS.

▶原材料の価格上昇は売上原価の増加につながりました。

［便利なイディオム］A led to B　　▶AはBにつながった

世界の一流企業はこう語る

Our productivity program includes $6 billion of savings in cost of goods sold, $3 billion from non-manufacturing overhead, and $1 billion from marketing efficiencies.

（出所：P&G (The Procter and Gamble Company), Annual Report, 2012）

▶私たちの生産性プログラムには、売上原価60億ドル、非製造部門間接費30億ドル、そしてマーケティング効率化10億ドルの削減を含んでいます。

061

Gross Profit

[gróus práfit]

売上総利益

Level ★★★

What is it?

　Sales − COGS ＝ Gross profit（GP）です。Gross income あるいは Gross margin と表記する場合もありますが、margin は％の意味合いが強くなります。

　製造業は、売上比でおおよそ 20 〜 30％ の数値が一般的な値（COGS は同 70 〜 80％）です。製造業やサービス業では、COGS に多くの固定費（**Fixed costs**：製造業は減価償却費、サービス業は固定給の人件費など）も含まれるので、規模の拡大によって売上高総利益率の改善（原価率の低減）が期待できます。また品質やサービスでの差別化を図り、これを売値アップに結び付けることのできる企業は、売上高総利益率が向上していきます。

　反対に、低価格戦略を採用する企業では、業界平均より売上高総利益率が低くても仕方ありません。そうした企業は、売上成長による規模の経済（**Economies of scale**）によって利益の拡大を図ります。業界平均や競争環境、さらにはその企業の戦略と併せて、売上総利益の水準を評価しましょう。

　なお、海外の PL では、**Sales**、**COGS** の後に **Gross profit** を示さず、そのまま販管費が表記されていることもよくあります。そんなときは Sales − COGS で自分で **GP** を計算しましょう。

関連用語

　2012 年度の、日本の主な製造業の売上高総利益率（Gross（profit）margin）平均値を紹介しましょう。医薬品（66％）、食品（33％）、化学（28％）、電気機器（28％）、機械（23％）、自動車（19％）、建設（12％）、鉄鋼（11％）です（出所は日経財務情報）。

他の単語と組み合わせると

Budget 名 予算

Standard cost 名 標準原価

Using budgets and standard costs in gross profit analysis can identify strengths and weaknesses in performance.

▶ 予算や標準原価を用いて売上総利益の分析をすれば、強みや弱みを特定することができるでしょう。

[便利なイディオム] strengths and weaknesses　▶強みと弱み

Sales mix 名 セールスミックス・品種構成

Changes in sales mix can greatly affect customer decision making and therefore affect gross profit.

▶ セールミックスを変化させると顧客の意思決定に大きな影響を及ぼし、ひいては売上総利益に大きな影響を与えます。

Cooperation 名 協力

The deeper cooperation between the marketing and production departments this year most likely increased gross profit.

▶ 本年度のマーケティング部門と生産部門のより深い協力体制が、売上総利益を増加させたのでしょう。

世界の一流企業はこう語る

Expected future declines in gross margin are largely due to a higher mix of new and innovative products with flat or reduced pricing that have higher cost structures and deliver greater value to customers and anticipated component cost and other cost increases.

(出所：Apple Inc., Form 10-K, 2012)

▶ 予想される売上総利益率の下落の主な理由としては、高コストながら顧客価値を向上するため均一価格ないしは価格の引き下げを行うことと、部品コストなどの上昇が新しく革新的な製品にいっそう生じていくことが挙げられます。

062

Selling, General and Administrative Expenses

[séliŋ dʒén(ə)rəl ənd ædmínəstrèitiv ikspén(t)siz]

販売費及び一般管理費

What is it?

販売（Selling）、一般（General）、管理（Administration）の費用ということで、日本語と同じ表現です。日本語では販管費と省略するのが通常ですが、英語でも **SG(&)A** と略して表記することがよくあります。

販管費に入るのは、営業活動の費用のうち、売上原価に含まれないものです。それは、販売、一般、管理に関わる費用という訳です。代表的な販管費は、人件費、広告宣伝費、販売促進費、家賃、減価償却費、運搬費などです。

人件費、減価償却費、運搬費などは売上原価に含まれるものもあります。原価性はあるのか？（売上高に直接対応するのか？）の質問に対して、答えが YES であれば売上原価、NO であれば販管費と判断します。

販管費の中身を見ることで、その会社の商品の売り方が類推できます。たとえば、マスに向けた広告費が多いのか、販売チャネルに対する手厚い販促費が多いのかなど。一般に、海外の企業に比べると、日本企業のほうが販管費の中身については積極的に開示しています。

関連用語

COGS と **SGA** を合わせて営業費用（**Operating expenses**）と呼びます。海外の PL では **Operating expenses** とひとまとめにして表記することもよく見られます。

2012 年 3 月期の、日本の主な製造業の売上高販管費率（**SGA ratio**）平均値を紹介しましょう。医薬品（52%）、食品（29%）、電機機器（24%）、化学（22%）、機械（16%）、自動車（14%）、鉄鋼（9%）、建設（9%）です（出所は日経財務情報）。

他の単語と組み合わせると

Serious　　　　　　　　　　　形 深刻な

High SG&A can easily pose serious problems for any type of business.

▶ どのようなビジネス形態においても、高い販管費は深刻な問題となりえます。

Comparison　　　　　　　　　名 比較

There is no right amount of SG&A, but you can estimate healthy benchmarks through comparison.

▶ 販管費の適切な金額などありませんが、他社と比較して健全なベンチマークを見積もることはできます。

Advertisement　　　　　　　　名 広告・宣伝

Our SG&A is high this year due to the heavy television advertisements for our new product.

▶ 当社の今期の販管費が高めである理由は、新製品をテレビで大々的に宣伝したためです。

［便利なイディオム］due to ～　　▶ ～を原因として

Cut (down)　　　　　　　　　動 下げる・削減する

The CFO of electronics store XYZ cut SG&A costs by sending more unsold merchandise back to vendors.

▶ 大手家電店 XYZ の CFO（最高財務責任者）は、売れ残り製品をベンダーにより多く返品し、販管費を削減しました。

世界の一流企業はこう語る

The primary drivers of SG&A are marketing-related costs and overhead costs. Marketing related costs are primarily variable in nature, although we do achieve some level of scale benefit over time due to overall growth and other marketing efficiencies.

（出所：P&G (The Procter and Gamble Company), Annual Report, 2012）

▶ 販売費及び一般管理費に影響を与える主なものは、マーケティング関連コストと間接部門コストです。マーケティング関連コストはその特性上、主に変動費ですが、事業の成長やマーケティングの効率化によって、ある程度のスケールメリットを実現することができます。

PART 3　PL［営業活動］の英単語

063

Personnel Expenses

[pə̀:rs(ə)nél ikspén(t)siz]

人件費

Level ★★★

What is it?

　製造業の工場で働く人や、サービス業でサービスに直接従事する人の人件費は、売上原価に入ります。ここではそうした原価性のない販管費に含まれる人件費に着目してみます。

　研究者の人件費は研究開発費に含まれるので、販管費に独立した人件費として表れるのは、主に営業部門と本社間接部門で働く人です。営業やマーケティング機能をどこまで自社内で扱うかによって、人件費の金額は影響されます。また、事業多角化の進んだ企業や、グループ会社を多く保有する企業ほど、連結PLの間接部門の人件費は膨らむ傾向にあります。人件費が膨らんでいる場合には、＜平均給与＞＜人数＞＜部門別orグループ会社別＞の3つに分解しながら、どこの影響が強いのかを考察しましょう。

　なお、日本の決算書類では販管費の中に含まれる人件費の総額を示すのが通常ですが、海外ではマーケティング費や物流関連費など機能ごとの総額に人件費を含めるのが一般的なので、人件費の額を知ることは容易ではありません（研究者は日本も海外も研究開発費の中に含める）。

　また、米国基準およびIFRSを適用している企業では、有給休暇制度（**Paid vacation system**）に関する費用についても人件費に含まれているのが一般的です。

関連用語

　人事部は、Personnel department（または略してPersonnel）やHuman resources departmentと呼びます。人件費は他にも、Human resource costs、Staffing costs、Salaries and wages、Labor costs、Employment costs、Manpower costs、Payroll costs（costsを省略してもOK）など、い

ろいろな表現があります。

他の単語と組み合わせると

Personnel（department） 　　　　　　名 人事部

Jack's first job here was in personnel.
▶ジャックのここでの最初の仕事は、人事部でした。

Motivated 　　　　　　　　　　　　　形 意欲のある

Companies looking for motivated workers are ready to raise salaries for future benefit.
▶意欲ある従業員を探している企業は、将来の利益のために人件費を増やす心づもりがあります。

Report 　　　　　　　　　　　　　　動 報告する

An auditor can check whether reported payroll expenses have been paid by requesting a complete list of employees.
▶届出通りに人件費の支払いがなされているか、監査人は従業員リストを要求して確認することができます。

Subsidiary 　　　　　　　　　　　　名 子会社
Competitor 　　　　　　　　　　　　名 競合

Since we have many subsidiaries compared to our competitors, indirect costs such as personnel are inflated in SG&A.
▶競合他社に比べて弊社は子会社が多く、販管費の中で人件費といった間接部門が膨らんでいます。

世界の一流企業はこう語る

Headcount-related expenses were higher across the company reflecting a 4% increase in headcount from June 30, 2011 and changes in our employee compensation program.

(出所：Microsoft Corporation, Annual Report, 2012)

▶従業員関連費用が全社的に高かったのは、2011 年 6 月期から社員数が 4% 増えたことと、従業員報酬制度の変更によるものです。

064

Retirement Benefit Expenses

[ritáiərmənt bénəfit ikspén(t)siz]

退 職 給 付 費 用

What is it?

　退職給付とは従業員の豊かな老後の生活を保障するものであり、退職以降に従業員に支払われる給付のことをいいます。会計処理は複雑な計算を必要としますが、基本としては、退職給付の支払いのために積立ている資産（年金資産（**Plan assets**））と退職以降の従業員への支払総額（退職給付債務（**PBO：Projected benefit obligation**））を計算して行われます。

　年金資産（**Plan assets**）は株（**Stock**）や債券（**Bond**）などへの投資により運用され、信託銀行（**Trust bank**）や生命保険会社（**Life insurance company**）に運用を委託するのが一般的です。

　退職給付債務（**PBO**）は年金数理人（**Actuary**）等の専門家によって計算されます。年金資産や退職給付債務を比較して積立状況を把握し、この結果をベースに、退職給付費用（**Retirement benefit expenses**）は当期の負担分としてPLに費用計上されることになります。

　退職給付費用は、当該従業員の給与と同じPL上の場所に計上するため、工場の社員であれば売上原価、本社や営業部門の社員であれば販管費となります。退職給付費用の計上のルールは企業によって異なるので、決算書類からチェックするようにしましょう。

関連用語

　退職給付費用はPost-retirement benefit expenses、Severance expensesとも呼びます。退職給付費用の具体的な中身は、下記のように多岐にわたります。

　勤務費用＝ Service cost
　利息費用＝ Interest cost

数理計算上の差異＝ Actuarial gain/loss

過去勤務債務＝ Prior service liability

会計基準変更時差異＝ Transition obligations

他の単語と組み合わせると

Retirement benefit plan　　　　名 退職給付制度

Due to changes in the retirement benefit plan, this year's retirement benefit expenses increased by 5% compared to last year.

▶退職給付制度の変更により、今年の退職給付費用は昨年に比べて5％増えました。

Workforce　　　　名 従業員

Retirement benefit expenses associated with workforce in production factories are included in manufacturing costs.

▶生産工場の従業員に関連する退職給付費用は、製造原価に含まれています。

Pension　　　　名 年金

Retirement benefits include pension and other postretirement benefits such as medical care and life insurance.

▶退職給付金は年金の他に、医療や生命保険などの退職後給付を含んでいます。

Tenure (of service)　　　　名 任期・在職期間

A defined benefit pension plan specifies a monthly payment based on a formula including factors such as historical employee earnings and tenure of service.

▶確定給付型年金は、従業員の過去所得や勤務年数等の変数要素を含む計算式に基づき、月々の支払額を計算します。

世界の一流企業はこう語る

The funded status of our postretirement benefits plans and future effects on operating results depend on economic conditions and investment performance.

(出所：General Electric Company, Annual Report, 2012)

▶退職給付プランの積み立て状況や業績への影響は、経済環境や投資成績によって左右されます。

065

Welfare Expenses

[wélfèɚ ikspén(t)siz]

福利厚生費

What is it?

　福利厚生費には、法定福利費となる社会保険料（Social security premium）の支払いと、それ以外の福利厚生のために要する費用の2つが含まれます。

　前者の社会保険料には、健康保険料、厚生年金保険料、雇用保険料、労災保険料などがあります。後者には、消耗品費、食事代、慶弔費、厚生施設費、親睦活動費などが例として挙げられます。後者は給与や交際費などとの判別が難しいものも含まれます。企業が人員の削減を行うと、給与だけではなくこうした福利厚生費も同時に削減できることとなります。

関連用語

　口語では福利厚生のことを Fringe benefit と呼ぶのが通常です。

　健康保険料は Health insurance expense、厚生年金保険料は Welfare pension insurance expense、また雇用保険料は Unemployment insurance expense、そして労災保険料は Workers' accident compensation insurance expense と英語で表現されます。

　従業員の立場になって、Expense の代わりに Benefit とすることもできます。福利厚生全体を、Employee benefit や Benefit package と呼んでもよいでしょう。

他の単語と組み合わせると

Welfare package　　　　　　　　　名 福利厚生

I joined my current employer due to its extensive welfare package.

▶福利厚生がとても充実しているので、いまの職場を選びました。

Raise 　　　　　　　　　　　　　　　　　動 引き上げる・増加させる

Hiring new employees raises welfare expenses in addition to salaries.

▶従業員を雇用すれば、給与の他に福利厚生費も増加します。

［便利なイディオム］in addition to ～　　▶～に加えて・～のほかに

Accident insurance 　　　　　　　　　名 傷害保険

Some examples of welfare expenses are staff uniforms, refreshments such as tea and coffee, and personal accident insurance benefits.

▶福利厚生費の例としてスタッフの制服、紅茶・コーヒー等の茶菓子、個人傷害保険などが挙げられます。

Effectively 　　　　　　　　　　　　　　形 事実上
Clarify 　　　　　　　　　　　　　　　　動 明らか（明白）にする
Gratuity 　　　　　　　　　　　　　　　名 心づけ・チップ

A recent court ruling in New York effectively clarified that a "service charges" are "gratuities" forcing the restaurant industry to distribute any service charges as employee welfare.

▶最近ニューヨークで行われた裁判の判決は事実上、サービスチャージがチップであることを明らかにしたため、レストラン業界はサービスチャージを従業員の福利厚生として分配することを強制されました。

世界の一流企業はこう語る

General and administrative expenses include payroll, employee benefits, stock-based compensation expense, severance expense, and other headcount-related expenses associated with finance, legal, facilities, certain human resources and other administrative personnel, certain taxes, and legal and other administrative fees.

(出所：Microsoft Corporation, Annual Report, 2012)

▶一般管理費には、財務、法務、設備、人事や他管理部門の従業員の給与、福利厚生、株式報酬型ストック・オプション費用、退職給付費用、その他従業員に関連する費用と、特定の租税や法務その他管理費用を含んでいます。

066　Freight Expenses

Level ★★★

[fréit ikspén(t)siz]

運 搬 費

What is it?

　原材料を運んだり、製造工程の途中で発生する運搬費は、製造原価に含まれ、販売のタイミングで売上原価に計上します。一方で、顧客への販売に伴う運搬費であれば、販管費に計上されます。製造と販売の場所が国をまたいで離れていたり、船より航空機による輸送が多い場合などは、運搬費は膨らむ傾向が見られます。運搬のためのコストなので、一般的には変動費（Variable cost）ととらえることができます。

　上場企業が外部に開示するPL上では、運搬に関連するさまざまなコスト（荷造費や倉庫保管費など）も、運搬費にまとめて計上していることが通常です。金額が極端に多かったり少なかったりする場合には、どこまでが運搬費として含まれているかに留意しましょう。

関連用語

　日本語でも、運搬費、運送費、輸送費、物流費、運賃諸掛費、荷造運賃など、さまざまな言い方があるように、英語でもTransportation cost（charge）、Distribution cost、Logistics cost、Shipping cost、Transport costなど、いくつもの表現が存在します。Freight-in（仕入運賃）及びFreight-out（発送費）といった表現もよく使用されています。

他の単語と組み合わせると

Logistics　　　名 ロジスティクス

Developments in the global economy have raised demand for better freight and logistics companies.

▶グローバル経済の発展は、より優れた運搬・物流企業への需要を高めています。

Laid-down cost　　　名 到着原価

The laid-down cost of our products are now cheaper since our supplier opened a new factory closer to us, requiring less freight expenses.

▶サプライヤーが新しい工場を当社付近に作ったことで運搬費が削減され、弊社商品の到着原価が以前より安くなりました。

Shipping company　　　名 運搬会社

I will call the shipping company tomorrow and ask if there are any special discounts to help us reduce our freight expenses.

▶明日運搬会社へ電話して、運搬費を削減できる特別割引がないか聞いてみます。

Primarily　　　形 主に
Bracket　　　名(同類として区分される)グループ

Since shipping fees are primarily calculated by weight, you can weigh shipments in-house to keep volumes just below the upper limit of a weight bracket.

▶運送料は主に重量で計算されるので、社内で荷物を量ることで、出荷量を重量グループ上限ぎりぎりにすることができます。

世界の一流企業はこう語る

We seek to mitigate costs of shipping over time in part through achieving higher sales volumes, optimizing placement of fulfillment centers, negotiating better terms with our suppliers, and achieving better operating efficiencies.

(出所:Amazon.com Inc., Form 10-K, 2012)

▶私たちは、売上の成長やフルフィルメントセンターの最適な配置、サプライヤーとの好条件の交渉やオペレーション効率の改善などを通して、徐々に送料を軽減できるよう努めています。

067

Advertising Expenses

[ǽdvərtàiziŋ ikspén(t)siz]

広告宣伝費

Level ★★★

What is it?

　広告宣伝費には、テレビや新聞・雑誌、インターネットなど広くメディア上での広告作成・掲載・発送費用の他に、ちらし、パンフレット、ダイレクトメール、看板、試供品なども含まれます。交際費とは異なり、広告宣伝費は不特定多数の人を対象に行われるものです。一般消費者向けの商品を販売する企業のほうが、法人向けの商品を販売する企業より広告宣伝費が膨らむのは明らかでしょう。マスに対するコミュニケーションに重きを置けば広告宣伝費は膨らみます。反対に、より販売現場に近いコミュニケーションに重きを置けば、営業の人件費や販促費が膨らむ半面、広告宣伝費は減少する傾向が現れます。

　日本の決算書類では広告宣伝費や販売促進費などを個別に金額開示するのが通常ですが、海外ではこれらに営業人件費などもすべて含めて、**Marketing expenses**（マーケティング費）として開示するのが通常です。

　なお広告宣伝費の中には、その効果の期間及び内容等を検討して、資産計上されるものも一部存在します。

関連用語

　Advertising expenses、Advertisement expenses のどちらも広告宣伝費として通用しますが、**Advertisement** はより広告物そのものに重きを置いている響きがあります。**Advertise** は、〜を宣伝するという動詞としての活用も可能です。

　例：Go ahead and advertise this product once we are ready to sell.

　　　（売る準備ができ次第、この製品を宣伝してしまいましょう。）

他の単語と組み合わせると

Sponsoring 名 主催・スポンサリング

Event sponsoring and printing costs for flyers, etc. may also be recorded as advertisement expense.

▶イベントのスポンサー活動やチラシ等の印刷費も、広告宣伝費として計上できます。

Maintenance 名 補修・保全・メンテナンス

Website maintenance costs may be advertising or mere administrative expenses, depending on what you use your website for.

▶Webサイトのメンテナンス費は、サイトの運用目的次第で広告宣伝費にも単なる管理費にもなります。

Reality 名 現実
Future returns 名 将来の収益

Advertisement is an expense in terms of accounting; in reality, it brings future returns, making it closer to an investment.

▶広告は会計上では費用ですが、現実には将来の利益をもたらすための投資に近いものです。

Agency 名 代理業者

To get your money's worth from advertising agencies it's a good idea to track your ad results through sales.

▶広告代理店へ支払った費用に満足するためには、広告成果を売上から追跡調査するとよいでしょう。

［便利なイディオム］get (have) one's money's worth ▶支払っただけの値打ちのあるものを得る（満足する）

世界の一流企業はこう語る

We communicate that superiority through advertising that includes compelling claims, performance demonstrations, and superior benefit visuals.

（出所：P&G（The Procter and Gamble Company）, Annual Report, 2012）

▶説得力のある宣伝文句、性能のデモや優れたビジュアルを持つ広告宣伝を通して、私たちの（製品の）すばらしさを伝えています。

068

Level ★★★

Sales Promotion Expenses

[séilz prəmóuʃən ikspén(t)siz]

販 売 促 進 費

What is it?

Sales promotion は言葉の通り、Sales（販売）Promotion（促進）に伴って発生する費用です。ここには、販売を仲介した卸売や小売業者などのチャネルに対する手数料、つまりリベートが含まれます。日本の複雑な流通慣行では、ボリュームリベート、在庫補償、共同販売促進キャンペーンなど、さまざまな目的の販促費が存在します。競争環境の激しい消費財メーカーで、かつ交渉力の強い卸売や小売業者が存在する場合は、販売促進費が増加する傾向が見られます。海外では、こうした販促費の多くは実質的な値下げに相当するととらえて、売上高から控除するのが一般的です。これは日本のメーカーの利益率が海外企業に比べて劣って見える一因にもなるので、販売促進費の大きい企業を見る際は、どのような販促活動が含まれているかに注意しましょう。

販売を促進するための費用なので、本来は売上に応じて増加する変動費です。ただし、小売業者との力関係から販売促進費が硬直化している企業は、解決すべき課題ととらえることができます。販売チャネルを介さずエンドユーザーに直販する会社では、販売促進費は少額となる代わりに、営業員の人件費が膨らむことが想定されます。

関連用語

リベート（**Rebate**）と表現するほうが、日本語でもわかりやすいですが、PL 上ではこの言葉は現れません。販売手数料という意味をもっとクリアにしたいなら、**Sales commissions** や **Sales incentives** と表現するのもよいでしょう。

他の単語と組み合わせると

Heavy 　　　　　形 大量の・重たい

Merely 　　　　副 ほんの少しだけ・単なる

Despite heavy sales promotion expenses, the company's net profit merely increased by 0.3%.

▶大量の販売促進費を費やしたにもかかわらず、純利益の増加はわずか 0.3% でした。

Commission 　　　名 手数料・コミッション

Promotional campaigns and commissions are all part of sales promotion expenses.

▶販売促進キャンペーンや販売手数料は、すべて販売促進費に含まれます。

Marketing effort 　　名 マーケティング活動

One of the ways to measure marketing effort is sales promotion expenses calculated as a percentage of total sales.

▶マーケティング効果を測る１つの目安として、総売上に対する販売促進費の割合があります。

世界の一流企業はこう語る

Sales and marketing expenses include payroll, employee benefits, stock-based compensation expense, and other headcount-related expenses associated with sales and marketing personnel, and the costs of advertising, promotions, trade shows, seminars, and other programs.

(出所：Microsoft Corporation, Annual Report, 2012)

▶セールス＆マーケティング費用には、セールス＆マーケティング部門の従業員の給与、福利厚生、株式報酬型ストック・オプション費用、その他従業員に関連する費用と、広告宣伝、販売促進、展示会、セミナー、その他プログラムのコストを含んでいます。

069 Depreciation Expenses

[diprìːʃiéiʃən ikspén(t)siz]

減価償却費

Level ★★★

What is it?

　減価償却費とは、長期にわたって使用する固定資産を、そのメリットを及ぼす期間（耐用年数）に配分して費用化することです。そうすることで、期間の損益計算はより正確なものとなります。

　日本では耐用年数は法人税法（Corporate tax law）に基づき決定される場合が多いですが、海外では実態を重視した年数の設定がより一般的です。

　代表的な償却方法には、定率法と定額法があります。定額法は毎年一定額を均等償却するものなので、計算は容易な半面、固定資産が劣化しても同じ費用が発生し続けるという不一致が生じる可能性があります。定率法は前年度の償却残高に一定の償却率を掛けて計算するため、初年度の費用負担は大きくなります。反面、初期の節税効果が得られるメリットがあります。

関連用語

　減価償却費に関連する用語を整理しましょう。

定額法＝ Straight line method
定率法＝Accelerated method
　　　（200% 償却の場合、Double Declining Balance method）
耐用年数＝ Economic life、Service life、Useful life、Depreciable life、
　　　　Durable years
残存価額＝ Residual value、Salvage value
償却対象資産＝ Depreciable asset

Depreciate は、「～を減価償却する」という動詞としての活用も可能です。
例：Depreciate this vehicle over 6 years.
　　（この車は 6 年かけて償却してください。）

他の単語と組み合わせると

Bargain price　　　　　　　　　　　　　名 特売価格・見切り値段

Although this equipment was bought at bargain price, we can record its depreciation expense well over 10 years.

▶この装置はバーゲン価格で購入しましたが、たっぷりと 10 年以上かけて減価償却できそうです。

Residual value　　　　　　　　　　　　名 残存価値

We estimate the residual value of this machine, after 5 years of depreciation, to be $2,000.

▶この機械の 5 年の減価償却後の残存価値は 2 千ドル、と我々は想定しています。

Advantage　　　　　　　　　　　　　　名 有利な点

One advantage of accelerated depreciation is lower taxable income in the beginning.

▶加速減価償却の 1 つの利点は、初期の課税所得が少なくなることです。

世界の一流企業はこう語る

The estimated useful lives of our property and equipment are generally as follows: computer software developed or acquired for internal use, three years; computer equipment, two to three years; buildings and improvements, five to 15 years; leasehold improvements, two to 10 years; and furniture and equipment, one to five years.

(出所:Microsoft Corporation, Annual Report, 2012)

▶私たちの固定資産の見積耐用年数は、概ね次の通りです:内部使用目的で開発または購入したコンピュータ・ソフトウェアは 3 年、コンピュータ機器は 2 〜 3 年、建物及び改良工事は 5 〜 15 年、賃借物件の改良工事は 2 〜 10 年、家具・器具は 1 〜 5 年。

070

Amortization Expenses

[æ̀mərtəzéiʃən ikspén(t)siz]

（無形資産の）償却費

Level ★★★

What is it?

　有形固定資産の減価償却を Depreciation（⇒ 158 頁）と呼ぶのに対して、のれん、特許権、商標権などの無形固定資産の償却費（「減価」はつけない）を Amortization と呼びます。カタカナ英語で略して「アモチ」と呼ぶこともあります。

　日本では、有形固定資産同様に耐用年数は法人税法が定めています（特許権は 8 年、商標権は 10 年など）。償却は定額法で行われます。

　特に注目したいのは、M&A の際に被取得企業の時価純資産の額を超えて支払ったプレミアムに相当するのれん（Goodwill）です。日本ではのれんを 20 年以内の期間で定額償却しますが、海外では償却しません。このため、のれんの償却負担の重い企業は、営業利益にのれんの償却を足し戻した EBITA（Earnings Before Interest, Taxes, and Amortization）を経営指標として用いることがよく見られます。

関連用語

　Amortize は、「～を償却する」という動詞としての活用も可能です。

　例： The patent held by XYZ Company will be amortized over 20 years.
　　　（XYZ 社の特許は 20 年間かけて償却されます。）

他の単語と組み合わせると

Tangibility　　　　　　　　　　　名 触れて感知できること

Depreciation and amortization are often used interchangeably in speech, but tangibility is the difference between them.

▶（有形資産の）減価償却と（無形資産の）償却は、会話上では同意義で使用される

ことがありますが、2つの違いはその資産を手で触れて感知できるか否かにあります。

Annual
形 毎年の・年間の

Large costs have to be distributed into smaller annual costs over the item's useful life through amortization.

▶その物品の耐用年数を経た償却を通し、大きなコストはより小さな年間コストに分配していかなければなりません。

Trademark
名 商標

Lawyer fees for filing trademarks and patents are also included in amortization expenses after being capitalized on the balance sheet.

▶商標及び特許の申請にかかる法律家の費用も、BS に資産計上されたのち償却費に内含されます。

Intangible
形 触れない・無形

Reputation
名 評判

Despite the term "intangible asset", creating a well-known brand or building a wonderful reputation with customers will not let you record or amortize it as an intangible asset.

▶「無形(触れて感知できない)資産」という用語ですが、広く認知されるブランドを創作したり、顧客間に素晴らしい評判を築いただけでは無形固定資産として計上したり償却したりすることはできません。

世界の一流企業はこう語る

The Company's acquired intangible assets with definite lives primarily consist of patents and licenses are amortized over periods typically from three to seven years.

(出所:Apple Inc., Form 10-K, 2012)

▶当社の外部獲得の無形資産で使用期間が限定される主なものは、特許とライセンス契約で、おおよそ3年から7年の期間で償却しています。

071

Rent Expenses

[rént ikspén(t)siz]

家 賃

Level ★★★

What is it?

「レント」は日本語を話していても時々出てくる用語なので、明快ですね。

毎月の支払う家賃は同一なので、典型的な固定費です。ただし、ショッピングモールでは、リアル店舗やネット上を問わず売上連動の部分を含む家賃もあり、この場合は固定費＋変動費です。店舗などの不動産を借りていれば家賃が多くなるし、自社で所有する比率が高まれば、家賃の代わりに減価償却費や固定資産税（**Real property tax**）が増加します。

本社や営業所のために借りている不動産の家賃は、販管費に計上されます。一方、レストランや学習塾などのサービス業が、テナントや教室展開のために借りる店舗は、サービス原価として売上原価に計上されます。

リース契約の新規締結、既存契約の更新等、契約率を高めるために借手にインセンティブが与えられることがあり、代表的なものに家賃無料期間（**Rent-free period**）があります。

関連用語

海外企業や国内企業も一部の PL では、賃借料（**Lease expense**）の中に家賃を含めて開示する傾向が見られます。また、そうした賃借料も含めて Rent と表現することもあります。Rent の金額が極端に多い場合などは、その中身に注意を払いましょう。

他の単語と組み合わせると

Negotiate　　　　　　　　　　　　動 交渉する

Please negotiate with the applicable persons to reduce rent expenses and other fixed costs.

▶家賃その他固定費を削減するために、適切な人物と交渉してください。

Type　　　　　　　　　　　　　　　名 種類

Our company has several types of rent expenses in administration, sales, and production.

▶当社は管理、販売、製造部門にさまざまな賃借料の種類が存在しています。

［便利なイディオム］have A in B　▶ B に A がある

Count　　　　　　　　　　　　　　動 当てはまる

I forgot that the rent for this classroom counts as cost of services.

▶この教室の家賃はサービス原価になることを忘れていました。

［便利なイディオム］count as 〜　▶ 〜として認識する

Revitalization　　　　　　　　　　名 回復・再生

Because of the recent revitalization of the real estate market, the rent around here has been rising.

▶最近の不動産市況の回復によって、周辺の家賃相場が上昇してきています。

Sluggish　　　　　　　　　　　　　形 不景気な・動きののろい

Discussing with your landlord for help on rent may be worth a shot, especially during a sluggish economy.

▶特に不景気のときには、家賃に関して大家に相談を持ちかけてみる価値があるかもしれません。

［便利なイディオム］be worth a try (shot)　▶ やってみる価値はある

世界の一流企業はこう語る

Rent expense under all operating leases, including both cancelable and noncancelable leases, was $488 million, $338 million and $271 million in 2012, 2011 and 2010, respectively.

（出所：Apple Inc., Form 10-K, 2012）

▶オペレーティングリース契約（解約可能、解約不可能問わず）の賃料は、2010 年から 2012 年にわたって、それぞれ 271 百万ドル、338 百万ドル、488 百万ドルでした。

072

Maintenance Expenses

[méint(ə)nəns ikspén(t)siz]

修繕費

What is it?

　保有する固定資産のために支出した、維持、修理、修繕等の費用です。機械の保守・点検費用、建物の外壁の塗り替え、自動車の車検費用などが例として挙げられます。製造業なら、生産設備の修繕費は売上原価に計上し、非生産設備の修繕費は販管費に計上します。同じ支出であっても、固定資産の資産価値が増加し、耐用年数が延びた場合には、資本的支出として固定資産にいったん計上します。

　一般に古い設備を使用する企業ほど修繕費は多く（その代わり減価償却費は少ない）、新しい設備への更新を進める企業ほど修繕費は少ない（減価償却費は多い）傾向が現れます。各社の設備の使用に関する考えや、製品のライフサイクルと合わせながら、修繕費の分析を進めましょう。

関連用語

　ある支出を、資産計上する（Capitalize 〜）のか、費用計上する（Expense 〜）のかは、時おり判断が難しく専門家の間でも意見が分かれる場合もあります。自社としての考えとそのロジックをしっかりと保持していくことが大切です。

```
                    資産計上【BS】       減価償却費【PL】
                  ↗ (Capitalization) → (Depreciation)
投資 (Investment)
                  ↘ 費用 (Maintenance expense)【PL】
```

修繕費は、Repair expenses とも呼ばれます。

他の単語と組み合わせると

Frozen 形 凍っている

Exploded 形 爆発した

The frost in the North left some factories with maintenance costs for frozen and exploded pipes.

▶北部で発生した霜により凍った配管が破裂し、いくつかの工場では修繕費を余儀なくされました。

［便利なイディオム］leave A with 〜　▶Aに〜を負わせる・残す

Assign 動 割り当てる

Capitalize the portion of the building's maintenance expense that was assigned to the creation of the parking lot.

▶建物の修繕費のうち、駐車場建設に割り当てられた部分は資産計上してください。

Projected 形 見積もられた

What's cheaper: replacement cost or projected maintenance expense for this asset's remaining useful life?

▶再調達コストと、残りの耐用年数内に推定される修繕費では、どちらのほうが安いですか？

世界の一流企業はこう語る

Costs of major improvements are capitalized, while costs of normal repairs and maintenance are charged to expense as incurred.

(出所：Wal-Mart Stores, Inc., Form 10-K, 2013)

▶大規模な改良工事のコストは資産計上する一方、通常の修理や修繕は発生するごとに費用として計上されます。

073

Level ★★★

Utility Expenses

[ju:tíləti ikspén(t)siz]

水 道 光 熱 費

What is it?

Utility は「役に立つこと」を意味する名詞ですが、それが転じて水道、電気、ガスなどの公共料金を意味します。電気代だけを意味するなら、Electric utility expense と単数形ですが、水道、電気、ガスなどをまとめて表現するのなら、Utilities と複数形になります。

メーカーは人件費や減価償却費と同様に、製造工場で発生する水道光熱費は製造原価に、本社や営業所などの非製造部門で発生する水道光熱費は販管費に計上します。私たちが家庭で支払う水道光熱費もそうであるように、使用しなくても発生する固定費と、使用量に応じて課金される変動費の両方の性格を有しているのが通常です。

関 連 用 語

水道光熱費は、Heat, light and water expenses と表現することもできます。日本語とは言葉の順番が正反対なのは面白いところです。Utility の動詞 Utilize は、〜を活用するという意味で、Use よりも能動的に使用しているという意味を持ちます。

例：Busy people utilize online technology to pay for rent, utilities, and everyday shopping.（忙しい人はインターネットのテクノロジーを活用して家賃、水道光熱費、そして日常のショッピングなどの支払いをしている。）

他の単語と組み合わせると

Allocate
動 配分する

Take care in allocating utility expenses to the correct category.
▶水道光熱費が正しく配分されているか、十分注意してください。

Consumption
名 消費

Under accrual accounting, the actual amount of consumption in a period is applied to utility expenses.
▶発生主義会計では、期間中の実際の消費量に応じて水道光熱費として計上されます。

Cost of sales ratio
名 原価率

As a result of rising electricity costs, cost of sales ratio is increasing.
▶電気代の値上がりによって、原価率が上昇しています。

Garbage pick-up
名 ゴミ回収

Garbage pick-up services are often included in utility expenses as well.
▶ゴミ回収サービスも水道光熱費に含まれていることがあります。

Energy (efficiency) audit
名 エネルギー効率診断

If you plan to continue business at your property for a while, an energy audit can be conducted by utility companies to help reduce energy usage.
▶同じ場所で一定期間事業継続する予定ならば、エネルギー使用量削減のため、供給会社による効率診断を行うことができます。

世界の一流企業はこう語る

Water, sewer, electric, fuel (if any) and other utility charges, other than those for which tenants under Leases or licensees under Licenses are responsible directly to the provider, shall be prorated as of the Apportionment Time.

(出所：Amazon.com Inc., Form 10-K, 2012)

▶水、下水道、電気、燃料（発生すれば）、その他公共料金は、リース契約のテナントやライセンス契約のライセンシーが事業者に対して直接責任を持つものを除いて、設定日に割り当て配分されます。

074

Level ★★★

Research & Development Expenses

[risə́:rtʃ ənd divéləpmənt ikspén(t)siz]

研究開発費

What is it?

　研究開発というより、R&Dと言ったほうがスムーズなくらい、日本語でもよく浸透した言葉です。新製品の開発、病気の治療法や新薬などの製品化をめざして技術開発に投じる費用といえます。研究開発費の中には、研究者の人件費、研究設備の減価償却費、研究目的で購入した資材のコストなどが含まれています。中身は製造原価と似ていますが、あくまで目的が製造ではなく、研究開発にあるということです。

　研究開発費の中でも、計上された売上高に直接対応する工業化研究などは原価に入るのが通常です。それ以外は将来の売上のための研究開発なので、原価性は無く販管費に計上されます。医薬品メーカーでは、売上高の15％～20％を研究開発費に投下するのが一般的です。

　企業は業績が好調なときに将来の成長に向けて研究開発費を強化しますが、低迷時には研究開発費を絞り込んだり、短期的に成果につながる研究に限定したりします。

関連用語

　IFRSでは、一定の要件を満たした社内開発費は、資産計上をする場合もあります。多額の開発費の計上がある企業は、その中身を確認しましょう。

　Researchはそのまま動詞として「～を研究する」という意味になりますが、DevelopmentはDevelopが「～を開発する」という動詞です。

　　例：It takes time to develop good products.
　　　　（良い製品を創るには時間がかかるものです。）

他の単語と組み合わせると

Pharmaceutical　　　形 医薬品の

Pharmaceutical and IT companies tend to spend a great deal of gross profit on R&D.

▶医薬品会社や IT 企業は売上総利益のかなりの部分を研究開発につぎ込みます。

Failure　　　名 失敗

Unfortunately, the most expensive element of R&D expenses is failure, amounting to hundreds of billions of yen per drug.

▶残念ながら、研究開発費の中でもっとも高くつくのは失敗に終わる研究であり、その額は1つの薬品につき数百億円にも及びます。

Alliance　　　名 提携・同盟

It is common nowadays to develop new products through R&D alliances with other companies.

▶他社と研究提携を行い、新製品の開発をするのは現代では一般的なことです。

Internal　　　形 内部的

Some internal factors for successful research and development are teamwork and planning.

▶研究開発を成功させるいくつかの内部的要素は、チームワークと計画力です。

世界の一流企業はこう語る

Research and product development activities, designed to enable sustained organic growth, continued to carry a high priority during the past fiscal year.

(出所:P&G(The Procter and Gamble Company), Annual Report, 2012)

▶前年度においても、持続的な有機的成長を果たすための研究と製品開発活動には、高い優先順位を持って取り組みました。

075

Level ★★★

Communication Expenses

[kəmjùːnəkéiʃən ikspén(t)siz]

通信費

What is it?

通信費は、電話やデータ通信に伴う費用と、郵便に関連する費用の2つに大別できます。前者には、通話料、データ通信料、ファックス代、インターネット使用料などが含まれます。後者には、郵便料金、宅配便、社内便などが含まれます。ダイレクトメールなど、実質的な宣伝活動のための郵便料金は、広告宣伝費に含むのが通常です。このように目的が明確な通信費であれば、該当する勘定科目の中で処理するのが推奨されます。

関連用語

通信費は、**Correspondence expenses** とも呼ばれます。**Communication** は通信手段全般に当てはまりますが、**Correspondence** は手紙や FAX などの履歴や証拠が残るものを言います。日常会話でも少しフォーマルなニュアンスを持ちます。そんなフォーマルな通信手段の中では、もっともカジュアルな **Correspondence** が E メールといえるでしょう。

他の単語と組み合わせると

Limit　　　　　　　　　　　　動 限定する

In today's world, communication expense is not limited to landline telephone bills.

▶今日の世界では、通信費は固定電話料金に限定されません。

Communication services　　　名 通信サービス

Common communication services include cellular, fax, internet connectivity, and other wireless and wired services.

▶一般的な通信サービスは、携帯電話、FAX、インターネット接続、その他の無線・有線サービスを含みます。

Overseas expansion   名 海外進出

Communication expenses have increased significantly in recent years, due to new forms of technology and overseas expansion.

▶新しい技術形態や企業の海外進出により、通信費が近年大幅に増加しています。

Renewal period   名（契約）更新期間

Companies can reduce communication expenses by regularly checking their bills for errors and renegotiating their contracts during the contract renewal period.

▶定期的に請求ミスをチェックし、更新時期に契約内容の再交渉を行うことで、企業は通信費を減らすことができます。

VoIP（Voice over Internet Protocol）   名 音声データ送受信技術
Dwindle   動（大幅に）減る・削減する

VoIP programs have become so useful that regular telephone charges have dwindled over the last decade.

▶VoIPプログラムは非常に有用になり、この10年で通常の電話料金は大幅に減りました。

［便利なイディオム］so ～ that ～ ▶非常に～なので～・～ほど～

世界の一流企業はこう語る

Our direct business model emphasizes direct communication with our customers, thereby allowing us to refine our products and marketing programs for specific customer groups.

(出所：Dell Inc., Form 10-K, 2013)

▶私たちの直販ビジネスモデルは、顧客との直接のコミュニケーションを重視することで、特定の顧客グループのための製品やマーケティング活動の改善につながっています。

076

Level ★★★

Outsourcing Expenses

[áutsɔːrsiŋ ikspén(t)siz]

外注委託費

What is it?

生産に伴う外注費であれば、売上原価に計上され、非生産部門（営業やコーポレートなど）の外注であれば、販管費に計上されます。

業績が芳しくない企業が発する言葉に、「固定費の変動費化（**Turn fixed costs into variable costs**)」があります。固定費は文字通り売上がゼロでも発生する費用（正社員の人件費や減価償却、家賃など）です。そこで、売上が低迷する時期は、固定費をできる限り減らして、売上が発生する時のみ生じる変動費型にしておこうというものです。正社員やシステム管理を社内で囲い込むのではなく、必要な業務を必要な時だけ依頼する外注化（**Promotion of outsourcing**）は、その有望な策となります。

関連用語

Outsourcing は広く汎用的な「外注」を意味するのに対して、Subcontracting は「下請け」といった、上下関係を感じさせる響きのある用語です。

また、バリューチェーンの川上から川下まですべて自分で行う垂直統合（**Vertical integration**）から、多くの機能を外部企業に委託する水平分業（**Horizontal integration**）への変化が、さまざまなメーカーの製造プロセスで起きています。**EMS**（電子機器受託製造サービス、**Electronic Manufacturing Service**）、**OEM**（相手先商標製品の製造企業、**Original Equipment Manufacturer**）、**ODM**（相手先ブランド製品の設計・製造企業、**Original Design Manufacturer**）などの用語も一緒に押さえておきましょう。

他の単語と組み合わせると

Subcontractor　　　　　　　　　　　图 下請業者

We are working with more specialized subcontractors to reduce outsourcing expense.

▶我々は外注委託費を減らすために、より専門性の高い下請け業者と組んでいます。

Core　　　　　　　　　　　　　　形 最重要な

Outsourcing services allow us to concentrate on core processes such as business expansion and sales promotion.

▶外注サービスの利用によって、事業拡大や販売促進など当社のコアプロセスに集中することができます。

Drive　　　　　　　　　　　　　　動 力強く動かす

The rapid growth of the Internet continues to strongly drive the outsourcing industry in Asia.

▶インターネットの急速な発展は、アジアのアウトソーシング産業の成長に強く影響し続けています。

Appropriate　　　　　　　　　　　形 適切な・ふさわしい
Segregation of duties　　　　　　 名 職務分掌

Although financial processes can be outsourced to foreign countries, companies should make sure they build in appropriate segregation of duties and control to minimize risk.

▶確かに財務プロセスは海外委託が可能ですが、リスク最小化のために適切な職務分掌と管理体制を組み入れるようにすべきです。

［便利なイディオム］build in A　▶Aを組み入れる

世界の一流企業はこう語る

Substantially all of the Company's hardware products are manufactured by outsourcing partners that are located primarily in Asia.

(出所：Apple Inc., Form 10-K, 2012)

▶実質上、ハードウェア製品のすべては、主にアジアに位置する外注パートナーによって製造されています。

077

Travel Expenses

[trǽvəl ikspén(t)siz]

旅費交通費

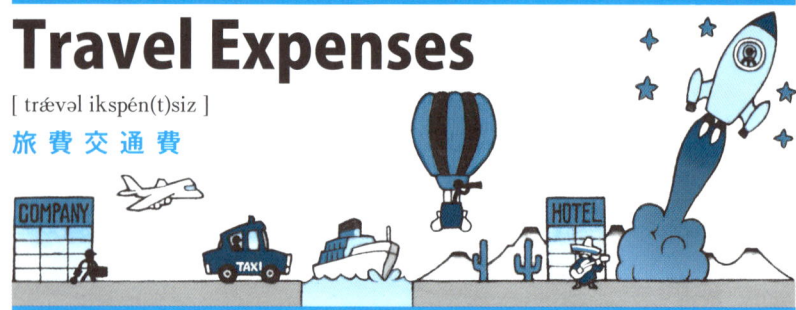

What is it?

　旅費には、遠隔地に出張した場合の交通費、宿泊費や出張手当を含みます。交通費は、通勤も含めた近距離の交通費です。両者を合わせて会計処理するのが通常であり、英語でも合わせて Travel expenses と呼びます。金額的なインパクトはさほど大きくないのが通常ですが、業績悪化の局面では、その手のつけやすさから、コストカットの最初の候補として挙げられやすい勘定です。企業が人員の削減を行うと、こうした付随費用も同時に削減できることになります。

関連用語

　Travel expenses は Business travel expenses の略で、下記の 2 つへと分類してみることも可能です。

Business travel expenses ＝ Travel ＋ Transportation

Travel：ホテル代、飲食代、チップ、電話、パーキングや衣服の洗濯代などを含む
Transportation：飛行機、電車やカーレンタルなどを含む

他の単語と組み合わせると

Practical 形 実用的な

You can make travel expense claims to the company only for the cheapest practical method of transportation.

▶もっとも安く実用的な交通手段ならば、会社に交通費の請求をすることができます。

Business trip 名 出張・訪問

When going on a business trip, make sure to write down the name of the client and purpose of the visit.

▶出張の際はクライアント名と訪問目的を書き留めておいてください。

Lodging 名 宿泊施設・宿泊費

Any lodging expenses during business trips shall be claimed as travel expenses.

▶出張宿泊費は、旅費交通費として請求できます。

Corporate credit card 名 企業・法人向けクレジットカード

Using a corporate credit card for employee business expenses will help you keep track of spending and get you deals with flights and airport lounges.

▶従業員の営業費用に法人用クレジットカードを使えば、出費状況の把握に役立ち、また航空券特典や空港の会員ラウンジが使えるようになります。

［便利なイディオム］keep track of A　▶Aを監視する・把握する・理解する

世界の一流企業はこう語る

Laws regulating "gifts" typically define that term as anything of value, including meals, gift certificates, travel expenses, event tickets or honoraria, etc.
（出所：Chevron Corporation, Chevron Business Conduct and Ethics Code, 2012）

▶「ギフト」を規制している法務部では、食事、商品券、旅費、興行チケット、謝礼金など、金目のものはすべてギフトとして通常は定義しています。

078

Entertainment Expenses

[èntərtéinmənt ikspén(t)siz]

交 際 費

What is it?

　日本語で交際費と言うと、何となく後ろめたい響きを持ちますが、英語では Entertainment expenses と、何とも楽しい表現です。交際費には接待時の飲食代の他にも、取引先との慰安目的の費用、贈答に関する費用、取引先に対する慶弔費なども含まれます。

　2013年現在、日本の大企業では、交際費は税法上の損金としてまったく認められませんが、中小企業では一定額の損金算入が可能です。米国では交際費の使途が適正であるかが厳しく精査されるものの、50%までを損金として算入することが可能です。

関連用語

　交際費を別の表現を使って表すなら、Business meal expenses（ビジネス会食の費用）などと具体的に言うか、または Social expenses として、「社交のための」と少々格式張らせることができます。

他の単語と組み合わせると

Social activities 　　　　　　　　　图 交際

Entertainment expenses are money spent on social activities that have a business purpose.

▶接待交際費とは、ビジネス目的の社交活動に消費された金銭を指します。

Entertainment 　　　　　　　　　图 娯楽・エンタテイメント

In Japan, entertainment for employees is not considered entertainment expense, but welfare expense.

▶日本では、従業員のための娯楽は交際費とみなされず、福利厚生費に含まれます。

General public   名 一般の人々

Parties open to the general public to promote the business are sales promotion expenses.

▶事業プロモーション目的で一般の人にも公開されるパーティーは、販売促進費です。

Legitimate   形 正当な

Generally, the IRS does not allow entertainment deductions for fishing and hunting trips even if there are logs of legitimate business discussions during the event.

▶たとえ正当なビジネスミーティングの記録が残っていても、IRSは一般的に釣りや狩猟旅行を交際費の控除対象とは認めません。

Dues   名 会費・賦課金
Public service organization   名 公益事業組織
Chamber of commerce   名 商工会議所

Keep in mind that dues to public service organizations and the chamber of commerce can be deducted as entertainment expenses.

▶公共サービス機関や商工会議所の会費は、交際費として控除することができることを覚えておきましょう。

［便利なイディオム］keep in mind A　▶Aを念頭に置いておく

世界の一流企業はこう語る

It is also a conflict of interest for a Chevron employee or director to give or receive gifts or entertainment of more than nominal value, or cash in any amount to or from people or companies doing business with Chevron.
　(出所：Chevron Corporation, Chevron Business Conduct and Ethics Code, 2012)

▶シェブロンの従業員や役員が、シェブロンとビジネスを行う個人や法人との間で、実費以上のギフト、もてなしや、いかなる金額の現金を授受することも、利益相反にあたります。

079

Royalty Expenses

[rɔ́iəlti ikspén(t)siz]
ロイヤルティ費用

Level ★★★

What is it?

Royal（王族）から発生した言葉です。ある企業の特許や商標権を使用するにあたって発生する、ロイヤルティ費用です。メーカーなら、製造に関するものであれば製造原価に計上され、それ以外のものは販管費に計上されます。固定費用として支払う場合と、売上高や利益などに応じて従量課金的に支払う場合とが想定されます。

日本も海外も決算書類上では、ライセンス契約を結ぶ相手先や期間などの概略は開示されています。ロイヤルティ費用の多そうな企業や業界（医薬品など）は、必ず確認するようにしましょう。

関連用語

何らかのライセンスに対する支払いであれば、**License royalty**、特許権使用料であれば、**Patent royalty** などと、より具体的に表現するとよいでしょう。

他の単語と組み合わせると

COGS 　　　　　　　　　　　　　　　图 売上原価

SG&A（SGA） 　　　　　　　　　　　图 販売費及び一般管理費

Royalty expenses may be included either in COGS or SG&A depending on the purpose of the use.

▶ロイヤルティ費用は、使用目的によって売上原価か販管費に含まれます。

Development 　　　　　　　　　　　图 開発

We must always check whether the royalty expense specified in the license agreement is actually cheaper than the cost of development.

▶開発費を投じるよりも、ライセンス契約におけるロイヤルティ費のほうが実際に少額なのか、常にチェックをしなければなりません。

Arrangement
名 取り決め・協定

Royalty arrangements require contracts for certain rights or use of property.

▶特定の権利や資産の使用に関するロイヤルティを取り決めるには、契約が必要とされます。

Fluctuate
動 変動する

Royalty payments are made based on contract rates, so they may fluctuate depending on product sales volume.

▶ロイヤルティの支払いは、契約に基づいた割合で計算されるため、製品の販売量によって変動する可能性があります。

Deal with
動 扱う・対処する

According to the size of your business, royalties may be dealt with by an entire department, a hired royalty accountant, or accounting software with royalty options.

▶ビジネス規模により、ロイヤルティ処理の担当は大きな専門部であったり、専門会計士やロイヤルティ機能付き会計ソフトウェアであったりします。

世界の一流企業はこう語る

We made an upfront payment of $250 million to AstraZeneca, and AstraZeneca is eligible to receive milestone payments of up to $550 million based on product launches and level of sales as well as royalty payments based on sales.

(出所：Pfizer Inc., Form 10-K, 2012)

▶私たちは、アストラゼネカ社に対して2億5千万ドルの前金を支払い、アストラゼネカ社は今後、製品の上市や販売状況、さらに販売に基づくロイヤルティの支払い状況に基づいて、最高5億5千万ドルまでの報奨金を受け取る権利を有しています。

080

Taxes and Dues

[tǽksiːz ənd duːz]

租税公課

What is it?

　租税公課は、日本語では聞き慣れない勘定科目ですが、英語ではTaxes and duesなので、もう少しイメージしやすい用語です。ここには、租税と呼ばれる国税や地方税（固定資産税、自動車取得税、印紙税、登録免許税、延滞税など）、公課と呼ばれる地方公共団体から課された賦課金や罰金（駐車違反など）が含まれます。

　法人税、住民税は利益に対して一定率課されるものなので、Income taxes（⇒ 230頁）に記載しますが、租税公課は原価や販管費に計上され、PL上の費用として認識することができます。公租公課と言われる場合もあります。

関連用語

　固定資産税はReal property tax、自動車取得税はVehicle excise tax、印紙税はStamp tax、登録免許税はRegistration license tax、延滞税はTax in arrearsです。

　Dueには、「〜することになっている」という形容詞の意味もあります。

　例：**The project is due to start in May next year.**
　　　（プロジェクトは来年の5月に始まる予定です。）

　例：**The CD album is due for release in Europe on November 20th.**
　　　（CDアルバムは11月20日に欧州でリリースすることになっています。）

　そこから転じて、もうすぐ支払期日がやってくるという、公課を意味します。Duesの代わりに、公課をそのまま英語にして、**Public charges**と呼ぶこともあります。

他の単語と組み合わせると

Due date 　　　　　　　　　　　　　　名 期限

Fine 　　　　　　　　　　　　　　　　名 罰金・延滞料

If you miss the due date for paying taxes, you will be charged a fine.

▶税金の納付期限を過ぎると、延滞金を請求されてしまいます。

Claim 　　　　　　　　　　　　　　　動 請求する

Deductions 　　　　　　　　　　　　名 税額控除・控除項目

A company may claim deductions for income tax on expenses such as rent, traveling fees, and advertizement.

▶企業は家賃、旅費、広告宣伝等の費用の控除を法人税の算出において請求できます。

Adapt 　　　　　　　　　　　　　　　動 適合・順応する

Take-home 　　　　　　　　　　　　形 手取りの

Our company will adapt to taxation changes by making sure workers' take-home pay does not decrease after taxes and dues.

▶従業員の租税公課控除後の手取り給料が減ってしまうことがないように、税制の変更に伴って対応していきます。

Aid 　　　　　　　　　　　　　　　　動 手助けする

Good accounting software will minimize losses and aid in disbursing taxes and dues in time.

▶良い会計ソフトは損失を最小限に抑え、租税公課を期限内に支払うのに役立ちます。

世界の一流企業はこう語る

For us, corporate sustainability means achieving sustainable profit growth so that we can continue to reward shareholders and employees, build long-lasting relationships with customers and suppliers, pay taxes and duties in those countries where we operate, and invest in communities for future growth.

(出所：HSBC Holdings PLC, Annual Report and Accounts, 2012)

▶私たちにとって企業の持続可能性とは、持続可能な利益成長を果たすことであり、これによって株主や従業員に報い、顧客やサプライヤーとの長期に及ぶ関係性を築き、私たちが事業を行う国々に納付すべき税額を払って、そして将来の成長のために地域に投資し続けることができるのです。

081

Bad Debt Losses

[bǽd dét lɑːsiz]

貸倒損失

Level ★★★

What is it?

Bad（悪い）、Debt（負債）の Loss（損失）と、とても直接的な表現です。

英語では Debt とありますが、貸付金などの金融債権に限らず、売掛金などの営業債権の貸倒損失でも、同じ英語で表現します。

貸倒引当金繰入額（⇒ 184 頁）は貸倒れる可能性の高い債権への計上であるのに対して、貸倒損失は次の条件を総合的に検討して、回収可能性（**Collectability**）がほとんどないと判断された場合に、債権に対して計上されるものです。

①法律に則って、債権が切り捨てられた場合
②金銭債権の全額が回収不能となった場合
③一定期間取引停止後弁済がない場合

関連用語

完全に回収不能な債権は、**Wholly worthless**、部分的に回収不能なものは **Partially worthless** と表現します。

Bad debt losses の代わりに、**Bad debt expenses** や、**Credit losses** と表現することも可能です。まれに、**Bad debt losses** や **Bad debt expenses** でも、まだ貸倒れが確定していない貸倒引当金繰入額を意味する場合もあります。前後の文脈から判断し、わからない場合には相手に明細を確認しましょう。

他の単語と組み合わせると

Collection agency 　　　　　　　　　　名 回収業者

If they refuse payment for the goods, we have to turn to a collection agency before recording bad debt loss.

▶もし彼らが商品代金の支払いを拒否した場合、貸倒損失を計上する前に回収業者に依頼しなければなりません。

Transaction 　　　　　　　　　　　　　名 商取引

Bad debt expenses are surprisingly common, especially when customers fail to settle credit card transactions.

▶貸倒損失は意外なほど頻繁に発生するものです。顧客間でのクレジットカード取引の決済失敗時などがその代表例です。

Conservative 　　　　　　　　　　　　形 保守的な・保守主義の
Allowance method 　　　　　　　　　　名 引当金法

Conservative accounting practices like the allowance method help companies prepare for bad debt expenses.

▶引当金の計上といった保守的な会計慣行により、企業は貸倒損失に備えることが可能となります。

Partially worthless 　　　　　　　　　形 部分的に回収可能な（貸金）

Business bad debts are tax deductible for ordinary deductions even if partially worthless.

▶ビジネスの不良債権は部分的に回収不能であっても、税金控除の対象になります。

世界の一流企業はこう語る

Receivable balances are written-off against the allowance for credit losses when it is probable that a loss has been realized.

(出所：Toyota Motor Corporation, Annual Report, 2012)

▶債権残高は、損失が確定した時点で、貸倒引当金とともに消去されます。

082

Provision (of Allowance) for Doubtful Accounts

[prəvíʒən əv əláuəns fɔ́ːr dáutfəl əkáunts]

貸倒引当金繰入額

Level ★★★

What is it?

貸倒引当金（⇒ 32 頁）は、BS 上では資産側にマイナス項目として表記されますが、その反対科目は、PL 上の販管費に費用として計上される貸倒引当金繰入額です。「供給する」という動詞 Provide の名詞形 Provision は、供給すること＝繰入額、を意味します。Doubtful（疑わしい）Accounts（勘定）について前もって Allowance（許容）を繰入れるということで、貸倒引当金です。貸倒引当金は金融資産の減損を認識するという BS から見た考えに基づくものです。

貸倒引当金として計上したものの、その後当該企業から支払いが行われた場合には、貸倒引当金戻入益（**Reversal of allowance for doubtful accounts**）として、PL 上で戻し入れます。

関連用語

より短くして、Allowance for doubtful accounts や Provision for doubtful accounts とする場合もあります。Reserve for doubtful accounts でもよいでしょう。また、Accounts の代わりに Receivables でも OK です。

また、その他のさまざまな引当金を計上する際にも、PL 上の費用として引当金繰入額＝Provision（of allowance）for 〜を借方に、BS 上の引当金＝Allowance for 〜を貸方に計上します。セットで覚えてしまいましょう。

```
Dr. Provision (of allowance) for 〜     ¥100 million    ➡  PL 計上
Cr. Allowance for 〜                    ¥100 million    ➡  BS 計上
```

他の単語と組み合わせると

Reverse 形 逆の・反対の

When you succeed in collecting a portion of estimated doubtful accounts, simply make a reverse entry.

▶一部の貸倒引当金の回収に成功したときは、単純に逆仕訳で戻し入れてください。

［便利なイディオム］make a reverse entry　▶逆仕訳を行う

Repeat（repeating） 形 リピートの

Thanks to repeat customers, provision for doubtful accounts has declined this period.

▶リピート客のおかげで、今期の貸倒引当金繰入額が減りました。

Bankrupt 形 破綻した

Matching principle 名 費用収益対応の原則

We record allowance for doubtful accounts before a trading partner goes bankrupt to uphold the matching principle.

▶取引先が実際に破たんする前に貸倒引当金を計上するのは、費用収益対応の原則に基づくものです。

［便利なイディオム］go bankrupt　▶破綻する

Deductible 形 控除できる

Not all allowance for doubtful accounts are considered deductible bad debts for income tax purposes.

▶すべての貸倒引当金繰入額が、所得税控除対象の不良債権とみなされるわけではありません。

世界の一流企業はこう語る

Concentrations of credit risk with respect to trade receivables are limited given that the Group's customer base is large and unrelated. Due to this management believes there is no further credit risk provision required in excess of the normal provision for bad and doubtful receivables.

(出所：Vodafone Group PLC, Annual Report, 2013)

▶グループの顧客層は、広くかつ分散できているため、売上債権に関わる信用リスクの集中度合いは限定的です。これにより、通常の貸倒引当金を超えるような、さらなる信用リスクは存在しないと考えています。

083

Operating Profit

[ápərèitiŋ práfit]

営 業 利 益

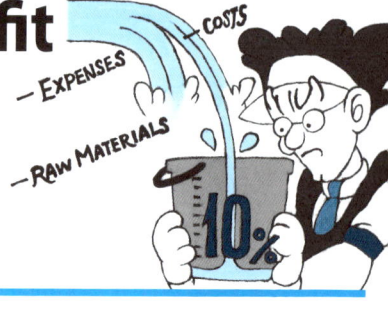

Level ★★★

What is it?

Operating profit、Operating income、Operating margin はいずれも、営業利益です。時おり、Income from Operations といった表記をする企業もあります。なお、営業損失は Operating losses です。

会計の世界では「本業」のことを「営業」と表現しますが、英語では Operating という言葉を使って表します。競争の激化する環境下では、本業で利益を出すことすら容易ではありません。その結果、特に最近では企業の中期経営計画でも、営業利益の金額や売上高営業利益率（Operating (profit) margin）を目標に掲げる企業が増えてきています。製造業では、売上高営業利益率 10% を優良企業のベンチマークとして判断する傾向があります。

関連用語

2012 年度の、日本の主な製造業の売上高営業利益率（Operating margin）平均値を紹介しましょう。医薬品（13.0％)、機械（6.4％)、化学（5.8％)、自動車（5.4％)、食品（4.5％)、電気機器（4.2％)、建設（3.7％)、鉄鋼（1.3％）です（出所は日経財務情報)。

他の単語と組み合わせると

Ongoing 形 継続的・進行中の

To see whether a company is earning adequately from ongoing operations, examine its operating profit.

▶ある会社が継続的な事業から十分に稼いでいるかを見るには、営業利益を調べてみましょう。

EBIT (Earnings before interest and taxes) 　動 支払利息控除前税引前利益

Operating profit is also called "earnings before interest and taxes", because it excludes interest and taxes.

▶営業利益は、利息と税金を含まないことから、EBIT（支払利息前税引前利益）とも呼ばれます。

Margin 　名 マージン・利ざや

Operating profit expressed as a percentage of revenue is called operating margin.

▶営業利益を売上に対する割合として表したものが営業利益率です。

［便利なイディオム］express as 〜　▶〜として表現する・示す

Mid-term management plan 　名 中期経営計画

In our mid-term management plan, we stated increasing our operating profit to twice the current level within 3 years.

▶わが社の中期経営計画では、3 年以内に営業利益を現在の 2 倍の水準まで高めることを述べています。

Indicative (of) 　形 指示して・暗示して
Stability 　名 安定

A higher operating margin is indicative of greater financial stability.

▶高い営業利益率はより安定した財務状況を示しています。

［便利なイディオム］be indicative of A　▶A を示す

世界の一流企業はこう語る

We believe that income from operations is a more meaningful measure than gross profit and gross margin due to the diversity of our product categories and services.

(出所：Amazon.com Inc., Form 10-K, 2012)

▶私たちは、商品のカテゴリーやサービスが多岐におよぶため、総利益や総利益率より、営業利益のほうが意義ある指標だと考えています。

Tips.3

企業活動の重要な表現を
押さえよう

Tips.3

グループ会社を正確に呼ぼう

ある企業の議決権ある株式の過半数（50%超）を保有する場合、または支配権を保持している場合、その企業のことを子会社と呼びます。この子会社という表現は、相手に上下関係を押し付けているきらいがあるので、当事者を相手にして「子会社の皆さん」とはあまり言いません。柔らかく表現するつもりで「関連会社の皆さん」と呼ぶ人がいますが、関連会社には別の定義がきちんとあるため、これは明らかに誤った使い方です。

では、英語で子会社は何と言うのでしょう。間違っても、Child companyとは言わないでください。子会社はSubsidiary（複数形はSubsidiaries）です。Subsidiaryは、「従属する」「補助する」という形容詞なので、確かに上下関係を感じさせはしますが、日本語ほどはストレートではありません。

ある企業の議決権ある株式の20%超50%未満を保有する場合、または重大な影響力(Significant influence)を保持している場合、その企業のことを関連会社と呼びます。英語では、Affiliated company (単にAffiliate) や、Associated company（単にAssociate）と呼びます。連結決算での会計処理については、持分法投資利益（⇒ 208頁）を参照してください。

ただし日本語同様に英語でも、子会社に親しみを込めて、Consolidated affiliatesように表現することもあります。前後の文脈でAffiliatesが一体誰なのかを明確にしていきましょう。

親会社は英語でもParent companyと呼びます。子会社は親会社をYou are our parent company. と言えますが、親会社は子会社をYou are our child companyとは言えないのです。

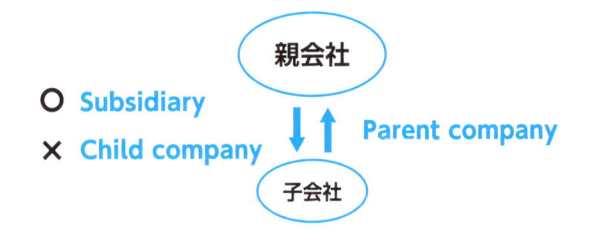

親会社

○ **Subsidiary**
× **Child company**   **Parent company**

子会社

子会社（Subsidiaries）と関連会社（Affiliates）と親会社(Parent company)をまとめて、日本語では関係会社と呼びます。英語には特にそうした表現はないですが、Related companies や Group companies などと表現するのが相応しいでしょう。

ただし、文脈によっては取引先や提携先も Related companies です。これもまた、前後の文脈によって判断し、中身がわからないときには相手に尋ねることにしましょう。

	判断基準	議決権
Subsidiary 子会社	実質支配権を保有 <have a controlling interest>	50% 超 <Greater than 50%>
Affiliate 関連会社	重要な影響力を保有 <have significant influence>	20% 以上 50% 以下 <20 % or greater and 50% or less than 50%>

主要なステークホルダーを英語で言おう

海外に駐在すれば、日本にいたときと違って、ヒト・モノ・カネの経営資源は限られています。そして、さまざまな外部の利害関係者が存在していて、そうした人物たちと、英語と会計を駆使して丁々発止とやり合っていかなければならないのです。そうでないと、1つの企業としていずれ立ち行かなくなってしまいます。

英語では利害関係を Stake と言うので、それを持っている Holder たち、つまり Stakeholders が利害関係者です。

主要な Stakeholders を次頁に一覧で示しましょう。時に取引先が要求していることと、現地の銀行が要求してきていることが正反対な局面もあるかもしれません。全体最適（Total optimization）と優先順位付け (Prioritization) を念頭に置いて、そうした荒波を乗り越えていってください。

Tips.3

Stakeholders	利害関係者
Shareholders / Stockholders	株主
Creditors	債権者
Banks / Financial institutions	銀行 / 金融機関
Leasing firms	リース会社
Bondholders	社債債権者
Credit rating firms	格付会社
Auditing firms	監査法人
Securities firms / Analysts	証券会社 / アナリスト
Customers / Buyers	販売先
Suppliers / Sellers	仕入先
Strategic partners	戦略的パートナー
Subcontractors / Outsourcees / Vendors	外注先
Consulting firms	コンサルティング会社
Government	政府
Tax office	税務署
Employees	社員
Local community	地域社会

主要な業界を英語で言おう

　ご自分の会社は何業界に属しますか？　自動車？　鉄鋼？　化学？　食品？　小売？　商社？　サービス？　金融？……

　では、それを英語で言ってみましょう。たとえば、食品業界＝ Food industry なら問題ないでしょうが、精密機器、窯（よう）業、非鉄金属業界の方などは、いかがでしょうか。

主要な industry を一覧で示しましょう。ご自分の業界でなくても、さまざまな事業提携や、顧客となり得る他業界もあるはずです。このリストくらいは抵抗なくスラスラ出てくるとよいですね。

Industries	業界
Food	食品
Textile	繊維
Paper manufacturing	製紙
Chemical	化学
Pharmaceutical	医薬品
Oil	石油
Rubber	ゴム
Ceramic engineering	窯業
Steel	鉄鋼
Non-ferrous metal	非鉄金属
Machinery	機械
Electric equipment	電気機器
Shipbuilding	造船
Automobile / Vehicle	自動車 / 乗物
Precision equipment	精密機器
Agriculture and forestry	農林
Fishery / Fish processing	水産
Mining	鉱業
Construction	建設
Wholesale	卸売
Retail	小売
Restaurant	飲食店

Tips.3

Financial institution / Finance	金融
Insurance	保険
Real estate	不動産
Freight / Warehousing	運輸 / 倉庫
Telecommunications	通信
Electric power	電力
Gas	ガス
Water	水道
Train / Bus (land transportation)	鉄道 / バス（陸運）
Air transportation / Airline	空運
Maritime transportation / Shipping	海運
Service	サービス

管理会計の基本用語と考え方を押さえよう

財務諸表を扱う財務会計を、英語では Financial accounting と呼ぶのに対して、会社の中の予算計画や事業評価などを扱う管理会計を、Managerial accounting（または Management accounting）と呼びます。

管理会計では、企業全体というより、個別の事業や製品に関わるコストや利益の計算が行われます。最低限押さえておきたい管理会計用語を紹介しましょう。

Selling price（Sales price）	売値
Variable cost	変動費
Fixed cost	固定費
Marginal profit（または Contribution margin）	限界利益
Break-even point（略して、BEP）	損益分岐点

【Quiz】

A certain restaurant's dish has a selling price of ¥1,000 with a variable cost of ¥600, and monthly fixed cost is ¥1,000,000. Calculate the break-even point of this restaurant.

(あるレストランは、売値1,000円、変動費600円、月の固定費1,000,000円です。損益分岐点を計算してください)

【Answers】

まずは、新たなお客さんが1人来客するたびに貢献してくれる利益を計算します。¥1,000 − ¥600 = ¥400 です。この（売値−変動費）によって計算される400円の利益を、Marginal profit（限界利益）と呼びます。後は400円の限界利益をもたらしてくれるお客さんによって、固定費の1,000,000円を回収すればよいのです。したがって、BEP = ¥1,000,000 / ¥400 = 2,500人となります。

月に25日間営業しても、1日100人のお客さんが来なければ赤字です。なかなか厳しい商売ですね。

主要な会計指標を使いこなそう

主要な会計指標を計算して、自社の過去の数値や業界平均、競合の値などと比較することで、企業のおおよその経営環境を評価することが可能です。主要な会計指標（Financial ratios）を次頁に一覧で示しましょう。

具体的な指標の読み方については拙著『英語の決算書を読むスキル』を、業界別のベンチマークの水準や、戦略との関連性については『戦略思考で読み解く経営分析入門』を参照してください。

Tips.3

Profitability 収益性	Unit	Formula
Gross Margin 売上高総利益率	%	Gross Profit ÷ Sales
SGA Ratio 売上高販管費率	%	SGA ÷ Sales
Operating Margin 売上高営業利益率	%	Operating Profit ÷ Sales
IBT Margin 売上高税引前利益率	%	IBT ÷ Sales
Net Margin 売上高純利益率	%	Net Profit ÷ Sales

Asset Efficiency 資産効率性	Unit	Formula
Total Assets Turnover Rate 総資産回転率	times	Sales ÷ Total Assets
A/R Turnover Period 売上債権回転期間	days	A/R ÷ (Sales/365)
Inventory Turnover Period 棚卸資産回転期間	days	Inventory ÷ (COGS/365)
A/P Turnover Period 仕入債務回転期間	days	A/P ÷ (COGS/365)
Cash Conversion Cycle 現金循環化日数	days	(A/R + Inventory − A/P) ÷ (Sales/365)
Tangible Fixed Assets Turnover Rate 有形固定資産回転率	times	Sales ÷ Tangible fixed assets
Cash Liquidity Ratio 手元流動性比率	days	Cash ÷ (Sales/365)

Financial Soundness 財務健全性	Unit	Formula
Current Ratio 流動比率	%	Current Assets ÷ Current Liabilities
Quick Ratio 当座比率	%	Quick Assets ÷ Current Liabilities ※ Quick assets は3か月以内には現金化できる流動性の高い資産
Fixed Ratio 固定比率	%	Fixed Assets ÷ Equity
Fixed Assets to Fixed Liabilities and Equity Ratio 固定長期適合率	%	Fixed Assets ÷ (Fixed Liabilities and Equity)
Interest Coverage Ratio インタレスト・カバレッジ・レシオ	times	Operating Profit ÷ Interest Expenses
Equity Ratio 株主資本比率	%	Equity ÷ Total Asset
Debt-to-Equity Ratio DE レシオ	times	Debt ÷ Equity

Growth 成長性	Unit	Formula
Sales Growth Rate 売上成長率	%	Yearly Growth Rate of Sales
Operating Profit Growth Rate 営業利益成長率	%	Yearly Growth Rate of Operating profit
Net Profit Growth Rate 純利益成長率	%	Yearly Growth Rate of Net profit
Asset Growth Rate 資産成長率	%	Yearly Growth Rate of Asset

Tips.3

運転資金を理解して、資金繰りを好転させよう

運転資金という言葉は、読者の皆さんも時おり耳にしたり、あるいは自分でも使ったりすることがあるかもしれません。ところがその中身については、意外と人によってバラバラだったりします。実際に明確な定義が存在するわけでもないので、相手が何度も使っていて、どこまで含めているのかわからない場合には、「運転資金にはどこまで含めているんですか？」と聞いてしまってもよいでしょう。

英語で運転資金は、Working capitalと言います。会社を運転（＝Working）するための資金（＝Capital）なので、日本語そのままです。Working capital は狭義では、以下で計算されます。

> Working capital =
> Accounts receivable + Inventory − Accounts payable

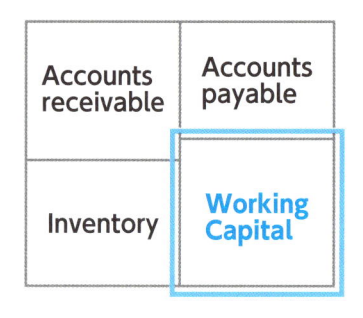

Accounts receivable	Accounts payable
Inventory	**Working Capital**

顧客に製品を販売した後の入金待ちに相当する Accounts receivable と、販売のために保有しておく Inventory は、製造業として不可欠な資産です。一方で、Accounts receivable は「現金をまだ回収できていない」、Inventory は「現金を使って、作ってしまった」ということで、ともに資金繰り上はネガティブな要素です。これら2つが大きいほど、資金繰りはひっ迫していきます。

それに対して、Accounts payable は、「原材料等を仕入れたものの、ま

だお金は払っていない」という、資金繰り上はポジティブなものです。よって、Accounts payable が大きいほど、資金繰りは改善します。

左に資金繰り上ネガティブな要素が2つ、右に資金繰り上ポジティブな要素が1つなので、トータルで見れば、どうしても右側に資金ギャップが生まれます。この資金ギャップのことを、Working capital と呼ぶのです。

Working capital が存在するのは決して悪い話ではありません。製品が売れているから Accounts receivable がある、製品が売れているから Inventory を用意してあるのです。十分なお金を保有している企業であれば、自社のお金を Working capital に充てればよいですし、お金のない会社は、銀行に対して「Working capital のための資金を貸してください」と言えばよいのです。ただし、Accounts receivable の多くが、不良債権（Uncollectible receivables）や不良在庫（Dead stock）となれば、話は別です。銀行もそう簡単には融資してくれはしないでしょう。

Accounts receivable、Inventory、Accounts payable がメーカーの3大 Working capital ですが、それ以外にも本書100の勘定科目にある流動資産（Accrued revenue、Prepaid expenses）や流動負債（Prepaid income、Accrued expenses）も大切な Working capital です。
広義では、

Working capital = Current assets − Current liabilities*

と考えてもよいでしょう。

*運転資金ニーズですでに借りている短期借入金は除く

Working capital を Daily sales（1日当たり売上高）で割った日数を、Cash conversion cycle（CCC：キャッシュ・コンバージョン・サイクル）と呼びます。一緒に覚えてしまいましょう。CCC の短い会社は、Accounts receivables の早期回収、Inventory の圧縮、Accounts payable の支払長期化を意味するため、資金繰り上は有効です。

Cash Conversion Cycle（Days）= Working capital /（Sales/365）

PL [営業外活動] の英単語

PART 4

084

Level ★★★

Interest Income

[ínt(ə)rəst ínkʌm]

受取利息

What is it?

日本のPL上では、受取利息は、営業利益の下の営業外収益の1つとして計上されます。海外のPLは、日本のように営業外収益、営業外費用と2つに明確に分けて開示するのはまれですが、営業利益の下に記載するのは同一です。金融事業が本業に相当する企業は、Interest income を営業収益（売上高）として計上します。

日本語では、「受取る→利息」の語順ですが、英語では、「利息←受取る」と反対です。

低金利が続く日本では、どんなにキャッシュリッチな企業でも受取利息はそれほど膨らみません。もし保有キャッシュに比べて、受取利息が高い利回りで運用されているように映るなら、リスクを伴う債券での運用か、あるいは海外の金利が高い国での資金運用が想定されます。日本の有価証券報告書、海外のアニュアルレポートには、どのような有価証券を保有しているかは概ね開示されています。

関連用語

公式のPLには現れない言葉ですが、企業の分析で頻繁に登場する利益として、**EBIT**（**Earnings Before Interest and Taxes**）があります。支払利息と税金を差し引く前の利益なので、営業利益にほぼ等しいとみなすことができます。厳密には受取利息や受取配当金などの営業外収益は含めるのが通常です。EBITは、BSの右側は見ないで、左側で保有するすべての資産が生み出している利益、ということです。ROAを計算する際に、すべての資産の利回りに焦点を当てて議論するなら、分子にEBITを置くのがもっとも理にかなっています。

他の単語と組み合わせると

Regular
形 定期的な

Most companies have regular interest income from checking or savings accounts.

▶ほとんどの企業は定期預金や当座預金からの利息を定期的に受け取っています。

Environment
名 環境

With recent low interest environments, no matter how cash rich a company may be, income from interest does not amount to much.

▶昨今の低金利の状況下では、どんなにキャッシュリッチな企業であれ受取利息は大きな金額にはなりません。

［便利なイディオム］no matter how A　▶どんなにAであっても
［便利なイディオム］not amount to much　▶たかが知れている・役に立たない

Invested funds
名 投下資本

Our interest income corresponds with the balance of invested funds and the rates we are earning on them.

▶わが社の受取利息は、投下資本収支とそこからの収益に呼応しています。

［便利なイディオム］correspond with 〜　▶〜と一致している

世界の一流企業はこう語る

The weighted average interest rate earned by the Company on its cash, cash equivalents and marketable securities was 1.03%, 0.77%, and 0.75% during 2012, 2011, and 2010, respectively.

(出所：Apple Inc., Form 10-K, 2012)

▶現金及び現金同等物や有価証券から私たちの会社が生み出した加重平均利率は、2010年、2011年、2012年それぞれ、0.75%、0.77%、1.03%です。

085

Dividend Income

[dívədènd ínkʌm]

受取配当金

What is it?

　日本語では「受取る→配当金」の語順ですが、英語では「配当金 ← 受取る」と反対です。

　連結決算では、子会社は通常連結されるので、子会社から親会社への配当金は連結 PL には現れません。同様に、関連会社から親会社への配当は、現金の入金と関連会社持分の減少を BS 上のみで処理するので、連結 PL には現れません。よって、連結 PL 上に現れる受取配当金は、これらに相当しない株式への純投資から来るものです。

　金融機関や顧客企業との持合株式の多い企業は、受取配当金の額が膨らむ傾向にあります。また、海外の資源会社などへの 20% 未満の出資を行う企業などにも、受取配当金が膨らむ傾向が見られます。こうした株式の含み損益は連結 PL に反映されないので（減損を除く）、いくら受取配当金があって連結 PL 上で利益が出ていても、株価が下落している局面では、実質的には損失をもたらしていることもあります。

　なお、自社の株主に対して支払う方の配当金は、利益の処分に相当するため、PL 上には現れません。

関連用語

　分割するという意味の Divide と同じ語源ですが、配当を分配すると言う意味では、Distribute やその名詞形の Distribution を併用します。

　例：Profits are either kept for business or distributed as dividends.

　　　（利益はビジネス用に留保されるか、配当金として分配されるかのどちらかです。）

他の単語と組み合わせると

Rise 　　　　　　　　　　　　　　　名 上昇・増加

Since 2010, the average dividend income is on the rise.
▶2010年以降、平均配当収入は上昇しています。

［便利なイディオム］be on the rise 　▶上昇しつつある

Incur 　　　　　　　　　　　　　　　動 被る・発生する
Form 　　　　　　　　　　　　　　　 名 形・形状

Dividend income can be incurred in the form of cash, additional stocks, or other property.
▶受取配当金は現金や追加株式、その他資産の形で発生する場合もあります。

Dividend check 　　　　　　　　　　名 配当金受領書

The company we invested in sent us a dividend check of US $2,000.
▶投資している会社から2千ドルの配当金受領書が届きました。

Apply 　　　　　　　　　　　　　　 動 当てる・用いる
Decreased 　　　　　　　　　　　　 形 低下した・減少した

The United States applies decreased tax rates for dividend income to both companies and individuals.
▶米国では、企業や個人の配当所得に低めの税率を適用します。

［便利なイディオム］apply A to B 　▶AをBに当てる

世界の一流企業はこう語る

Dividend income from financial assets at fair value through profit or loss is recognized as other non-operating income in the statement of income when the Company's right to receive payments is established.

（出所：Samsung Electronics Co. Ltd., Annual Report, 2012）

▶公正価値によって損益を評価する金融資産からの受取配当金については、私たちが配当金を受け取る権利が成立した時に、損益計算書上の営業外収益として計上されます。

086

Foreign Exchange Gains (Losses)

[fɔ́ːrən ikstʃéindʒ géinz (lɑ́ːsiz)]

為替差損益

What is it?

さまざまな取引（販売、預金、債権や株の投資など）が外貨建てで行われる場合、取引発生時の為替相場と決済時の為替相場は異なるのが通常です。

決済時に、為替で益が出ていれば為替差益（**Foreign exchange gains**）、損が出ていれば為替差損（**Foreign exchange losses**）として、それぞれ営業外収益、営業外費用に計上します。

取引が決算日をまたぐ場合には、未実現為替差損益（**Unrealized foreign exchange gains/losses**）も計上されます。**Exchange** の代わりにすべて **Currency** と置き換えても OK です。

関連用語

為替差益が発生する簡単な仕訳の例を示してみましょう。$1,000 の商品を為替相場が $1＝￥100 のときに、掛けで仕入れたものとします。実際に商品の金額を支払う際には、$1＝￥98 となりました。この場合の仕訳は、以下のような流れとなります。

	Dr.		Cr.	
仕入時	Merchandise	￥100,000	Accounts payable	￥100,000
決済時	Accounts payable	￥100,000	Cash	￥98,000
			Foreign exchange gains	￥2,000

他の単語と組み合わせると

Set-up　　　　　　　　　　　　　　图（組織の）立上げ

The set-up fee for our office in Singapore resulted in a foreign exchange loss of 100,000 Yen

▶当社のシンガポールオフィスの立ち上げ費用に関連して10万円の為替差損が発生しました。

Depending on   形 応じて・よって

Depending on the date we receive international payment, we may benefit from a slight foreign exchange gain.

▶国際支払を受領する日付によっては、若干の為替差益を得るかもしれません。

［便利なイディオム］benefit from 〜　　▶〜の恩恵を受ける

Foreign Exchange Risk   名 外国為替リスク

Management didn't take into account foreign exchange risk when they decided to establish an office in China.

▶経営側は新しいオフィスを中国に設立する際、外国為替リスクを考慮に入れていなかったようです。

Appreciation   名 上昇・騰貴

An appreciation in foreign currency to be received will result in a foreign exchange gain.

▶受領する外貨の評価が上昇した場合、為替差益が発生します。

Exposure   名 さらされること・露出

To minimize foreign exchange gains and losses, check your company's risk exposure by reviewing monthly operation reports.

▶外国為替差損益を最小限に抑えるには月次営業レポートに目を通し、会社を取り巻くリスク状況をチェックする必要があります。

世界の一流企業はこう語る

The primary component of other income (expense), net, is related to foreign-currency gains (losses) on intercompany balances.

(出所：Amazon.com Inc., Form 10-K, 2012)

▶その他損益（純額）の主な中身は、会社間の残高に伴う為替差損益です。

087

Level ★★★

Equity Gains (Losses) of Affiliated Companies

[ékwəti geinz (lɑːsiz) əv əfílièitid kʌ́mpəniz]

持分法による投資利益（損失）

What is it?

　ある企業の20%以上50%以下の議決権ある株式を保有するなど、影響力を有する場合、その企業を関連会社（**Affiliated company** または **Affiliate**）と呼びます。関連会社はフルで連結することなく、当該企業の純利益×持分比率（%）に相当する額を、営業外収益に持分法投資利益（**Equity in gains**）として計上します。PL上のたった1行のみ連結されるので、1行連結（**Single line item**）とも呼ばれます。

　もし当該企業が赤字の場合には、営業外費用に持分法投資損失（**Equity in losses**）として計上します。海外の会計基準では、持分法投資利益は当期純利益の直前に挿入するのが通常なので、表記される場所の違いに注意しましょう。

　関連会社の多い企業は、なぜ子会社として保有しないのか、自社が保有しない株式は誰（特定の株主 or 不特定多数？）が保有しているのか、どの株主が主導的な立場にあるのかなどについて、考察を深めましょう。BS上での関連会社投資額がわかっていれば、持分法投資利益を当該投資額で割ることで、単年度当たりの関連会社投資利回りを計算することも可能です。

関連用語

　持分法のことを **Equity method** と呼びます。このため、持分法投資利益を、**Equity method investment gain** や、**Investment gain on equity method** と表現することも可能です。また、**Gain** の代わりに **Earnings** や **Income** を使うこともありますが、どの表現も **Equity** は使います。

他の単語と組み合わせると

Unconsolidated　　　　　　　　　　形 非連結

We account for our investments in unconsolidated entities using the equity method.

▶当社は持分法を用いて非連結事業体への投資を計算しています。

Proportionally　　　　　　　　　　副 比例して・按分に

Share　　　　　　　　　　　　　　名 持分・分け前

We need to report income from XYZ Company proportionally according to share.

▶我々は持分に応じて、XYZ 社の利益を比例して報告する必要があります。

Certain　　　　　　　　　　　　　形 ある程度の

The main reason to include affiliate earnings in an income statement is for having certain influence over the affiliate.

▶関連会社の利益を損益計算書に含ませる主な理由は、関連会社に一定の影響力を及ぼしているからです。

世界の一流企業はこう語る

Equity investments, including our 29% investment in LivingSocial, are accounted for using the equity method of accounting if the investment gives us the ability to exercise significant influence, but not control, over an investee.

(出所：Amazon.com Inc., Form 10-K, 2012)

▶LivingSocial 社への 29% の持ち分のような、投資先に対して私たちが重大な影響力は持っていても支配権は保有しない株式投資については、持分法を使って会計処理されます。

088

Purchase Discount

[pə́ːrtʃəs dískaunt]

仕入割引

Level ★ ☆ ☆

※ INVOICE：請求書、DUE：支払期日

What is it?

　商品を購入した企業が、その対価となる買掛金を、定められた期日より早く支払った場合に受け取る割引額です。たとえば、「2/30、net/45」とあれば、30日以内に支払った場合は買掛金額の2%割引がもらえ、31日〜45日以内では、買掛金の金額通りの支払いとなります。割引でもらえる料率が借入金利より高ければ、銀行借入をしてでも、早く支払うほうが利益の向上につながります。

　日本基準では、仕入割引は営業外収益に計上しますが、海外の会計基準では実質的な原価の低減につながるので、売上原価の控除として扱います。

関連用語

　上記の取引の流れに沿って、2%の仕入割引を付与したサプライヤー側は、これを売上割引（**Sales discount**）として、営業外費用に計上します。海外の会計基準では、実質的な販売価格の減額と判断して、売上高から控除するのが通常です。

　日本語では支払期日の移動によってもたらされるものは「割引」、それ以外は「値引」と、言葉を使い分けますが、英語ではどちらもDiscountという表現になります。

　仕入割引は **Early payment discount** や **Cash discount** とも表現できます。これに対して、大量仕入による値引（**Volume discount**）など、広く値引については、**Trade discount** と表現できます。

他の単語と組み合わせると

Deadline　　　　　　　　　　　　　　　图 締切

The purchase discount deadline for the cotton is tomorrow.
▶綿の仕入割引の期限は明日です。

Reduced price　　　　　　　　　　　图 割引価格

A purchase discount option allows the buyer to pay early for a reduced price.
▶仕入割引オプションにより、買い手は早めに支払うことで割引価格での購入ができます。

Privilege　　　　　　　　　　　　　图 特権

Sellers should be careful not to overuse sales discounts or customers may take the privilege for granted.
▶客にとって割引が当たり前にならないよう、売り手は売上割引を使いすぎないように注意したほうがよいでしょう。

［便利なイディオム］take 〜 for granted　▶〜を当たり前のことと思う

世界の一流企業はこう語る

Timing of payments and actual amounts paid with respect to some unrecorded contractual commitments may be different depending on the timing of receipt of goods or services or changes to agreed-upon amounts for some obligations.

(出所：Wal-Mart Stores, Inc., Form 10-K, 2013)

▶契約書には記載されない責務に関する支払いのタイミングや実際の支払い額は、商品やサービスの受領のタイミングや、特定の責務に対する事前に合意された金額の変更によって、異なってくるかもしれません。

089

Interest Expenses

[ínt(ə)rəst ikspén(t)siz]

支払利息

Level ★★★

What is it?

日本語では「支払う→利息」の語順ですが、英語では「利息←支払う」と反対です。保有する有利子負債残高に比べて支払利息の金額が大きく見える場合には、信用リスクの低い企業か、あるいは海外の高い金利での資金調達の可能性を調べてみましょう。

後者の場合、グローバルでのキャッシュマネジメントを効率的に行うことで、全社の支払利息負担を軽減する余地が生まれます。日本の有価証券報告書、海外のアニュアルレポートには、どのような有利子負債が金利何％で調達されているかは、概ね開示されています。

金融事業が本業に相当する企業は、**Interest expenses** を営業費用（または売上原価）として計上します。

海外の会計基準では、一定の要件を満たす場合、特定の資産購入等に要する支払利息は固定資産の一部として資産化されることがあります。

関連用語

有利子負債の規模が妥当であるかを評価する指標に、インタレスト・カバレッジ・レシオ（**Interest coverage ratio**）があります。名前の通り、支払利息が（利益によって）どれだけカバーできているかを評価するものです。

$$\text{Interest coverage ratio（times）} = \frac{\text{Operating profit（or Operating CF）}}{\text{Interest expenses}}$$

有利子負債の調達なしでは、一定以上の設備投資や M&A はできません。有利子負債そのものが決して悪者ではないのです。問われているのは、身の丈に合った有利子負債なのかです。

そこで、分母に有利子負債の負の要素である支払利息を置き、分子に稼ぎ力（営業利益または営業CF）を置くことで、身の丈に合った有利子負債か否かを判断できます。国内の平均値は10倍程度です。3倍を下回る企業は、突発的な出来事ですぐに赤字に陥りやすい構造にあるため、注意が必要です。

他の単語と組み合わせると

Borrower 　　名 借手
Lender 　　名 貸手

The borrower periodically pays the lender for interest expense on loans.
▶借手は、ローンの支払利息を定期的に貸手に支払います。

Due 　　形 支払わなければならない
Accrue 　　動 （発生したとして）計上する

If you don't receive a bill for interest due by the end of the month, accrue interest expense as interest payable.
▶月末までに利息請求書が届かない場合、未払利息として支払利息を計上してください。

［便利なイディオム］accrue 〜　▶〜を発生したものとして処理する（会計）

Trim（down） 　　動 減少する

XYZ Company's cash flow will be trimmed down by the interest expenses for the new project's funds.
▶新プロジェクトの資金に付随する支払利息により、XYZ社のキャッシュフローは減少するでしょう。

世界の一流企業はこう語る

The Company's bank facilities contain only one financial covenant, relating to interest coverage, which the Company met on September 29, 2012 by a significant margin.
(出所：The Walt Disney Company, Form 10-K, 2012)
▶金融機関から要求されている唯一の財務的な条項はインタレスト・カバレッジ・レシオに関するものですが、当社はそれを2012年9月29日時点で大幅に上回って達成しています。

090

Level ★★★

Ordinary Profit

[ɔ́:rd(ə)nèri práfit]

経 常 利 益

What is it?

　Ordinary（通常の）な Profit で、経常利益です。実は経常利益という概念は日本基準固有のもので、海外の基準には存在しません。よって、Ordinary という英語もあくまで当て字です。Recurring profit と表現する場合もあります。

　ここまで紹介した主要な営業外損益項目（受取利息、受取配当金、持分法投資利益〈損失〉、支払利息、為替差損益など）が大きい企業ほど、経常利益を観察する重要性が高まります。営業利益率と同様に、製造業では、売上高経常利益率 10% を優良企業のベンチマークとして判断する傾向があります。Operating profit と同じく、Profit の代わりに、Income、Margin としても OK です。

　海外の企業には経常利益は存在しないため、比較相手としては、財務活動を考慮してある税引前当期純利益（⇒ 228 頁）がよいでしょう。

関連用語

　2012 年度の、日本の主な製造業の売上高経常利益率（Ordinary margin）平均値を紹介しましょう。医薬品（12.8%）、機械（6.6%）、化学（6.2%）、自動車（5.6%）、食品（4.7%）、建設（4.1%）、電気機器（3.3%）、鉄鋼（1.7%）です（出所は日経財務情報）。

他の単語と組み合わせると

Weakening　　　　　　　　　　　名 衰退・弱体化

With the weakening of the Yen, ordinary profit improved by 1 billion yen.

▶円安の進行によって、経常利益が 10 億円改善しました。

Reference　　　　　　　　　　　動 言及する

Companies with continuing ordinary loss may need to reference doubt about the company's ability to continue as a going concern in its financial statements.

▶経常損失の続いている企業は、継続企業の前提に重要な疑義を生じさせるような状況が存在することを決算書類に記載する必要があるかもしれません。

Borrowings　　　　　　　　　　名 借入・借金

Businesses with large borrowings should be evaluated by their ordinary income with interest expenses included in the calculations.

▶借入の多い企業は、支払利息を含めて計算する経常利益で評価されるべきです。

Indicator　　　　　　　　　　　名 指示するもの・インジケータ

Ordinary profit is a good indicator of a company's well-being, as it includes operating and non-operating profits, but excludes extraordinary items and taxes.

▶経常利益は会社の健全度を把握するのに役立つ指標です。営業及び営業外利益を含みながら、特別損益や法人税は除外しているからです。

世界の一流企業はこう語る

The Company aims to achieve in the medium-to-long term an increase in cash flows and growth in profitability, with a targeted return on sales (ROS, ratio of ordinary profit to net sales) of approximately 5% at minimum and the further goal of establishing an organization with the capability to achieve an ROS of 10%.

(出所：Nippon Steel & Sumitomo Metal Corporation, Flash Report (Consolidated Basis) , 2012)

▶中長期的なキャッシュ・フローの増大・利益成長の実現を図り、ROS（Return On Sales 売上高経常利益率）5％程度を最低目標とし、さらに ROS10％ を達成できる企業体質の実現を目指します。

091

Extraordinary Gains (Losses)

[ikstrɔ́:rdənèri geinz (lɑ:siz)]

特 別 利 益 （ 損 失 ）

Level ★★★

What is it?

　臨時的（**Temporary**）、偶発的（**Incidental**）に発生した要因に基づく損益は、特別利益（損失）として計上されます。日本企業のPL上、典型的な特別利益には、固定資産売却益や投資有価証券売却益が挙げられます。特別損失には、固定資産売却損、固定資産除却損、投資有価証券売却損、減損損失、構造改革費用などが挙げられます。

　米国基準では異常項目についてより厳格で、①異常な性質を有していることと、②発生の可能性がかなり低いこと、を満たすのが要件です。2つの条件が同時に成立するのはごくわずかです。日本の特別損益の項目のほとんどは米国基準では異常項目とはなりません。たとえば、2001年9月11日に起きたアメリカ同時多発テロのような災害も異常項目として扱われませんでした。米国においてはテロ活動は過去にも発生しており、発生の可能性がかなり低いとは判断できないと考えられるためです。同時に、企業会計の取りまとめを行う機関 **FASB**（**Financial Accounting Standards Board**）が、9.11テロは社会全体に影響を及ぼし経済そのものを変えてしまう出来事であり、ほぼすべての企業が影響をうけるため会計上は異常項目にならないと当時発表しました。

　日本では特別損益を税引前の過程で表記しますが、米国基準ではPL上の最下段に税引後の金額で記載されます。日本基準のほうが特別損益を広義にとらえる傾向が強いため、特別損益の動きが激しい企業は、それが本当に今年限りの「特別」なのか、今後も継続する「特別」なのかに、注意を払いましょう。

　なお、**IFRS** では特別損益の表示は禁止されています。

関連用語

日本の広義の特別損益は、Extraordinary より、むしろ Special や Unusual gains/losses くらいの表現にとどめたほうが実態を表しているとも言えます。

他の単語と組み合わせると

Inflate 　　　　　　　　　　　　　　　　　動 膨らむ・膨らませる

Our extraordinary gains were inflated by the sale of our largest subsidiary this year.

▶当社の一番大きな子会社を本年度売却したことにより、特別利益が膨らんでいます。

Damage 　　　　　　　　　　　　　　　　名 損傷・被害・損害
Facility 　　　　　　　　　　　　　　　　名 施設・設備

The great flood's damage to XYZ Company's facilities will be reported as an extraordinary loss.

▶大洪水による XYZ 社の施設への被害は、特別損失として計上されるでしょう。

Treat 　　　　　　　　　　　　　　　　　　動 処理する・扱う

The FASB required all companies to treat extraordinary losses resulting from the September 11, 2001 terrorist attacks as ordinary for accounting purposes.

▶FASB（米国財務会計基準審議会）は全企業に対し、9.11 のテロによって発生した特別損失は会計上、経常活動とみなして処理するよう要請しました。

[便利なイディオム] treat A as B 　▶A を B として扱う

世界の一流企業はこう語る

As GungHo becomes a subsidiary and the Company re-evaluates the ordinary shares of GungHo, held by the SoftBank Group, ¥150,119 million, which is the difference between the book value on a consolidation basis at the time of obtaining control and the fair value, will be recorded as special income in the first quarter of fiscal year ending March 31, 2014.

(出所：Softbank Corp., Consolidated Financial Report, 2013)

▶ガンホー社が子会社となり、ソフトバンクグループが所有していた同社普通株式の時価への評価替を行った結果、支配獲得時の連結上の簿価と株式の時価との差額 150,119 百万円を、特別利益として 2014 年 3 月期第 1 四半期に計上する見込みです。

092

Level ★★★

Restructuring Charges

[riːstrʌ́ktʃ(ə)riŋ tʃɑːrdʒiz]

構 造 改 革 費 用

What is it?

　リストラクチャリングという用語は、日本では雇用解雇の意味で使われることが多いですが、Re（再び）Structuring（構造化する）するというのが本来の意味です。PL 上でも、雇用のみならず、事業や設備の広く再構築に伴う費用について、Restructuring charges は計上されます。

　日本では特別損失に計上するのが通常ですが、海外の PL では、営業活動の一部ととらえて営業費用に計上し、そのまま営業利益を減少させるのが一般的です。

関連用語

　Restructuring charges に入り得るものとして、棚卸評価損（Inventory write-down）、加速減価償却（Accelerated depreciation）、退職費用（Severance cost）、撤退コスト（Exit cost）、固定資産減損損失（Fixed asset impairment）などが挙げられます。Charges の代わりに Cost や Expenses と表記されることもあります。

　早期退職割増金（Early retirement bonus）などを含む退職費用は、切断や分離を意味する Severance を使って表現することもよくあります。

他の単語と組み合わせると

Profitability　　　　　　　　　　名 収益性・利益率

Restructuring charges can improve future earnings and profitability.

▶構造改革費用は、将来の収入と収益性を向上させる可能性があります。

Go under　　　　　　　　　　動 倒産する

Either we absorb one-time restructuring charges or go under forever.

▶我々にある選択肢は、一度きりの構造改革費用を負担するか、会社を倒産させてしまうか、どちらかですよ。

Reorganize　　　　　　　　　　動 再編成する・再構築する

Reorganizing a company on the verge of bankruptcy will produce large restructuring charges.

▶倒産寸前の会社の再編成には、大規模な構造改革費用が発生するでしょう。

［便利なイディオム］on the verge of A　▶A しかかっている

Abuse　　　　　　　　　　動 乱用する・悪用する

Fake restructuring charges, such as normal employee layoff costs, may be abused by management to maintain operating profit.

▶経営側が営業利益を維持する目的で、通常雇用にかかる費用等を構造改革費用として偽り、悪用する可能性があります。

世界の一流企業はこう語る

The Company recorded $78 million of restructuring charges during fiscal 2012 primarily for severance and related costs of organizational and cost structure initiatives, across various of our businesses and impairment charges of $22 million primarily for the write-off of an intellectual property intangible asset.

(出所：The Walt Disney Company, Form 10-K, 2012)

▶当社は 2012 年度に、複数の部門に及ぶ退職費用、組織・コスト構造イニシアチブを主とする 7,800 万ドルの構造改革費用、および知的財産の無形資産の消去を主とする 2,200 万ドルの減損損失を計上しています。

093

Gain or Loss on Sale of Property

[géin ɔ́:r lɔ́:s án séil əv prápərti]

固定資産売却損益

What is it?

　簿価が10億円の建物、機械、土地などの固定資産を、15億円で売れば5億円の固定資産売却益です。一方、7億円でしか売却できなければ、3億円の固定資産売却損が発生します。元々は長期保有するはずだった固定資産の売却なので、日本基準では特別損益の項目として計上するのが一般的です。企業によっては、営業外損益として計上する場合もありますが、あくまで中身が、

- 経常的に発生する売却 ➡ 営業外損益
- 臨時的・偶発的に発生した売却 ➡ 特別損益

のどちらであるかが判断のポイントです。

　ただし、海外の会計基準には特別損益の項目は原則存在しないので、営業活動からの収益 or 費用の一部として計上するのが通常です。

関連用語

　「処分する」ということばに相当する Disposal を用いて、**Gain or loss on disposal of property** と表現することもあります。Disposal は売却した時にもよく使いますが、売却したのか、除却したのか、交換したのかが明確ではありません。売却＝ Sale、除却＝Retirement、交換＝ Exchange としたほうが、よりクリアな表現です。一般には、Disposal は処分、Retirement は使用停止を意味します。

　Property も不動産は **Real property**、動産は **Personal property** や **Movable property** と表現します。

他の単語と組み合わせると

Forthcoming　　　　　　　　　　　　　形 将来の

For the period ended December 31, 20X5, the company recorded a $9,000 gain on sale of property which may or may not continue in forthcoming periods.

▶ 20X5年12月31日終了の営業年度において、当社は固定資産売却益9千ドルを計上しましたが、次年度以降もこれが継続するかはわからないところです。

［便利なイディオム］may or may not ～　▶～であるかどうかはわからない

Proceeds　　　　　　　　　　　　　　名 売上高・収益

Proceeds from the sale of property should be reduced by all selling expenses, such as advertising fees, to calculate the gain or loss on sale of property.

▶ 固定資産売却損益を計算する際には、固定資産売却額から売却に伴う広告料等費用を差し引きましょう。

Debit　　　　　　　　　　　　　　　　動 借方計上する

With the exception of land, accumulated depreciation should be debited upon sale of any property, plant, or equipment.

▶ 土地を除いて、有形固定資産の売却時に減価償却累計額は借方計上（相殺）されます。

世界の一流企業はこう語る

Sony recorded a gain upon the sale of 42,322 million yen in the fiscal year ended March 31, 2013, included in other operating (income) expenses, net.

（出所：Sony Corporation, Consolidated Financial Statements, 2013）

▶（ソニー大崎シティの売却に際して）ソニーは、2013年3月31日に終了した決算期において、423億2,200万円の売却益を計上し、その他営業（利益）費用の純額の中に含めています。

094

Loss on Retirement of Property

[lɔ́ːs án ritáiərmənt əv prápəeti]

固定資産除却損

What is it?

簿価が10億円の建物、機械装置などの固定資産を除却した場合、10億円の固定資産除却損(または固定資産廃棄損)が発生します。除却に付随して発生する解体、撤去などの費用も合わせて、除却損として計上することが可能です。固定資産売却損益と同様に、日本基準では特別損失の項目として計上するのが一般的です。企業によっては、営業外費用として計上する場合もありますが、あくまで中身が、

- 経常的に発生する除却 ➡ 営業外費用
- 臨時的・偶発的に発生した除却 ➡ 特別損失

のどちらであるかが判断のポイントです。

ただし、海外の会計基準には特別損益の項目は原則存在しないので、営業費用の一部として計上するのが通常です。

関連用語

Property の部分は、Plant や Equipment と表記することもあります。また建物を壊さなかった場合、Loss on Abandonment 〜と表現することもあります。Abandoned (形容詞) には「放棄された」という意味があります (例: Abandoned buildings)。

日常会話では Retirement は退職や引退を意味しますので、Retirement home (老人ホーム) と Retired home ((人が住まない) 退去した家) の違いに気を付けましょう。

他の単語と組み合わせると

Aware 形 気が付いている

Companies must be aware of future costs to properly dispose of property, including all underground utilities.

▶地下設備を含む固定資産の適切な除却に必要となる将来費用を、企業は認識しておかなくてはなりません。

Reconcile 動 調整する

Loss on retirement of property can be found under adjustments to reconcile the difference between net profit and operating cash flows in CF statements.

▶固定資産除却損は、キャッシュフロー計算書の純利益と営業活動によるキャッシュフローの調整項目に表れます。

Extraordinary losses 名 特別損失

In Japan, loss on retirement of property can be found under extraordinary loss in most cases.

▶日本においては、固定資産除却損は特別損失に含まれていることがほとんどです。

世界の一流企業はこう語る

The gain or loss arising on the disposal or retirement of an item of property, plant and equipment is determined as the difference between the sale proceeds and the carrying amount of the asset and is recognised in the income statement.

(出所:Vodafone Group PLC, Annual Report, 2013)

▶有形固定資産の処分や除却から発生する損益は、売却収入と資産計上額の差額として決定され、損益計算書に計上されます。

095

Level ★★★

Impairment Loss

[impérmənt lɔ́ːs]

減 損 損 失

What is it?

　減損は、固定資産の市場価値や収益力の大幅な低下によって、投資額の回収が見込めなくなった場合に発生する損失処理です。建物、機械装置、土地などの有形固定資産や、ソフトウェア、のれん、特許権などの無形固定資産、さらには長期保有する投資有価証券などにも適用されます。減損損失額は、固定資産の帳簿上の価額から、回収可能価額（Recoverable amount）を差し引いた値です。回収可能価額は、正味売却価額（Net realizable value）、または使用価値（Value in use）です。減損損失を戻し入れる事象が発生した場合には、日本や米国ではできませんが、IFRSではのれんを除いて強制されます。

　日本の会計基準では、特別損失として計上されるのが一般的です。海外の会計基準には特別損益の項目は原則存在しないので、営業費用の一部として計上するのが通常です。

関連用語

　語順を変えて、Loss on impairment と表現することもあります。

　Impairment の動詞形、Impair には、「〜を悪くする」という意味があります。例：His vision was impaired by alcohol（彼の視力はアルコールによって損なわれていた）。

他の単語と組み合わせると

Overstated　　　　　　　　　　　形 過大評価されている

Record impairment loss for all overstated assets.

▶簿価が過大評価されている資産のすべてに、減損損失を計上しましょう。

Restore 　　　　　　　　　　　動 戻す

If you are keeping an impaired asset, continue depreciating it using the new book value, but do not restore its value under any circumstances.

▶減損損失を計上した資産を保有継続する場合は、新しい簿価で減価償却を引き続き行いますが、どのような事情があっても元の簿価に戻してはいけません。

［便利なイディオム］do not 〜 under any circumstances
　　　　　　　　　　　　　▶いかなる場合においても〜してはならない

Nonrecurring charge 　　　　　　形 経常外費用・非反復的費用
Recoverable amount 　　　　　　名 回収可能価額
Carrying amount 　　　　　　　　名 簿価

Impairment loss is a nonrecurring charge for assets with a recoverable amount below carrying amount.

▶減損損失は、簿価より回収可能価額が低い資産に対する非経常的な費用です。

Impairment test 　　　　　　　　名 減損テスト
Reasonableness 　　　　　　　　名 合理性

Impairment testing should be started early to allow enough time for searching impairment indicators, assessing cash flows, determining appropriate discount rates and testing reasonableness of assumptions.

▶減損テストは、減損兆候の調査、キャッシュフローの評価、適切な割引率の決定や仮定の合理性テストなどの作業に十分な時間を用意できるよう、早めに開始したほうがよいでしょう。

世界の一流企業はこう語る

Management's judgments regarding the existence of impairment indicators are based on market conditions and operational performance, such as operating income and cash flows.

(出所：Wal-Mart Stores, Inc., Form 10-K, 2013)

▶経営陣による減損兆候の存在の判断は、市場環境と、営業利益やキャッシュフローといった業績動向に基づいて行われます。

096

Loss on Valuation of Investment Securities

Level ★★★

[lɔ́:s án vǽljuéiʃən əv invéstmənt sikjúərətiz]

投 資 有 価 証 券 評 価 損

What is it?

長期保有する債券や株式などの時価が、簿価に対して著しく下落した場合に、評価損として PL に計上します。減損損失（**Impairment losses**）とも表現します。含み益に相当する投資有価証券の評価益は PL 計上しませんが、著しい評価損は計上します。この点に置いて、会計は保守主義（**Conservatism accounting**）であると言えます。

日本では株価が取得原価より 50% 以上下落した場合には、減損処理（投資有価証券評価損、または減損損失として計上）するのが原則です。あくまで帳簿上の評価損の計上なので、キャッシュフローには影響がないことに注意しましょう。

関連用語

語順を変えて、Valuation loss of investment securities と表現することもあります。また、評価損を明確に表記するために Devaluation（評価損）という単語を使うこともできます。

他の単語と組み合わせると

Market value　　　　　　　　　　　　图 市価
Book value　　　　　　　　　　　　　图 簿価

ABC Corporation will recognize losses for the impairment of investment securities in which market values fell significantly below book values.

▶市場価値が簿価を大幅に下回った投資有価証券の評価損を、ABC 社は計上するでしょう。

Recovery 　　　　　　　　　　名 回復
Slim 　　　　　　　　　　　　形 ほんのわずかな

We have ended with positive net profit this fiscal year since the loss on valuation of investment securities was slim due to the recovery of the stock market.

▶株式市場の回復により投資有価証券評価損が少額となったため、今期純利益は黒字で終了しました。

Devaluation 　　　　　　　　名（通貨）切下げ
Trade deficit 　　　　　　　　名 貿易収支

The initial devaluation of currency led to increased exports and later improved the trade deficit.

▶初期の通貨切下げは輸出の増加につながり、後に貿易収支を改善しました。

Bread-and-butter 　　　　　　形 もっとも基本的な
Undervalued 　　　　　　　　形 割安の・軽視された

In the words of Warren Buffett, an investor's "bread-and-butter business is buying undervalued securities and selling when the undervaluation is corrected."

▶ウォーレン・バフェットの言葉を借りれば、投資家の「もっとも基本的なビジネスは割安証券を買い、過小評価が修正されたときに売ること」です。

[便利なイディオム] in the words of A　▶Aの言葉を借りて言えば

世界の一流企業はこう語る

We employ a systematic methodology quarterly that considers available quantitative and qualitative evidence in evaluating potential impairment of our investments.

(出所：Microsoft Corporation, Annual Report, 2012)

▶私たちは投資勘定の減損の可能性を評価するにあたり、入手可能な定量的、定性的な証拠に基づいた、体系立った手法を毎四半期採用しています。

097

Income Before Income Taxes

[ínkʌm bifɔ́ːr ínkʌm tǽksiːz]

税引前純利益

What is it?

　文字通り、法人所得税を差し引く前の利益です。省略して **IB(I)T** と記載されます。受取配当金や支払利息などの財務活動の収支を計上した後の利益として、経常利益の存在しない海外では、この IBT が重要になります。

　日本では IBT の前に記載されるのに、海外では IBT の後に記載される主な項目として、持分法投資利益（損失）と特別損益が挙げられます。IBIT は **Income before provision for income taxes** と表記される場合もあります。

関連用語

　IFRS や米国基準では、非継続事業からの損益を継続事業の利益と分けて記載します（⇒ 232 頁）。非継続事業の損益が存在する PL 上では、継続事業からの税引前当期純利益は、**Income from continuing operations before income taxes** という表記になります。

他の単語と組み合わせると

Negative value　　　　　　　　　　　名 マイナスの数字（値）

A negative value for income before income taxes is not taxable, but will reduce the net worth of your company.

▶ 税引前当期純利益がマイナスである場合は課税されませんが、純資産はその分減少します。

Suitable　　　　　　　　　　　　　　形 適切な

Many people believe that income before income taxes is a suitable measure of accomplishment because it is uninfluenced by the effective tax rate, which depends on the country of operation.

▶税引前当期純利益は国によって異なる実効税率の影響を受けないので、業績評価に適していると多くの人は考えています。

Refer 動 指す

Income before income taxes is commonly referred to as pretax income.

▶税引前当期純利益は、一般に pretax income とも呼ばれます。

［便利なイディオム］refer to (A) as B　▶ (Aを) Bと言う

Pretax 形 税引前の

Taxable 形 有税の・課税対象の

Do not confuse accounting pretax income with taxable income, which is defined by IRS regulation codes.

▶会計上の税引前利益と、IRS（Internal Revenue Service 米国国税庁）の規制によって定義される課税所得を混同しないように。

世界の一流企業はこう語る

We earn a substantial amount of our consolidated operating income and income before income taxes in foreign subsidiaries that either sell concentrate to our local bottling partners or, in certain instances, sell finished products directly to our customers to fulfill the demand for Company beverage products outside the United States.

(出所：The Coca-Cola Company, Form 10-K, 2012)

▶私たちは、海外子会社によって連結営業利益や税引前純利益の相当額を稼いでおり、そこでは、米国外における当社飲料製品への需要を満たすため、濃縮物を地域のボトリングパートナー企業に売ったり、場合によっては最終製品を直接顧客に売ったりしています。

098

Provision for Income Taxes

[prəvíʒən fɔ́ːr ínkʌm tǽksiːz]

法人所得税

What is it?

　政府による課税で、法人所得税額を意味します。**Provision for** の部分がなく、単に **Income taxes** のみで記載されることも多いです。

　課税所得に対する税率は、所得額に応じて複数の階層分けをされています。また、会計上の税引前利益（**Income before taxes**）と、税法上の課税所得（**Taxable income**）は、さまざまなケースにおいて異なります。こうした差異のうち、一時的なズレを調整する処理を、税効果会計（**Deferred tax accounting**）と呼びます。

　PL の **Provision for income taxes** に計上されるのは、税効果会計を適用した後の税額なので、実際にその年に支払う税額とは異なります。詳細は、68 頁の繰延税金資産（**Deferred income tax assets**）を参照してください。

関連用語

　法人の実質的な所得税負担率のことを実効税率（**Effective tax rate**）と言います。簡単に言えば、実効税率は法人税（**Corporate income tax**）、住民税（**Inhabitant tax**）、事業税（**Enterprise tax**）の所得に対する税率となります。

　日本の PL 上では、税引前純利益と当期純利益の間の法人所得税は、次のように表記されます。それぞれが何を意味するのかは、英語のほうがむしろわかりやすいかもしれません。

税金等調整前当期純利益	Income before income taxes
法人税、住民税及び事業税	Income taxes - current
法人税等調整額	Income taxes - deferred
法人税等合計	(Provision for) Income taxes
当期純利益	Net income

他の単語と組み合わせると

Deduct　　　　　　　　　　　　動 控除する

On the income statement, provisions for income taxes are deducted from income before income taxes.

▶PL上、法人所得税は税引前当期純利益から引かれます。

Competitive　　　　　　　　　　形 競争の

Because the country's income tax rate is among the highest in the world, Japan holds a handicap in the global competitive environment.

▶日本はもっとも法人税率が高い国の１つであり、グローバル競争環境下でのハンディキャップを負っています。

Reserve　　　　　　　　　　　　名 蓄え・備え

We recommend keeping a separate bank account to maintain reserves of money to be held for paying off taxes.

▶税金支払い目的の予備金を維持するために、別の銀行口座を用意しておくことをお勧めいたします。

［便利なイディオム］hold for 〜　　▶〜のために保持する

世界の一流企業はこう語る

The Company's effective income tax rate is typically lower than the U.S. statutory rate primarily because of benefits from lower-taxed global operations, including the use of global funding structures and certain U.S. tax credits.

(出所：Wal-Mart Stores, Inc., Form 10-K, 2013)

▶当社の実効税率は、米国の法定税率より一般的に低いもので、主な理由はグローバルでの資金調達と米国内での税額控除によってもたらされる、海外事業活動の低課税額によるものです。

099

Income from Discontinued Operations

[ínkʌm frʌ́m dìskəntínju:d ʌ̀p(ə)réiʃ(ə)nz]

非継続事業からの損益

What is it?

継続事業（Continuing operations）と、非継続事業（Discontinued operations）の区分は、2013年現在、日本基準には存在しません。これは、過年度には本業として行っていた事業でも、すでに廃止が決まった場合は、継続事業からの利益（Income from continuing operations before income taxes）とは区分して表示するというものです。

日本基準では、廃止が決まっている事業でも、決算期間に保有していた事業なら、あくまで継続事業と一緒に売上からすべて記載されます。この点において、米国基準やIFRSは、今後も当該事業を保有するかどうかという将来思考に立った会計基準と見ることができます。つまり、「過去どうであったのか」よりも、「将来どうなるのか」が重視されているのです。

非継続事業からの損益は、税引後ベースの1行のみで、継続事業（税後ベース）からの利益の直後に表記されます。もし黒字の数値であるなら、なぜ黒字事業なのに廃止するのか、売却先は誰で、売却額はどの程度見込めるのか、などを考察してみましょう。

関連用語

Discontinuingではなく、Discontinuedと過去分詞形で表現することに注目しましょう。Discontinued operationsからの利益として区分するには、処分計画の決定や買い手を探す手順への着手など、Discontinueされたという客観的な事実を示す条件を満たしていることが必要です。

他の単語と組み合わせると

List 　　　　　　　　　　　　　　動（リストに）載せる・表示する

Income from discontinued operations is listed separately.

▶非継続事業からの損益は別に表示されます。

Involvement 　　　　　　　　　　名 関与・関係

A company will have no significant involvement in discontinued operations.

▶非継続事業に対する会社からの目立った関与はなくなるでしょう。

Inform 　　　　　　　　　　　　動 知らせる
Divest 　　　　　　　　　　　　動 売却する・処分する

Income from discontinued operations informs investors about soon to be divested businesses.

▶非継続事業からの損益配分は、間もなく処分される事業であることを投資家に通知するものです。

［便利なイディオム］soon to be 〜　　▶もうすぐ〜となる

世界の一流企業はこう語る

In accordance with the applicable accounting guidance for the disposal of long-lived assets, the results of the snacks business are presented as discontinued operations.

(出所：P&G(The Procter and Gamble Company), Annual Report, 2012)

▶長期保有資産の処分に関する適正な会計ガイダンスに従い、スナック事業の業績は非継続事業として表示されています。

100

Level ★★★

Net Profit

[nét práfit]

当期純利益

What is it?

PL上で、すべての収益と、税金を含むすべての費用をNetしたProfitなので、Net profitです。Net income、Net margin も同意です。PL上もっともボトムにあらわれるので、純利益のことをBottom lineと呼ぶこともあります。日常の英語表現でも、時おり「結論」のことをBottom lineと言いますが、これはPLから転じて生まれた表現です。ここまで総利益、営業利益、経常利益、税引前純利益などさまざまな利益を紹介してきましたが、会社の総合力を表すという点では、このNet profit に勝るものはありません。その点に置いて、Net profit は正に企業活動の「結論」なのです。

海外の会計基準の連結PL上では、Net profit（当期純利益）とNet profit attributable to stockholders of XYZ company（XYZ社＜親会社＞の株主に帰属する当期純利益）の2つが表示されます。後者は非支配持分（Noncontrolling interest）に帰属する純利益を控除したものです。

関連用語

純利益を株数で割った値を、EPS（Earnings per share）と言います。株主への意識の高い海外の決算発表では、EPSが前年度比でどの程度成長したかを非常に重視します。海外ではPL上にEPSを記載するのが義務です。EPSを使って計算する、株主が注目する2つの指標を紹介しましょう。

$$配当性向（Dividend\ payout\ ratio）= \frac{1株当たり配当金}{EPS}$$

$$株価収益率（PER：Price\ earnings\ ratio）= \frac{株価}{EPS}$$

> 他の単語と組み合わせると

Annual percent change　　名 年間増減率

The annual percent changes in net profit indicate the growth of companies over time.

▶純利益の毎年の変化率は、会社がどれだけ成長したかを示しています。

Bottom line　　名 要点・結論

I heard that the sales department performed well this year, but what's the bottom line regarding net profit?

▶今年は営業部門が好調だったと聞きましたが、結局のところ当期純利益はいくらでしたか？

Improvement　　名 改善・向上・成長

An improvement in net profit can be caused by so many factors both inside and outside the company.

▶当期純利益の改善は、社内外における数多くの要因によってもたらされています。

Promising　　形 有望な
Double-check　　動 再確認する・二重確認する

If a company looks promising with rapid sales growth, double-check to see if there have been any significant changes to its net profit margin.

▶売上の急速な成長によって企業が有望に見える場合、純利益率に大きな変化がないか再確認したほうがよいでしょう。

世界の一流企業はこう語る

These productivity plans will help P&G finance top-line growth, ensure our consumer value propositions are superior, overcome macro headwinds and deliver better bottom-line growth.

（出所：P&G (The Procter and Gamble Company), Annual Report, 2012）

▶こうした生産性計画は、P&Gのトップライン成長のための資金調達、優れた顧客価値提案の強化、マクロ環境の逆風時の打開と、優れたボトムライン成長の実現に寄与するでしょう。

Tips.4

決算書類に関する知識を確認しよう

Tips.4

財務3表のいろいろな呼び方に慣れておこう

日本語で財務3表は、損益計算書、貸借対照表、キャッシュフロー計算書です。呼び方はこれしかないので、200ページを超える有価証券報告書上でも、掲載されているページを検索して見つけるのは至って簡単です。

これに対して英語では、さまざまな表現があります。たとえば、損益計算書は Income Statement にもなれば、Statement of income にもなります。厚いアニュアルレポート上で検索するときには、少し注意することにしましょう。というより、目次をしっかり使うことですね(笑)。

日本語	英語
損益計算書	Profit and Loss Statement, Income Statement, Statement of Income, Statement of Earnings, Statement of Operation 　Statement of Comprehensive Income(包括利益計算書)と合体して1表で記載されることもある
貸借対照表	Balance Sheet 　IFRS では、Statement of Financial Position(財政状態計算書)と呼ばれる
キャッシュフロー計算書	Cash Flow Statement, Statement of Cash Flows

この他、Statement of Comprehensive Income(包括利益計算書)と Statement of Changes in Equity(株主資本等変動計算書)があります。

キャッシュフロー計算書の構造を押さえよう

本書では貸借対照表と損益計算書から厳選した100の勘定科目を選び、解説を進めています。キャッシュフロー計算書に出てくる大部分の言葉は、BSとPLに現れるものとほぼ同一です。CF計算書は大きく3つのCFに分けて開示されます。典型的なCF計算書の姿を、次頁に紹介しましょう。

Cash flows from operating activities：営業活動によるキャッシュフロー	
Net profit	当期純利益
Adjustments to reconcile net income to net cash provided by operating activities	営業活動から得た純現金額への、当期純利益の調整
Depreciation	減価償却費
Changes in working capital	運転資金の増減
Net cash provided by operating activities	営業活動から得た純現金
Cash flows from investing activities：投資活動によるキャッシュフロー	
Additions to fixed assets	固定資産の購入
Proceeds from sales of fixed assets	固定資産の売却
Purchases of marketable securities and security investments	有価証券及び投資有価証券の購入
Proceeds from sales of and maturity of marketable securities and security investments	有価証券及び投資有価証券の売却・償還
Acquisitions of subsidiaries, net of cash acquired	子会社の買収（取得現金控除後）
Net cash used in investing activities	投資活動に使用した純現金
Cash flows from financing activities：財務活動によるキャッシュフロー	
Proceeds from issuance of long-term debt	長期有利子負債による調達
Payments of long-term debt	長期有利子負債の返済
Increases in short-term borrowings	短期有利子負債の増加
Payments of dividends	配当金の支払
Purchases of common stock	自己株式の取得
Net cash provided by financing activities	財務活動から得た純現金
Net increase in cash and cash equivalents	**現金及び現金同等物の純増加額**
Cash and cash equivalents at beginning of year	**現金及び現金同等物の期首残高**
Cash and cash equivalents at end of year	**現金及び現金同等物の期末残高**

Tips.4

米国 10-K、10-Q、8-K、20-F を押さえよう

　海外の決算書類と言えば、きらびやかな写真で彩られたアニュアルレポートを想像します。財務諸表に加えて、Letter to shareholders（株主への手紙）の中で、今後の経営方針や自社の優位性などについて、経営者が自らの言葉で語っています。アニュアルレポートは経営と英語と会計を一石三鳥で学ぶのに、もっともすぐれた教材かもしれません。読者の皆さんも、好きな商品を作っている会社や気になる経営者のいる企業のアニュアルレポートを、webから検索・閲覧してみてください。

　ほとんどの企業が鮮やかな写真で彩られたアニュアルレポートを発行していますが、じつは作成の法的な義務はありません。これらはあくまで株主を初めとするStakeholdersたちへの会社案内なのです。

　一方、米国証券取引委員会（SEC：U.S. Securities and Exchange Commission）が公式的に作成を義務づけている資料があります。以下に簡単にまとめてみましょう。

報告書	内容
年次報告書 (Form 10-K)	年度決算期に提出義務のある報告書
四半期報告書（Form 10-Q）	第1、第2、第3四半期に提出義務のある報告書
臨時報告書 (Form 8-K)	重大な事象が発生した場合に提出義務のある報告書
外国企業の年次報告書（Form 20-F）	外国企業に提出義務のある報告書（米国証券取引所に上場している日本企業なども提出している）

　10-Kのことをアニュアルレポートと表現する場合もありますが、両者の違いを明確にするには、作成が義務づけられている10-Kを、Annual report on Form 10-Kと呼ぶのがよいでしょう。

連結財務諸表か単体財務諸表かを最初に確認しよう

　財務諸表の中にある具体的な数値を見る前に、最初に確認してほしい3つの情報があります。それは、①決算期はいつか（今年？、昨年？、年間？、四半期？……）、②単位はいくらか（百万円？、千円？、百万ドル？、百万ユーロ？……）、そして、③連結財務諸表か単体財務諸表か、の3つです。

　英語で連結財務諸表は、Consolidated financial statements と呼びます。Consolidate は「統合する」という動詞なので、まさに子会社や関連会社（一行連結）をすべて合算した財務諸表です。まれに、Group financial statements などと表現する企業もありますが、これもグループ全体＝連結財務諸表、という点で明白でしょう。

　単体財務諸表は日本では開示されていますが、多くの国では外部に開示されないのが通常です。企業のグローバル化、事業の多角化や、機能の分社化などが進んだグローバル経済において、企業を単体で見ても意味がないということです。

　単体財務諸表は、Parent-only financial statements と表現するのが、もっともわかりやすいでしょう。あるいは、Consolidated に対して、Unconsolidated financial statements、または Stand-alone financial statements と呼ぶこともできます。

決算期を必ずチェックしよう

　英語で決算期は、Accounting period (または Term) や Fiscal period (term) などと呼ばれます。PL や CF 計算書のように、1年間の活動の数値を表す財務諸表の冒頭には、Fiscal year ended December 31st, 2X13 などと記載されています。文字通り、2X13年12月31日に終了した決算年度ということです。

　これに対して、BS は年度末時点での企業のスナップショットです。As of December 31st, 2X13 と表記するのが正確です。Fiscal year は略して FY と表記することもよくあります。

　四半期（3か月）決算の場合は、Three months ended December

Tips.4

31st, 2X13 と表記するのがもっとも丁寧でしょう。半期なら Six months、3 四半期累計なら Nine months と、Three months の部分を置き換えるだけです。

　英語で年間（形容詞）は Yearly、半期は Half-yearly、四半期は Quarterly、月間は Monthly、週間は Weekly、そして 1 日は Daily です。その後に Financial statement とつければ、それぞれの期間に相当する財務諸表だと明示することができます（例：Weekly financial statements は、週次財務諸表）。Annual（年間）や Semi-annual（半期）も使えます。

　昨今は、四半期ごとの決算発表が上場企業に義務付けられています。企業内では、週次や日次の PL を作成している企業もあるでしょう。

　財務諸表の中身の数値を見る前に、必ず決算期からチェックすることを怠らないようにしましょう。

インターネットを駆使して決算書類を入手しよう

　前々項で紹介した米国 SEC が提出を義務づけている書類は、インターネット上のサイト EDGAR（the Electronic Data Gathering, Analysis, and

EDGAR の検索ページ

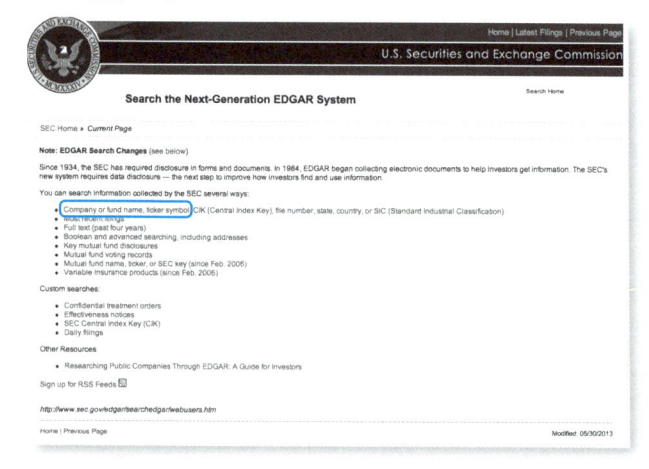

Retrieval system)で、24時間無料で閲覧することが可能です（http://www.sec.gov/edgar.shtml）。企業名やティッカーシンボル（企業ごとのコード）から検索するのが容易でしょう。

日本の金融庁が作成しているEDINETでも、2013年8月現在、212の外国法人のアニュアルレポートを日本語で閲覧することが可能です。

欧州にはEDGAR（米）やEDINET（日）のように、多数の企業の年次報告書をHTMLベースで一覧検索・閲覧できるようなウェブサイトは、残念ながら存在しません。代わりに、各国の証券取引所のホームページ（ユーロネクスト<Euronext>、ロンドン証券取引所<London Stock Exchange>など）に行くことで、上場している企業の決算書類を一覧で検索することが可能です。

ただし、そこで入手できるのは、各社のIRサイトで入手できるPDFベースのアニュアルレポートにすぎません。よって、閲覧したい企業が決まっているのであれば、その企業のIRサイトから直接入手するほうが、手間も省けることでしょう。

EDINETの検索ページ

Appendix BS、PL 上のその他の会計英単語

BS

Cash on Hand ……………… 手許現金
Checking Account ……………… 当座預金
Deposits at Notice ……………… 通知預金
Petty Cash ……………… 小口現金
Savings Account ……………… 普通預金
Time Deposit ……………… 定期預金
Allowance for Inventory Loss
 ……………… 棚卸資産損失引当金
Allowance for Inventory Obsolescence
 ……………… 棚卸資産陳腐化引当金
Billings in Progress ……… 未成工事未収金
Inventory in Transit ……………… 未着品
Inventory on Consignment (Consignment out) ……………… 積送品
Packing and Shipping Supplies
 ……………… 梱包出荷用消耗品
Service Parts Inventory ……………… 保守部品
Allowance for Price Decline
 ……………… 価格下落引当金
Fair Value Adjustment
 ……………… 公正価値修正
Marketable Debt Securities
 ……………… 市場性のある負債証券
Marketable Equity Securities
 ……………… 市場性のある持分証券
Trading Securities ……… 売買目的有価証券
Prepaid Income Tax ……………… 仮払法人税
Prepaid Insurance ……………… 前払保険料
Prepaid Rent ……………… 前払賃借料

Accounts Receivable Assigned
 ……………… 差入済売掛金
Advances to Employees … 従業員貸付金
Allowance for Sales Discount
 ……………… 売上割引引当金
Bills Discounted ……………… 割引手形
Commissions Receivable …… 未収手数料
Damage Claims Receivable
 ……………… 損害補償未収金
Discounts on Notes Receivables
 ……………… 手形債権割引差額
Dividends Receivable ……… 未収配当金
Income Tax Refund Receivable
 ……………… 未収還付法人所得税
Installment Receivable ……… 割賦売掛金
Intercompany Accounts Receivable
 ……………… 関係会社売掛金
Interest Receivable ……………… 未収利息
Loans Receivable ……………… 貸付金
Notes Discounted ……………… 割引手形
Receivables from Factors
 ……………… 債権買取会社への債権
Rent Receivable ……………… 未収賃貸料
Tax Refund Receivable ……… 未収還付税
Deferred Bond Issue Costs
 ……………… 繰延社債発行費用
Long-Term Prepayments …… 長期前払金
Copyrights ……………… 著作権
Franchise ……………… フランチャイズ
Leaseholds ……………… 貸借権
Licenses ……………… ライセンス
Advances to Affiliates …… 関係会社貸付金

Advances to Subsidiaries ... 子会社貸付金
Available-for-Sale Securities
.... 売却可能有価証券 / その他有価証券
Bond Sinking Funds .... 減債基金
Held-to-Maturity Securities
.... 満期保有有価証券
Sinking Pension Fund .... 退職年金基金
Discount on Notes Receivable
.... 手形債権前受利息
Long-Term Notes Receivable
.... 長期手形貸付金
Long-Term Receivables .... 長期債権
Accumulated Depletion
.... 消耗償却累計額
Automotive Equipment .... 車両運搬具
Land Improvements .... 土地付属施設
Leasehold Improvements
.... リース物件改良費
Natural Resource .... 天然資源
Small Tools .... 消耗工具
Accrued (Outstanding) Interest
.... 未払利息
Gift Vouchers .... 商品券
Provision for Point Card Certificates
.... ポイント引当金
Accrued Vacation (Vacation/
Compensated Absences Payable)
.... 有給休暇引当金
Accrued Bonuses .... 賞与引当金
Credit Cards Payable ... クレジットカード
Accrued Loss on Firm Purchase
Commitments
.... 確定購入契約見積損失

Accrued Property Taxes
(Property Taxes Payable)
.... 未払固定資産税
Accrued Royalty Expense
.... 未払ロイヤルティ
Accrued Salary (Payroll) .... 未払給与
Bond Interest Payable .... 未払社債利息
Deferred Gross Profit .... 繰延売上利益
Deferred Interest Revenue
.... 繰延利息収益
Deferred Tax Liabilities .... 繰延税金負債
Dividends Payable .... 未払配当金
Employee Income Tax Payable
.... 源泉預り金
Estimated Liabilities for Warranties
.... 見積製品保証費
Federal Unemployment Tax Payable
.... 連邦失業保険税預り金
Group Insurance Payable
.... 団体保険料預り金
Income Taxes Payable .... 未払法人税等
Sales Taxes Payable .... 売上税預り金
Social Security Taxes Payable
.... 社会保険料預り金
State Unemployment Taxes Payable
.... 州失業保険税預り金
Unearned Interest .... 前受利息
Union Dues Payable .... 組合費預り金
Vouchers Payable .... 証憑未払金
Contracts Payable .... 契約借入金
Discount on Bonds Payable
.... 社債発行差金

Discount on Notes Payable ……… 手形割引料

Long-Term Deposits Payable ……… 長期預り敷金

Mortgages Payable …… 抵当権付き借入金

Premium on Bonds Payable ……… 社債割増発行差金

Additional Paid-in Capital (in excess of par value) ……… 額面株式払込剰余金

Additional Paid-in Capital from Stock Warrants ……… 新株引受権払込剰余金

Additional Paid-in Capital from Treasury Stock ……… 自己株式払込剰余金

Additional Paid-in Capital in Excess of Stated Value ……… 無額面株式払込剰余金

Appropriations ……… 任意積立金

Callable Preferred Stock …… 償還優先株式

Capital ……… 資本金（個人企業・パートナーシップ）

Common Stock Distributable ……… 交付予定普通株式

Common Stock Subscribed ……… 引受済普通株式

Unrealized Gains (Losses) on Available-for-Sale Securities (Instruments) ……… その他有価証券評価差額金

Convertible Preferred Stock ……… 転換優先株式

Deficits ……… 欠損金

Dividend Preferred Stock - 配当優先株式

Donated Capital ……… 贈与剰余金

Drawing ……… 引出金（個人企業・パートナーシップ）

Owner's Equity ……… 資本（個人企業）

Partners' Equity ……… 資本（パートナーシップ）

Retained Earnings Appropriated for Plant Expansion ……… 工場建設積立金

Retained Earnings Unappropriated ……… 当期未処分利益

Stock Subscription Receivable ……… 引受済株式払込未収金

Translation Adjustments … 外貨換算調整

PL

Cost of Construction Revenue ……… 工事収益原価

Cost of Goods Sold on Consignment ……… 委託品売上原価

Freight-in ……… 仕入運賃

Inventory Shrinkage ……… 棚卸減耗費

Loss on Inventory Price Declines ……… 棚卸資産評価損

Purchase Returns and Allowances ……… 仕入返品・値引き

Amortization of Bond Issue Costs ……… 社債発行費償却

Point Promotion Expenses ……… ポイント販促費

Office Expenses ……… 事務所費

Legal Expense ……… 訴訟費用

Automobile Expenses ……… 自動車費

Bank Charges ……… 銀行手数料

Bond Interest Expenses	社債利息
Bonuses to Officers	役員賞与
Cash Short and Over	現金過不足
Depletion Expenses	減耗償却費
Donation Expenses	寄付費
Employee Bonus Expenses	従業員ボーナス
Equipment Rent Expenses	設備賃借料
Freight-out	発送費
Gain or Loss on Exchange of Plant Assets	固定資産交換損益
Gain or Loss on Redemption of Bonds	社債償還損益
Insurance Expenses	保険料
Library Expenses	図書費
Loss on Bond Conversion	社債転換差損
Loss on Retirement of Bonds	社債償還差損
Loss on Sale of Receivables	債権売却損失
Membership Expenses	会費
Miscellaneous Expenses	雑費
Payroll Taxes Expenses	給与支払税
Postage Expenses	郵送費
Product Warranty Expenses	製品保証費
Professional Expenses	顧問料
Recruiting Expenses	採用費
Research Expenses	調査費
Sales Commission Expenses	販売手数料
Stationery Expenses	事務用品費
Supplies Expenses	消耗品費
Telephone Expenses	電話代
Training Expenses	研修費
Wage Expenses	賃金
Bad Debts Recovered	償却済債権取立益
Bond Conversion Gain	社債転換差益
Commissions Revenue	受取手数料
Construction Revenue	工事収益
Fees Revenue	受取報酬
Gain on Retirement of Bonds	社債償還差益
Miscellaneous Revenue	雑役
Royalty Revenue	ロイヤルティ（技術指導料）収益
Sales Discounts	売上割引
Sales on Consignment	委託品売上
Sales Returns and Allowances	売上値引及び戻り高
Tax Benefit of Operating Loss Carryback	欠損金の繰戻し還付によるタックスベネフィット

英語索引

A

abuse(乱用する・悪用する) 219
accelerated depreciation(加速減価償却) 49、69、218
accelerated method(定率法) 42、158
acceptance(手形) 12、13
accident insurance(傷害保険) 151
accordingly(それに応じて) 39
account (title)(勘定科目) 2
accounting period(term)(決算期) 241
accounts payable (A/P)(買掛金) 86、196、198
accounts receivable:A/R(売掛金) 10、32、196、198
accrual basis accounting(発生主義会計) 92
accrual basis(発生主義) 30
accrue((当然に)発生する・計上する) 28、213
accrued expenses(未払費用) 92、199
accrued liabilities(未払費用) 92
accrued retirement benefit (liabilities)(退職給付引当金) 99
accrued revenue(未収入金) 28、92、199
accrued taxes(未払税金) 92
accumulate(積み上げる) 48
accumulated depreciation(減価償却累計額) 48
accumulated other comprehensive income(その他の包括利益累計額) 114、124
accumulated retirement benefit(退職給付引当金) 108
accurate(正確な) 29
acid-test ratio(当座比率) 5
acquire(取得する・買収する) 38、61
acquisition(取得) 38
acquisition cost(取得価額) 36、42、48、49
actuarial gain/loss(数理計算上の差異) 149
actuary(年金数理人) 148
adapt(適合・順応する) 181
addition(足し算) 132
additional(剰余した) 118
additional paid-in capital(APIC)(資本剰余金) 114、116、118
adequately(適切に・十分に) 65
administration(管理) 144
advance payments(前渡金) 30
advance received(前受金) 85
advantage(有利な点) 159
advertisement(広告・宣伝) 145
advertisement expenses(広告宣伝費) 154
advertising expenses(広告宣伝費) 154
affiliated company(関連会社) 64、190、208
agency(代理業者) 155
agriculture and forestry (industry)(農林業界) 193
aid(手助けする) 181
air transportation/airline (industry)(空運業界) 194
alleviate(緩和する・楽にする) 101
alleviation of future burden(将来への負担軽減) 42
alliance(提携・同盟) 169
allocate(配分する) 167
allowance(認めること) 32
allowance for bad debts((金融債権に対する)貸倒引当金) 33
allowance for credit losses((金融債権に対する)貸倒引当金) 33
allowance for doubtful accounts((金融債権以外の)貸倒引当金) 32
allowance for retirement benefits for employees(退職給付引当金) 108
allowance method(引当金法) 183
amortization(無形資産の償却) 48、52、56、60、79
amortization expenses((無形資産の)償却費) 160
amortize(償却する) 53、160
analyst(アナリスト) 192
annual(毎年の・年間の) 161
annual percent changes(年間増減率) 235
annual report(アニュアルレポート、年次報告書) 240
appealing(魅力的な・引きつけるような) 116
A/P turnover period(仕入債務回転期間) 196
apply(当てる・用いる) 205
appreciation(上昇・騰貴) 207
appropriate(適切な・ふさわしい) 173
A/R(売掛金) 10
A/R turnover period(売上債権回転期間) 196
A/R-other(営業取引以外から生じた売掛金) 10
A/R-trade(営業取引から生じた売掛金) 10

英語	日本語	ページ
arrangement	（取り決め・協定）	179
assets	（資産）	78
asset efficiency	（資産効率性）	196
asset growth rate	（資産成長率）	197
Asset-backed commercial paper	（有担保のコマーシャルペーパー）	96
assign	（割り当てる・譲渡する・（特許権を）売る）	57、165
associated company	（関連会社）	190
associates	（関連会社）	64
association	（関連性）	65
attic	（屋根裏・屋根裏部屋）	67
attractive	（魅力的な）	127
auditing firm	（監査法人）	192
authorized	（発行可能な）	117
automobile/vehicle (industry)	（自動車業界）	193
available for sale securities	（長期保有目的の株式）	62
average (method)	（平均法）	14
aware	（気が付いている）	223

B

英語	日本語	ページ
backed	（守られた・支えられた）	96
bad debt expenses	（貸倒損失）	182
bad debt losses	（貸倒損失）	182
balance sheet (BS)	（貸借対照表）	2、238
bank	（銀行）	192
banker's acceptance	（銀行引受手形）	12
bank loan	（銀行ローン）	95
bank note payables	（銀行短期借入）	88
bank overdraft	（当座借越）	85
bankrupt	（破綻した）	185
bankruptcy	（倒産・破産）	103
bargain price	（特売価格・見切り値段）	159
basis point	（ベーシス・ポイント（0.01%））	131
bear	（負担する）	39
bearing	（負っている）	107
benefit	（利益）	71
benefit package	（福利厚生）	150
bills	（手形）	12
billion	（十億）	130
black ink	（黒字）	135
bondholder	（社債保有者・社債債権者）	102、105、192
bond issuance costs	（社債発行費）	71
bond issuance expenses	（社債発行費）	71
bond issuer	（社債発行者）	102
bond rating	（社債格付け）	102
bonds	（社債債券）	100、102、148
bonds with share option	（新株予約権付社債）	104
bonds with stock acquisition rights	（新株予約権付社債）	104
bonds with subscription rights	（新株予約権付社債）	100、104
book value	（簿価）	36、42、48、226
borrower	（借手）	213
borrowings	（有利子負債・借入・借金）	94、215
bottleneck	（ボトルネック）	21
bottom	（分母）	131
bottom line	（要点・結論・当期純利益）	234、235
bracket	（（同類として区分される）グループ）	153
bread-and-butter	（最も基本的な）	227
break-even point(BEP)	（損益分岐点）	194
budget	（予算）	143
buildings	（建物）	38
buildings and structures	（建物及び構築物）	38
burden	（負担）	35
business meal expense	（交際費）	176
business travel expenses	（旅費交通費）	174
business trip	（出張・訪問）	175
buy back shares	（自社株買いする）	122
buyer	（買い手）	97
buyers	（販売先）	192

C

英語	日本語	ページ
CAGR(compound annual growth rate)	（年平均成長率）	134
cancel	（（自己株を）消却）	123
CAPEX (capital expenditure)	（設備投資）	78
capital	（資本金）	116
capital expenditures	（設備投資）	7、77
capital increase	（増資）	118
capital lease	（ファイナンス・リース）	50
capital reserves	（資本剰余金）	118
capital stock	（資本金）	116
capital surplus	（資本剰余金）	118
capitalize	（資産計上する）	164
carrying amount	（簿価）	36、42、49、225
carrying cost	（在庫保有コスト・在庫維持費）	14、17
cash	（現金）	6
cash and cash equivalents	（現金及び現金同等物）	4、6
cash and cash equivalents at beginning of year	（現金及び現金同等物の期首残高）	239

249

Term	Page
cash and cash equivalents at end of year（現金及び現金同等物の期末残高）	239
cash and deposits（現金及び預金）	6
cash basis accounting（現金主義会計）	92
cash conversion cycle(CCC)（現金循環化日数）	196、199
cash discount（仕入割引）	210
cash equivalents（現金同等物）	6
cash flow statement（キャッシュフロー計算書）	238
cash flows from financing activities（財務活動によるキャッシュフロー）	239
cash flows from investing activities（投資活動によるキャッシュフロー）	239
cash flows from operating activities（営業活動によるキャッシュフロー）	239
cash liquidity ratio（手元流動性比率）	196
ceramic engineering（industry）（窯業業界）	193
certain（ある程度の）	209
certainty（確実性）	111
CF deterioration（資金繰りの悪化）	14
chamber of commerce（商工会議所）	177
charge（請求されるもの・費用）	31
chemical（industry）（化学業界）	193
circumstance（状況・事情）	61
claim（請求する）	181
clarify（明らか（明白）にする）	151
closing cost（権利移転費用）	39
collateralized（有担保の）	96
collect（回収する）	11
collectability（回収可能性）	182
collection（回収）	11
collection agency（回収業者）	183
commerce（商業）	96
commercial paper（CP）（コマーシャルペーパー）	6、94、96
commission（手数料・コミッション）	40、157
common share（資本金）	116
common stock（普通株式（資本金））	114、116、118
communication expenses（通信費）	170
communication services（通信サービス）	170
comparison（比較）	145
competitive（競争の）	231
competitor（競合）	147
completed-contract method（工事完成基準）	138
compound interest（複利）	133
comprehensive income（包括利益）	124
confirm（確認する・確かめる）	83
conservatism accounting（保守主義）	226
conservative（保守的な・保守主義の）	183
considerable（かなりの）	37
consideration（対価）	91
consolidate（連結する・統合する）	127
consolidated affiliates（（連結される）子会社）	64、190
consolidated financial statements（連結決算書）	240
constitute（構成要素となる）	111
construction（建設）	93
construction（industry）（建設業界）	193
construction in progress（CIP）（建設仮勘定）	46
consulting firm（コンサルティング会社）	192
consumption（消費）	167
contemplate（検討する）	25
contingency plan（非常事態対処計画）	110
contingent（偶発的な）	110
contingent liability（偶発債務）	110
continuing operations（継続事業）	232
contribution margin（限界利益）	194
control right（制御権）	127
conversion option（普通株式に転換できる権利）	104
conversion process（加工処理・生産過程）	17
convert（変換する）	7
convertible bonds（CB）（転換社債）	100、104
convertible price（転換価格）	104
convey（運搬する）	17
cooperation（協力）	143
copious（豊富な）	121
copyrights（著作権）	52
core（最重要な）	173
corporate（企業）	102
corporate bonds（社債）	102
corporate credit card（企業・法人向けクレジットカード）	175
corporate income tax（法人税）	230
corporate tax law（法人税法）	158
correspondence expenses（通信費）	170
cost（コスト）	76
cost accounting（原価計算）	141
cost of goods sold(COGS)（売上原価）	140、141、178、196
cost of sales（売上原価）	141
cost of sales ratio（原価率）	167
cost of services（売上原価）	141
count（数える・カウント・当てはまる）	163
counterparty（取引先・相手方）	29
coupon（利札）	102、104、105
cover（保証する・保険をかける）	109
Cr.（credit record）（貸方記録）	2
credit（貸方（に記入する）・信用）	2、82

credit analysis（信用調査）	82
credit enhancement（信用補完）	97
credit line（貸出限度額）	82
credit losses（貸倒損失）	182
credit rating firm（格付会社）	192
credit record（Cr.）（貸方記録）	2
creditor（債権者）	2、82、83、192
cross-shareholding（株式持ち合い）	125
cross-holding（株式持ち合い）	63
current（短期間の・1年以内の）	84
current assets（流動資産）	4、197、199
current liabilities（流動負債）	4、84、197、199
current portion of long-term debt（1年以内に返済予定の長期有利子負債）	94、98
current ratio（流動比率）	5、197
customer（販売先）	192
cut(down)（下げる・削減する）	145

D

daily sales（1日当たり売上高）	199
damage（損傷・被害・損害）	217
DB（defined benefit pension plan）（確定給付型年金）	108
DC（defined contribution pension plan）（確定拠出型年金）	109
dead stock（不良在庫）	199
deadline（締切）	211
deal with（扱う・対処する）	179
debenture（債券・無担保社債）	99
debit（借方・借方計上する）	2、82
debit balance（借方残高）	3
Debit Card（デビットカード）	3
debit record（Dr.）（借方記録）	2
debt（借金・債務・有利子負債）	94
debt covenant（コベナンツ・制限条項）	101
debt financing（有利子負債による資金調達）	94
debtor（債務者）	94
debt-to-equity ratio（DEレシオ）	100、197
decimal point（小数点）	130
declining-balance method（定率法）	42
decrease in capital（減資）	116
decreased（低下した・減少した）	205
deduct（控除する）	231
deductible（控除できる）	185
deductions（税額控除・控除項目）	181
defer（延期する）	113
deferral（繰延資産）	70
deferred（繰延資産・繰延負債）	70
deferred assets（繰延資産）	70
deferred charges（繰延資産）	70
deferred debit（繰延資産）	70
deferred gains or losses on hedges（繰延ヘッジ損益）	124
deferred income tax assets（繰延税金資産）	68、230
deferred income tax liability（繰延税金負債）	112
deferred tax accounting（税効果会計）	68、112、230
deficit（欠損・損失）	121
delay（延期する）	113
delivery（出荷）	91
delivery basis（引渡基準）	138
denominator（分母）	131
depending on（応じて・よって）	207
deposit（保証金・敷金・預け入れ）	41、66
deposit received（預かり敷金）	66
depreciable asset（償却対象資産）	158
depreciable life（耐用年数）	158
depreciate（減価償却する）	38、47、158
depreciation（減価償却）	38、79、140
depreciation expense（減価償却費）	77、158
derive（引き出す・得る）	29
description（説明）	35
design rights（意匠権）	58
devaluation（評価損・（通貨）切下げ）	226、227
develop（開発する）	168
development（開発）	178
development expenses（開発費）	70
difference（（引き算の）差）	132
dilution（希薄化）	104
direct debit（自動口座振替）	3
discontinued operations（非継続事業）	232
discount terms（割引条件）	87
dishonored note（手形の不渡り）	110
dishonored note receivable（不渡手形）	12
distinguish（区別する）	59
distribute（分配する）	121
distribution cost（運搬費）	152
divest（売却する・処分する）	233
dividend（配当金）	121
dividend check（配当金受領書）	205
dividend income（受取配当金）	74、204
dividend payout ratio（配当性向）	234
dividends receivable（未収配当金）	10
division（割り算）	132
dollar amount（金額）	13
double counting（二重計算）	63
double entry bookkeeping（複式簿記）	2

251

double-check（再確認する・二重確認する）	235
doubtful（疑わしい）	32
Dr.（debit record）（借方記録）	2
drafts（裏書譲渡手形）	12
drive（力強く動かす）	173
due（支払わなければならない）	213
due date（期限）	181
dues（会費・賦課金）	177
durable years（耐用年数）	158
dwindle（(大幅に)減る・削減する）	171

E

early payment discount（仕入割引）	210
early retirement bonus（早期退職割増金）	218
earn（獲得する・稼ぐ）	91
earnings（利益）	75、76、120
EBIT(earnings before interest and taxes)（支払利息控除前税引前利益）	187、202
EBITA (earnings before interest, taxes, and amortization)	60、79、160
economic life（耐用年数）	38、158
economies of scale（規模の経済）	142
effective tax rate（実効税率）	230
effectively（事実上）	151
efficiency（効率）	27
electric equipment（industry）（電気機器業界）	193
electric power（industry）（電力業界）	194
electric utility expense（電気代）	166
employee（社員）	192
employee benefit（福利厚生費）	150
employment cost（人件費）	146
EMS(electronic manufacturing service)（電子機器受託製造サービス）	172
energy (efficiency) audit（エネルギー効率判断）	167
enterprise tax（事業税）	230
entertainment（娯楽・エンタテイメント）	176
entertainment expenses（交際費）	176
environment（環境）	203
EPS（earnings per share）（1株当たり純利益）	75、234
equity（資本）	78、197
equity companies（関連会社）	64
equity financing（株式発行を伴う資金調達）	94
equity gains (losses) of affiliated companies（持分法による投資利益（損失））	208
equity in gains（持分法投資利益）	208
equity in losses（持分法投資損失）	208
equity method（持分法）	64、208
equity method investment（関連会社）	64
equity method investment gain（持分法投資利益）	208
equity ratio（株主資本比率）	197
equivalent（同等物）	9
erosion（低下）	115
establish（成立させる・確立する）	65
estimate（見積もり）	33
excess（過剰）	15
excess earning power（超過収益力）	60
exchange（交換）	220
exclude（除外する）	7
exit cost（撤退コスト）	218
expand（拡大する）	103
expansion（拡大・増加）	71
expendable（消耗される）	26
expenditure（支出）	77
expense（費用・費用化する）	30、49、74、76、77、164
experiment cost（試験費）	42
exploded（爆発した）	165
exposure（さらされること・露出）	207
extend（延長する）	113
extraordinary gains（特別利益）	216
extraordinary losses（特別損失）	216、223

F

face value（額面価額）	102
facility（施設・設備）	217
factor（要素・要因）	44
factory supply（工場用貯蔵品）	26
failure（失敗）	169
felony（重罪）	89
finance receivables（金融債権）	33
financial crisis（金融危機）	63
financial institution/finance（industry）（金融業界）	194
financial institutions（金融機関）	192
financial ratio（会計指標）	195
financial soundness（財務健全性）	197
find（計算する）	43
fine（罰金・延滞料）	181
finished（終了した）	20
finished goods（製品（在庫））	14、22
finished products（製品在庫）	22
first-in first-out（FIFO）（先入先出法）	14
fiscal period(term)（決算期）	241

fishery/fish processing (industry)（水産業界）
　　　　　　　　　　　　　　　　　　　　　　193
fixed（設定・固定された）　　　　　　　　　103
fixed assets（固定資産）　　　　　　　　34、197
fixed asset impairment（固定資産減損損失）218
fixed assets to fixed liabilities and equity ratio
（固定長期適合率）　　　　　　　　　　　　　197
(tangible) fixed assets turnover rate
（有形固定資産回転率）　　　　　　　　　　　　36
fixed capital（固定資本）　　　　　　　　　　35
fixed cost（固定費）　　　　　　　　　142、194
fixed liabilities（固定負債）　　　　　　　　98
fixed ratio（固定比率）　　　　　　　　　　197
flexibility（柔軟性・弾力性）　　　　　　　103
fluctuate（変動する）　　　　　　　　　　　179
food (industry)（食品業界）　　　　　　　　193
foreign currency translation adjustments
（為替換算調整勘定）　　　　　　　　　　　　124
foreign exchange gains（為替差益）　　　　206
foreign exchange losses（為替差損）　　　　206
foreign exchange risk（外国為替リスク）　207
forge（偽造する）　　　　　　　　　　　　　89
form（形・形状）　　　　　　　　　　　　　205
Form 8-K（臨時報告書）　　　　　　　　　240
Form 10-K（年次報告書）　　　　　　　　　240
Form 10-Q（四半期報告書）　　　　　　　240
Form 20-F（外国企業の年次報告書）　　　　240
formula（計算式）　　　　　　　　　　　　196
forthcoming（将来の）　　　　　　　　　　221
founding expenses（創立費）　　　　　　　　70
fraction（分数）　　　　　　　　　　　　　131
freight expenses（運搬費）　　　　　　　　152
freight-in（仕入運賃）　　　　　　　　24、152
freight-out（発送費）　　　　　　　　　　152
freight/warehousing (industry)
（運輸 / 倉庫業界）　　　　　　　　　　　　194
frequent（頻繁な）　　　　　　　　　　　　53
fringe benefit（福利厚生費）　　　　　　　150
frozen（凍っている）　　　　　　　　　　　165
function of expense method（費用機能法）140
furniture and fixtures（工具・器具・備品）　44
furniture, fixtures and equipment(FF&E)
（工具・器具・備品）　　　　　　　　　　　　44
future deductible amount（将来減算一時差異）
　　　　　　　　　　　　　　　　　　　　　112
future returns（将来の収益）　　　　　　　155
future taxable amount（将来加算一時差異）113

G

gain on disposal of property（固定資産売却益）
　　　　　　　　　　　　　　　　　　　　　220
gain on sale of property（固定資産売却益）220
garbage pick-up（ゴミ回収）　　　　　　　167
gas (industry)（ガス業界）　　　　　　　　194
general（一般）　　　　　　　　　　　　　144
general public（一般の人々）　　　　　　　177
generate（生み出す）　　　　　　　　　　　69
giant（巨大企業）　　　　　　　　　　　　　9
go under（倒産する）　　　　　　　　　　219
goods（在庫）　　　　　　　　　　　　14、141
goods-in-progress（仕掛品）　　　　　　　　18
goodwill（のれん）　　　　　　　　52、60、160
government（政府）　　　　　　　　　　　192
gratuity（心づけ・チップ）　　　　　　　　151
gross（総）　　　　　　　　　　　　　　　139
gross amount（取得価額）　　　　　　　　　49
gross income（売上総利益）　　　　　　75、142
gross margin（売上総利益率）　　　75、142、196
gross profit（売上総利益）　　　　75、142、196
group companies（関係会社）　　　　　　　191
group financial statements（連結決算書）241
growth（成長性）　　　　　　　　　　　　197
guarantee deposited（預かり敷金）　　　　66
guaranty of liabilities（債務保証）　　　　110

H

half-finished (semi-finished、half-manufactured、
half-processed) products（半製品）　　　20
handle（担当する・処理する）　　　　　　　93
health insurance expense（健康保険料）　150
heaps（たくさん・どっさり）　　　　　　　　31
heat, light and water expenses（水道光熱費）
　　　　　　　　　　　　　　　　　　　　　166
heavy（大量の・重たい）　　　　　　　　　157
held-to-maturity securities
（長期保有する予定の債券）　　　　　　　　　62
historical data（過去のデータ）　　　　　　33
holding company（持株会社）　　　　　　　65
horizontal integration（水平分業）　　　　172
hostile takeover（敵対的買収）　　　　　　　7
human error（人為ミス）　　　　　　　　　55
human resouce costs（人件費）　　　　　　146
human resources department（人事部）　146

253

I

IBT margin（売上高税引前利益率）	196
identification（個体識別）	21
identify（発見する・確認する）	21
immediately（即時に）	7
impact（衝撃・影響）	111
impair（減損する）	38、53
impairment（減損）	38、52、63
impairment losses（減損損失）	224、226
impairment test（減損テスト）	225
implementation cost（設置コスト）	42
improvement（改善・向上・成長）	235
in-house developed software（自社開発のソフトウェア）	54
in-house production（内部制作・自社生産）	19
inactive（低迷している・不活発な）	117
incidental（偶発的な）	216
income（利益・所得）	75、76
income before income taxes(IBT)（税引前純利益）	196、228
income before provision for income taxes(IBIT)（税引前純利益）	228
income before taxes（税引前利益）	68、230
income from continuing operations before income taxes（(継続事業からの) 税引前当期純利益）	228、232
income from discontinued operations（非継続事業からの損益）	232
income from operations（営業利益）	186
income taxes（法人所得税）	230
income tax-deferred（法人税等調整額）	68、112
increase in capital（増資）	116、119
incur（被る・発生する）	205
indicative（of）（指示して・暗示して）	187
indicator（指示するもの・インジケータ）	215
industry（業界・産業）	101、193
inevitably（必然的に）	23
inflate（膨らむ・膨らませる）	217
inform（知らせる）	233
inhabitant tax（住民税）	230
insignificant（ささいな・小さな）	27
inspect（検査・点検する）	23
inspection basis（検収基準）	138
installment sales method（割賦販売基準）	138
instruct（指示する・教える）	21
insurance（保険料）	24
insurance（industry）（保険業界）	194
intangible（触れることができない・無形）	52、161
intangible (fixed) assets（無形固定資産）	34、52
integer（整数）	133
integration（統合）	55
intellectual（知的）	53
intellectual property(IP)rights（知的財産権）	52
interest bearing liabilities（有利子負債）	94
interest cost（利息費用）	148
interest coverage ratio（インタレスト・カバレッジ・レシオ）	197、212
interest expenses（支払利息）	197、212
interest income（受取利息）	74、202
interest payable（未払利息）	86
interest receivable（未収利息）	10
internal（内部の）	169
inventory（棚卸資産）	14、196
inventory count（棚卸し）	15
inventory reduction（在庫の圧縮）	15
inventory turnover period（棚卸資産回転期間）	196
inventory write-down（棚卸評価損）	218
invest（投資する）	121
invested capital（投下資本）	78
invested funds（投下資本）	203
investment（投資）	51
investment and other assets（投資その他の資産）	34、62
investment gain on equity method（持分法投資利益）	208
investment management（投資管理・顧問）	63
investment securities（投資有価証券）	8、62
investments（投資有価証券）	8、62
investments in affiliated (companies)（関連会社投資）	62、64
involvement（関与・関係）	233
IOU（借用書）	84
IRS（米国国税庁）	65
issue（発行する）	96
issuer（発行者）	97
issuing purchase orders（注文書の発行）	16

J

journal entry（仕訳）	83
just-in-time delivery（ジャストインタイム物流）	16
just-in-time production（ジャストインタイム生産）	16
just-in-time supply（ジャストインタイム調達）	16

K

keep record（記録を付ける） 63
Kleenex（クリネックス（ティッシュ）） 59
known（わかっている・知られている） 53

L

labor（労務費） 140
labor cost（人件費） 146
laid-down cost（到着原価） 153
land（土地） 40
land grading fees（整地費用） 40
land held for sale（販売用土地） 40
landlord（家主） 67
last-in first-out（LIFO）（後入先出法） 14
lease deposit（差入敷金） 66
lease deposit received（預かり敷金） 66
lease expense（賃借料） 162
lease obligations（リース債務） 100、106
leased equipment under capital leases（リース資産） 50
leasing firm（リース会社） 192
left over（残りの・余りの） 115
legitimate（正当な） 177
lender（貸手） 213
lessee（リースの借り手） 50
lessor（リースの貸し手） 50
letter to shareholders（株主への手紙） 240
leveraged company（レバレッジのかかった企業） 98
liabilities（負債） 82
liabilities in damages（係争中の損害賠償責任） 110
liability（債務） 110
license royalty（ライセンス費用） 178
life insurance company（生命保険会社） 148
limit（限定する） 170
liquid assets（当座資産） 5
liquidity（（流動資産の）換金能力） 5
liquidity risk（流動性リスク） 103
list（（リストに）載せる・表示する） 233
loans（有利子負債） 94
loans payable（有利子負債） 86
loans receivable（貸付金） 10
local community（地域社会） 192
localize（ローカライズする） 55
lodging（宿泊施設・宿泊費） 175
logistics（ロジスティクス） 153
logistics cost（運搬費） 152
long-term debt（長期有利子負債） 94、100
long-term liabilities（長期負債） 98
long-term marketable securities（投資有価証券） 8、62
long-term notes payable（長期支払手形） 88
long-term prepaid expenses（長期前払費用） 30
loss on disposal of property（固定資産売却損） 220
loss on impairment（減損損失） 224
loss on retirement of property（固定資産除却損） 222
loss on sale of property（固定資産売却損） 220
loss on valuation of investment securities（投資有価証券評価損） 226
lump sum（一時払い・一時金） 109

M

machinery（industry）（機械業界） 193
machinery and equipment（機械装置） 42
maintenance（補修・保全・メンテナンス） 155
maintenance expenses（修繕費） 164
make progress（進歩する・前進する） 47
make sure（確認する） 107
make use（使用する） 57
maker（製造業者） 24
management（マネジメント） 15
manpower cost（人件費） 146
manufactured products（製品（在庫）） 22、24、80
manufacturer（製造業者） 24
margin（利益・余白・マージン・利ざや） 75、76、187
marginal profit（限界利益） 194
maritime transportation/shipping（industry）（海運業界） 194
market value（市価） 226
marketing effect（マーケティング活動） 157
marketing expenses（マーケティング費） 154
matching principle（費用収益対応の原則） 77、185
matching purchase orders（注文書の整合） 16
materiality principle（重要性の原則） 26、27
maturity（満期） 99
maturity date（償還日） 98、102
measurement（測定・計算） 37
merchandise（商品（在庫）） 24、80
merchandise inventory（商品在庫） 24
merchandiser（販売業者） 24

merchandising（マーチャンダイジング・販売計画）	25
merchant（商人）	24
merely（ほんの少しだけ・単なる）	157
mid-term management plan（中期経営企画）	187
million（百万）	130
mining (industry)（鉱業業界）	193
minority interest（少数株主持分）	114、126
MMF (money market funds)（短期金融商品投資信託）	6
mortgage（住宅ローン）	99
motivated（意欲のある）	147
movable property（動産）	220
multiple（複数の）	47
multiplication（掛け算）	132
multiply（増やす）	13

N

name and fame（評判・名声）	61
nature of expense method（費用性質法）	140
negative goodwill（負ののれん）	60
negative value（マイナスの数字・値）	228
negotiate（交渉する）	162
net（正味）	139
net amount（簿価）	49
net assets（純資産）	114
net book value（正味帳簿価格）	51
net income（当期純利益）	234
net increase in cash and cash equivalents（現金及び現金同等物の純増加額）	239
net margin（売上高純利益率・当期純利益率）	196、234
net profit（当期純利益）	196、234
net profit growth rate（純利益成長率）	197
net realizable value（正味売却価額）	224
net unrealized holding gains or losses on securities（その他有価証券評価差額金）	62、124
nominal value（額面価額）	102
non-controlling interest（少数株主持分）	126
non-current assets（固定資産）	35
non-current liabilities（非流動負債）	98
non-ferrous metal (industry)（非鉄金属業界）	193
non-trade receivables（未入金）	28
noncontrolling interest（非支配持分）	234
nonrecurring charge（経常外費用・非反復的費用）	225
normal operating cycle rule（正常営業循環基準）	4、84

note（注意する）	35
notes payables（支払手形）	86、88
notes receivable（受取手形）	12
number of shares outstanding（発行済み株式数）	123
numerator（分子）	131

O

obligation（果たすべきこと・義務・債務）	106、109
obsolescence（陳腐化）	14、17
ODM(original design manufacturer)（相手先ブランド製品の設計・製造企業）	172
OEM(original equipment manufacturer)（相手先商標製品の製造企業）	172
offset（相殺する）	69
oil (industry)（石油業界）	193
one-year rule（1年ルール）	4
ongoing（継続的・進行中の）	186
open market（公開市場）	123
opening（開始・開設・初めの）	45
opening expenses（開業費）	70
operating expenses（営業費用）	144
operating income（営業利益）	186
operating lease（オペレーティング・リース）	50
operating losses（営業損失）	186
operating margin（営業利益）	186
operating profit（営業利益）	186、196、212
operating profit growth rate（営業利益成長率）	197
operating (profit) margin（売上高営業利益率）	186、196
operating receivables（営業債権）	33
operating system（OS）（コンピュータ用基本ソフト）	54
opportunity（機会）	101
optimum (optimal)（最適な・最善な）	27
ordering cost（発注コスト）	16
ordinary margin（売上高経常利益率）	214
ordinary profit（経常利益）	214
origin（起源・出所（原産国）・製造者）	59
other comprehensive income(OCI)（その他の包括利益）	124
outflow（流出）	51、89
outsourcee（外注先）	192
outsourcing（外注・外注化）	19、172
outsourcing cost/expenses（外注作業費・外注委託費）	140、172
outstanding（未解決の）	111

overcollateralization（超過担保）	97
overseas expansion（海外進出）	171
overstated（過大評価されている）	224

P

packaged software（パッケージソフト）	54
paid-in（支払われた）	118
paid-in surplus（資本剰余金）	118
paid vacation system（有給休暇制度）	146
paper manufacturing（industry）（製紙業界）	193
par（額面）	119
par value（額面価額）	102、118
parent company（親会社）	190
parent-only financial statements（単体決算書）	241
partially（部分的に・不十分に）	19、20
partially finished products（半製品）	20
partially worthless（部分的に回収可能な（貸金））	183
particularly（特に・とりわけ）	125
partition（衝立・間仕切り）	44
patent attorney（弁理士）	57
patent rights（特許権）	52、56
patent royalty（特許権使用料）	178
patentability（特許性）	54
pay off（完済する・すっきり返す）	95
payable（支払うことになっている）	86
payment（支払い）	11
payment in arrears（後払い）	29
payment terms（支払条件）	87
payroll cost（人件費）	146
PBO(Projected benefit obligation)（退職給付債務）	148
pension（年金）	149
PER(price earnings ratio)（株価収益率）	234
percentage of sales（売上高比率）	141
percentage-of-completion method（工事進行基準）	138
permanently（完全に・永久に）	45
personal property（動産）	220
personnel department（人事部）	146、147
personnel expenses（人件費）	146
pharmaceutical（医薬品の）	169
pharmaceutical（industry）（医薬品業界）	193
picture（状況・事態）	29
PL（損益計算書）	238
plan assets（年金資産）	148
point in time（一瞬・時点）	115
policy（（保険の）契約）	31
positive (stock) market（株式市場の上昇景気）	117
post（転記する・計上する）	125
post-retirement benefit expenses（退職給付費用）	148
postpone（延期する）	113
postponement（延期）	113
potentially（潜在的に・もしかすると）	57
power（累乗）	133
practical（実用的な）	175
precede（先に起こる）	91
precision equipment（industry）（精密機器業界）	193
predictable（予想できる・予測可能な）	89
preferred stock（優先株）	116
prepaid（前払い）	30
prepaid expenses（前払費用）	30、90、199
prepaid income（前受収益）	90、199
preserve（維持する・保つ）	89
pretax（税引前の）	229
previous（以前の・先の）	45
price hike（価格上昇）	141
primarily（主に）	153
prior service liability（過去勤務債務）	149
prioritization（優先順位付け）	191
privilege（特権）	211
probable（起こりそうな）	111
proceeds（売上高・収益）	138、221
procure（調達する）	107
product（（掛け算の）積）	132
product（製品・在庫）	14、17、20
product diversification（製品多様化）	23
profit（利益）	74、75、76
profitability（収益性・利益率）	196、219
projected（見積もられた）	165
promising（有望な）	235
promissory note（約束手形）	12、13
promote（売り込む）	25
promotion of outsourcing（外注化）	172
prompt（迅速な・早速の）	87
property, plant, and equipment（PPE・PP&E）（有形固定資産）	34、36
proportionally（比例して・按分に）	209
provision（規定・定め）	69
provision (of allowance)for doubtful accounts（貸倒引当金繰入額）	184
provision for income taxes（法人所得税）	230
public charges（公課）	180
public domain（パブリックドメイン・公有）	54
public service organization（公益事業組織）	177

purchase discount (仕入割引)	210
purchase price (取得価額)	49
purchased product (商品在庫)	24

Q

quantity discounts (ボリューム・ディスカウント)	16
questionable (疑わしい・不審な)	33
quick assets (当座資産)	197
quick ratio (当座比率)	5、197
quotient ((割り算の) 商)	132

R

raise (調達する)	119
raise (引き上げる・増加させる)	151
raise funds (資金を調達する)	95
rate of return (利益率)	9
rating agency (格付会社)	102
raw materials (原材料)	14、16、22、140
reacquire (再取得・再購入)	123
real estate (industry) (不動産業界)	194
real property (不動産)	220
real property tax (固定資産税)	162、180
real world (現実界・現実)	99
reality (現実)	155
realizability (実現可能性)	69
realization principle (実現主義)	138
realize (実現する)	125
reasonableness (合理性)	225
reassessment (再評価)	69
rebate (リベート・販売手数料)	156
recognize (認識する)	87
recognized (実現されている)	113
reconcile (調整する)	223
recoverable amount (回収可能価額)	224、225
recovery (回復)	227
recurring profit (経常利益)	214
red ink (赤字)	135
redeem (償還する)	102
redemption date (償還日)	102
reduced price (割引価格)	211
refer (指す)	229
reference (言及する)	215
refinance (借り換え)	94
refurbish (磨き直す・改装する)	45
registration (登録)	58
registration fees (登記料)	40
registration license tax (登録免許税)	180
regular (定期的な)	203
regularly (規則正しく・定期的に)	87
related companies (関係会社)	65、191
renewal period ((契約) 更新期間)	171
renovation (改築)	47
rent expenses (家賃)	162
rent-free period (家賃無料期間)	162
rental (レンタル)	66
reorganize (再編成する・再構築する)	219
repair (修理・修繕)	43
repair expenses (修繕費)	164
repeat (リピートの)	185
replace (置き換える)	13
report (報告する)	147
repurchase (買い戻す)	123
repurchase shares (自社株買いする)	122
reputation (評判)	161
research (研究する)	168
research & development expenses(R&D) (研究開発費)	168
reserve (蓄え・備え)	231
reserve for doubtful accounts (貸倒引当金繰入額)	184
residual value (残存価額・価値)	158、159
restaurant (industry) (飲食店業界)	193
restitution (原状回復)	41
restoration (原状回復)	67
restoration to original state (原状回復)	66
restore (戻す)	225
restructure (再編成する・再構築する)	101
restructuring (再構築・リストラ)	117
restructuring charges (構造改革費用)	218
retail (industry) (小売業界)	193
retailer (小売業者)	24、51
retained (留保された)	120
retained earnings (利益剰余金)	114、120
retire (除却する)	38
retire ((自己株を) 消却する)	123
retired home (人が住まない) 退去した家)	222
retirement (除却)	38、220
retirement benefit expenses (退職給付費用)	108、148
retirement benefit obligations (退職給付債務)	108
retirement benefit plan (退職給付制度)	149
retirement cost (除却コスト)	43
retirement home (老人ホーム)	222
return (利益・見返り)	75、76

return rate（利益率） 9
returns to shareholders（株主への利益還元） 76
revalue（再評価する） 41
revenue（収益・収入） 74、138、139
revenue expenditure（すぐに費用化されるもの） 78
reversal of allowance for doubtful accounts（貸倒引当金戻入益） 184
reverse（逆の・反対の） 185
revitalization（回復・再生） 163
rise（上昇・増加） 205
risk management（危機管理・リスクマネジメント） 89
ROA（return on assets）（総資産利益率） 76
ROE（return on equity）（株主資本利益率） 76
ROIC（return on invested capital）（投下資本利益率） 76
rollover（借り換え・ロールオーバー） 95
round(off)（四捨五入） 133
round down（（四捨五入で4以下を）切り捨てる） 133
round up（（四捨五入で5以上を）切り上げる） 133
royalty expenses（ロイヤルティ費用） 178
rubber（industry）（ゴム業界） 193

S

SaaS（software-as-a-service）（サース（サービス型ソフトウェア）） 55
salaries and wages（人件費） 146
sale（売却） 38
sales（売上高） 74、138、196
sales commissions（販売手数料） 156
sales discount（売上割引） 210
sales forecast（売上予測） 16
sales growth rate（売上成長率） 197
sales incentives（販売手数料） 156
sales mix（セールスミックス・品種構成） 143
sales promotion expenses（販売促進費） 156
sales rights（販売権） 52
salvage value（残存価額） 158
same-store sales（既存店売上高） 139
satisfy（（負債を）完済する） 85
SEC(U.S. Securities and Exchange Commission)（米国証券取引委員会） 240
secured bond（有担保社債） 102
securities firm（証券会社） 192
segregation of duties（職務分掌） 173
self-owned（自社の・自己の） 39
sell（売却する） 38
sellers（仕入先） 192
selling（販売） 144
selling, general & administrative expenses (SG(&)A)（販売費及び一般管理費） 144、178、196
selling price(sales price)（売値） 194
separate（別々の・個々の） 61
serious（深刻な） 145
service（industry）（サービス業界） 194
service cost（勤務費用） 148
service life（耐用年数） 158
set（設定・固定された） 103
set-up（（組織の）立上げ） 206
settle（確定する・解消する） 113
severance cost（退職費用） 218
severance expenses（退職給付費用） 148
SGA ratio（売上高販管費率） 144、196
share（持分・分け前） 209
share buy-back（自社株買い） 122
share capital（資本金） 116
share premium（資本剰余金） 118
share repurchases（自社株買い） 122
shareholder（株主） 192
shareholders' equity（株主資本） 115
shipbuilding（industry）（造船業界） 193
shipping basis（出荷基準） 138
shipping company（運搬会社） 153
shipping cost（運送費・運搬費） 16、152
short-term（短期間の） 5
short-term debt（短期有利子負債） 94
short-term debt ratio（短期有利子負債比率） 94
short-term financial assets（有価証券） 8
short-term marketable securities（有価証券） 8
shrinkage（収縮） 15
significant influence（重大な影響力） 190
simple interest（単利） 133
single line item（1行連結） 208
slim（ほんのわずかな） 227
sluggish（不景気な・動きののろい） 163
social activities（交際） 176
social expenses（交際費） 176
social security premium（社会保険料） 150
software（ソフトウェア） 52、54
specialty store retailer of private label apparel (SPA)（製造小売業） 22
spoilage（仕損品） 19
sponsoring（主催・スポンサリング） 155
square feet（平方フィート） 40
stability（安定） 187

staffing costs（人件費）	146
stakeholders（利害関係者）	191、240
stamp tax（印紙税）	180
stand-alone financial statements（単体決算書）	241
standard cost（標準原価）	143
standing（地位・名声）	97
startup expenses（開業費）	70、71
statement of changes in equity（株主資本等変動計算書）	118
statement of comprehensive income（包括利益計算書）	124
steel（industry）（鉄鋼業界）	193
stock（株）	148
stock（在庫）	14
stock delivery expenses（株式交付費）	70
stock dilution（株価の希薄化）	105
stock-in-trade（棚卸資産）	14
stockholder（株主）	192
stockholders' equity（株主資本）	82、100、114
stockout（在庫切れ・欠品）	15、16
straight line method（定額法）	42、158
strategic partner（戦略的パートナー）	192
subcontracting（下請け）	172
subcontractor（外注先・下請業者）	173、192
subscription rights to shares（新株予約権）	114
subsidiary（（株式を過半数保有する）子会社）	64、126、147、190
substantial（相当な・大量の）	93
subtraction（引き算）	132
suitable（適切な）	228
sum（（足し算の）和・合計）	132
supplier（仕入先）	192
supplies（貯蔵品）	26
supplies expense（消耗品費）	26
supplies on hand（貯蔵品）	26
supply chain management（SCM）（供給連鎖管理）	21
surprisingly（驚くべきことに・意外に）	99
sustainable（持続可能な）	41

T

T-account form（T勘定）	3
take-home（手取りの）	181
tangibility（触れて感知できること）	160
tangible（触れることができる）	52
tangible (fixed) assets（有形固定資産）	34、77
tangible fixed assets turnover rate（有形固定資産回転率）	196
tax in arrears（延滞税）	180
tax office（税務署）	192
tax return（納税申告）	65
tax shield（節税効果）	42
taxable（有税の・課税対象の）	229
taxable income（課税所得）	68、113、230
taxes and dues（租税公課）	180
taxes payable（未払税金）	86
technically（厳密な意味に従って）	38
telecommunications（industry）（通信業界）	194
temporary（一時的な・臨時的な）	113、216
tend（する傾向がある・しがちである）	117
tenure (of service)（任期・在職期間）	149
terminate（終える）	109
termination（終了・解除）	67
textile（industry）（繊維業界）	193
the four (arithmetic) operations（四則演算）	133
thereafter（それ以降・その後）	47
thousand（千）	130
threaten（脅威となる）	93
tie（結び付ける・拘束する）	115
to discount notes a receivable（手形割引）	12
top（分子）	131
top line（売上）	138
total assets（総資産）	196
total assets turnover rate（総資産回転率）	196
total optimization（全体最適）	191
trade（売買・取引する）	9
trade acceptance（商業引受手形）	12
trade deficit（貿易収支）	227
trade discount（値引）	210
trademark（商標）	161
trademark holder（商標権者）	58
trademark rights（商標権）	52、58
train/bus (land transportation)（industry）（鉄道 / バス（陸運業界））	194
transaction（商取引）	2、183
transition obligations（会計基準変更時差異）	149
transport（輸送する）	23
transport cost（運搬費）	152
transport(ation) cost（配送コスト）	42
transportation cost (charge)（運搬費）	152
travel expenses（旅費交通費）	174
Treasury bill（米国財務省短期証券）	6
treasury shares（自己株式）	122
treasury stock（自己株式）	114、122
treat（処理する・扱う）	217
trillion（兆）	130
trim (down)（減少する）	213
trust bank（信託銀行）	148

turn fixed costs into variable costs（固定費の変動費化）	172
turnover（売上）	138
turnover（売掛債権）回転率	11
type（種類）	163

U

unbilled revenue（未請求の収益）	28
uncollectible receivables（不良債権）	199
unconsolidated（非連結）	209
unconsolidated financial statements（単体決算書）	241
undervalued（割安の・軽視された）	227
unearned revenue（前受収益）	90
unemployment insurance expense（雇用保険料）	150
unexpectedly（予想外に・予想以上に）	27
unit（単位）	196
unrealized foreign exchange gain/loss（未実現為替差損益）	206
unsecured（無担保の）	96
unsecured bond（無担保社債）	102
unused（使用されていない）	9
up to date（最新の・更新された）	115
useful life（耐用年数）	158
utilities expenses（水道光熱費）	166
utility（役に立つこと）	166
utilize（活用する）	166

V

valuation allowance（評価性引当金）	68
valuation loss of investment securities（投資有価証券評価損）	226
value（(価値を）評価する）	53
value in use（使用価値）	224
variable cost（変動費）	152、194
vehicle（乗物）	193
vehicle excise tax（自動車取得税）	180
vendor（外注先）	192
vertical integration（垂直統合）	172
violation（違反）	67
vital（重要な・必要な）	37
VoIP(voice over internet protocol)（音声データ送受信技術）	171
volatility（ボラティリティ・変動性）	7
volume discount（(大量仕入による）値引）	210
voting right（議決権）	127

W

warehousing（倉庫費用）	24
water（industry）（水道業界）	194
weakening（衰退・弱体化）	215
welfare expenses（福利厚生費）	150
welfare package（福利厚生）	150
welfare pension insurance expense（厚生年金保険料）	150
whole number（整数）	133
wholesale（卸売り）	25
wholesale（industry）（卸売業界）	193
wholesaler（卸売業者）	24
wholly owned subsidiary（完全子会社）	126
wooden house（木造住宅）	39
work（作業）	18
work-in-process（WIP）（仕掛品）	18
work-in-progress（仕掛品）	14、18、20、22
workers' accident compensation insurance expense（労災保険料）	150
workforce（従業員）	149
working capital（運転資金）	7、198
write off（帳消しにする）	35
write-down（評価切り下げ）	49
written promise（誓約書）	89

X Y

Xerox（machine）（ゼロックス（コピー機））	59
year-on-year,year-over-year（前年比）	134

日本語索引

あ

相手先商標製品の製造企業（OEM(original equipment manufacturer)） 172
相手先ブランド製品の設計・製造企業（ODM(original design manufacturer)） 172
赤字（red ink） 135
明らか（明白）にする（clarify） 151
預かり敷金（lease deposit received、guarantee deposited） 66
扱う・対処する（deal with） 179
当てる・用いる（apply） 205
後入先出法（last-in first-out（LIFO）） 14
後払い（payment in arrears） 29
アナリスト（analyst） 192
アニュアルレポート（Annual Report） 240
ある程度の（certain） 209
安定（stability） 187

い

維持する・保つ（preserve） 89
意匠権（design rights） 58
以前の・先の（previous） 45
1行連結（single line item） 208
一時的な・臨時的な（temporary） 113、216
一時払い・一時金（lump sum） 109
1日当たり売上高（daily sales） 199
1年以内に返済予定の長期有利子負債（current portion of long-term debt） 94、98
1年ルール（one-year rule） 4
一瞬・時点（point in time） 115
一般（general） 144
一般の人々（general public） 177
違反（violation） 67
医薬品業界（pharmaceutical industry） 193
医薬品の（pharmaceutical） 169
意欲のある（motivated） 147
印紙税（stamp tax） 180
飲食店業界（restaurant industry） 193
インタレスト・カバレッジ・レシオ（interest coverage ratio） 197、212

う

受取手形（notes receivable） 12
受取配当金（dividend income） 74、204
受取利息（interest income） 74、202
疑わしい（doubtful） 32
疑わしい・不審な（questionable） 33
生み出す（generate） 69
裏書譲渡手形（drafts） 12
売上（turnover、top line および proceeds） 138
売上原価（cost of goods sold(COGS)、cost of sales および cost of services）
　　　　　　　　　　140、141、178、196
売上債権回転期間（A/R turnover period） 196
売上成長率（sales growth rate） 197
売上総利益（gross income または gross profit）
　　　　　　　　　　　　　　　　75、142
売上総利益率（gross margin） 75、142、196
売上高（sales） 74、138、196
売上高営業利益率（operating(profit) margin）
　　　　　　　　　　　　　　　　186、196
売上高経常利益率（ordinary margin） 214
売上高・収益（proceeds） 138、221
売上高純利益率・当期純利益（net margin）
　　　　　　　　　　　　　　　　196、234
売上高税引前利益率（IBT margin） 196
売上高販管費率（SGA ratio） 144、196
売上高比率（percentage of sales） 141
売上予測（sales forecast） 16
売上割引（sales discount） 210
売掛金（accounts receivable(A/R)）
　　　　　　　　　　10、32、196、198
売り込む（promote） 25
売値（selling price(sales price)） 194
運送費（shipping costs） 16
運転資金（working capital） 7、198
運搬会社（shipping company） 153
運搬する（convey） 17
運搬費（freight expenses、transportation cost (charge)、distribution cost、logistics cost、shipping cost および transport cost） 152
運輸／倉庫業界（freight/warehousing industry）
　　　　　　　　　　　　　　　　　194

え

営業活動によるキャッシュフロー (cash flows from operating activities) 239
営業債権 (operating receivables) 33
営業損失 (operating losses) 186
営業取引以外から生じた売掛金 (A/R-other) 10
営業取引から生じた売掛金 (A/R-trade) 10
営業費用 (operating expenses) 144
営業利益 (operating profit、operating income、operating margin または income from operations) 186、196、212
営業利益成長率 (operating profit growth rate) 197
エネルギー効率判断 (energy (efficiency) audit) 167
延期 (postponement) 113
延期する (defer または delay、postpone) 113
延滞税 (tax in arrears) 180
延長する (extend) 113

お

応じて・よって (depending on) 207
終える (terminate) 109
置き換える (replace) 13
起こりそうな (probable) 111
負っている (bearing) 107
驚くべきことに・意外に (surprisingly) 99
オペレーティング・リース (operating lease) 50
主に (primarily) 153
親会社 (parent company) 190
卸売り (wholesale) 25
卸売業界 (wholesale industry) 193
卸売業者 (wholesaler) 24
音声データ送受信技術 (VoIP(voice over internet protocol)) 171

か

海運業界 (maritime transportation/shipping industry) 194
海外進出 (overseas expansion) 171
買掛金 (accounts payable (A/P)) 86、196、198
開業費 (opening expenses または startup expenses) 70、71
会計基準変更時差異 (transition obligations) 149
会計指標 (financial ratio) 195
外国為替リスク (foreign exchange risk) 207
外国企業の年次報告書 (Form 20-F) 240

開始・開設・初めの (opening) 45
回収 (collection) 11
回収可能価額 (recoverable amount) 224、225
回収可能性 (collectability) 182
回収業者 (collection agency) 183
回収する (collect) 11
改善・向上・成長 (improvement) 235
改築 (renovation) 47
外注委託費 (outsourcing expenses) 172
外注化 (promotion of outsourcing) 172
外注・外注化 (outsourcing) 19、172
外注先 (outsourcee または vendor) 192
外注先・下請業者 (subcontractor) 173、192
外注作業費 (outsourcing cost) 140
買い手 (buyer) 97
(売掛債権) 回転率 (turn over) 11
開発 (development) 178
開発する (develop) 168
開発費 (development expenses) 70
会費・賦課金 (dues) 177
回復 (recovery) 227
回復・再生 (revitalization) 163
買い戻す (repurchase) 123
化学業界 (chemical industry) 193
価格上昇 (price hike) 141
確実性 (certainty) 111
拡大する (expand) 103
拡大・増加 (expansion) 71
格付会社 (rating agency、credit rating firm) 102、192
確定給付型年金 (DB (defined benefit pension plan)) 108
確定拠出型年金 (DC (defined contribution pension plan)) 109
確定する・解消する (settle) 113
確認する (make sure) 107
確認する・確かめる (confirm) 83
獲得する・稼ぐ (earn) 91
額面 (par) 119
額面価額 (face value、par value または nominal value) 102
掛け算 (multiplication) 132
加工処理・生産過程 (conversion process) 17
過去勤務債務 (prior service liability) 149
過去のデータ (historical data) 33
貸方記録 (credit record (Cr.)) 2
貸方 (に記入する) (credit) 2、82、83
貸倒損失 (bad debt losses、bad debt expenses および credit losses) 182
(金融債権以外の) 貸倒引当金 (allowance for doubtful accounts、provision for doubtful accounts および reserve for doubtful accounts)

（金融債権に対する）貸倒引当金（allowance for bad debts または allowance for credit losses）	32 33
貸倒引当金繰入額（provision (of allowance)for doubtful accounts または reserve for doubtful accounts）	184
貸倒引当金戻入益（reversal of allowance for doubtful accounts）	184
貸出限度額（credit line）	82
貸付金（loans receivable）	10
貸手（lender）	213
過剰（excess）	15
ガス業界（gas industry）	194
課税所得（taxable income）	68、113、230
数える・カウント・当てはまる（count）	163
加速減価償却（accelerated depreciation）	49、69、218
過大評価されている（overstated）	224
形・形状（form）	205
割賦販売基準（installment sales method）	138
活用する（utilize）	166
かなりの（considerable）	37
株（stock）	148
株式収益率（PER(price earnings ratio)）	234
株価の希薄化（stock dilution）	105
株式交付費（stock delivery expenses）	70
株式市場の上昇景気（positive (stock) market）	117
株式発行を伴う資金調達（equity financing）	94
株式持ち合い（cross-shareholding）	125
株式持合（cross-holding）	63
株主（shareholder または stockholder）	192
株主資本（shareholders' equity）	115
株主資本（stockholders' equity）	82、100、114
株主資本等変動計算書（statement of changes in equity）	118
株主資本比率（equity ratio）	197
株主資本利益率（ROE (return on equity)）	76
株主への手紙（letter to shareholders）	240
株主への利益還元（returns to stockholders）	76
借り換え（refinance）	94
借り換え・ロールオーバー（rollover）	95
借方（debit）	2、82
借方記録（debit record（Dr.））	2
借方計上する（debit）	221
借方残高（debit balance）	3
借手（borrower）	213
為替換算調整勘定（foreign currency translation adjustments）	124
為替差益（foreign exchange gains）	206
為替差損（foreign exchange losses）	206

環境（environment）	203
（流動資産の）換金能力（liquidity）	5
関係会社（related companies または group companies）	65、191
（負債を）完済する（satisfy）	85
完済する・すっきり返す（pay off）	95
監査法人（auditing firm）	192
勘定科目（account(title)）	2
完全子会社（wholly owned subsidiary）	126
完全に・永久に（permanently）	45
関与・関係（involvement）	233
管理（administration）	144
関連会社（affiliated company または associated company）	64、190、208
関連会社への投資（investments in affiliated (companies)）	62、64
関連性（association）	65
緩和する・楽にする（alleviate）	101

き

機会（opportunity）	101
機械業界（machinery industry）	193
機械装置（machinery and equipment）	42
気が付いている（aware）	223
危機管理・リスクマネジメント（risk management）	89
企業（corporate）	102
企業・法人向けクレジットカード（corporate credit card）	175
議決権（voting right）	127
期限（due date）	181
起源・出所（原産国）・製造者（origin）	59
偽造する（forge）	89
規則正しく・定期的に（regularly）	87
既存店売上高（same-store sales）	139
規定・定め（provision）	69
希薄化（dilution）	104
規模の経済（economies of scale）	142
逆の・反対の（reverse）	185
キャッシュフロー計算書（cash flow statement）	238
脅威となる（threaten）	93
業界・産業（industry）	101、193
供給連鎖管理（supply chain management：SCM）	21
競合（competitor）	147
競争の（competitive）	231
協力（cooperation）	143
巨大企業（giant）	9
（四捨五入で5以上を）切り上げる（round up）	133

(四捨五入で4以下を) 切り捨てる (round down) 133
記録を付ける (keep record) 63
金額 (dollar amount) 13
銀行 (bank) 192
銀行短期借入 (bank note payables) 88
銀行引受手形 (banker's acceptance) 12
銀行ローン (bank loan) 95
勤務費用 (service cost) 148
金融業界 (financial institution/finance industry) 194
金融機関 (financial institutions) 192
金融危機 (financial crisis) 63
金融債権 (finance receivables) 33

く

空運業界 (air transportation/airline industry) 194
偶発債務 (contingent liability) 110
偶発的な (contingent あるいは incidental) 110、216
区別する (distinguish) 59
クリネックス (ティッシュ) (Kleenex) 59
繰延資産 (deferred assets、deferred debit、deferred charges および deferral) 70
繰延資産・繰延負債 (deferred) 70
繰延税金資産 (deferred income tax assets) 68、230
繰延税金負債 (deferred income tax liability) 112
繰延ヘッジ損益 (deferred gains or losses on hedges) 124
(同類として区分される) グループ (bracket) 153
黒字 (black ink) 135

け

計算式 (formula) 196
計算する (find) 43
経常外費用・非反復的費用 (nonrecurring charge) 225
経常利益 (ordinary profit または recurring profit) 214
係争中の損害賠償責任 (liabilities in damages) 110
継続事業 (continuing operations) 232
継続的・進行中の (ongoing) 186
(保険の) 契約 (policy) 31
決算期 (accounting period(term) または fiscal period(term)) 241
欠損・損失 (deficit) 121
限界利益 (marginal profit または contribution margin) 194
原価計算 (cost accounting) 141
減価償却 (depreciation) 38、79
減価償却する (depreciate) 38、47、158
減価償却費 (depreciation expenses) 77、158
減価償却累計額 (accumulated depreciation) 48
原価率 (cost of sales ratio) 167
研究開発費 (research & development expenses(R&D)) 168
研究する (research) 168
言及する (reference) 215
現金 (cash) 6
現金及び現金同等物 (cash and cash equivalents) 4、6
現金及び現金同等物の期首残高 (cash and cash equivalents at beginning of year) 239
現金及び現金同等物の期末残高 (cash and cash equivalents at end of year) 239
現金及び現金同等物の純増加額 (net increase in cash and cash equivalents) 239
現金及び預金 (cash and deposits) 6
現金主義会計 (cash basis accounting) 92
現金循環化日数 (cash conversion cycle) 196、199
現金同等物 (cash equivalents) 6
健康保険料 (health insurance expense) 150
原材料 (raw materials) 14、16、22、140
検査・点検する (inspect) 23
減資 (decrease in capital) 116
現実 (reality) 155
現実界・現実 (real world) 99
検収基準 (inspection basis) 138
原状回復 (restitution、restoration) 41、67
減少する (trim(down)) 213
建設 (construction) 93
建設仮勘定 (construction in progress (CIP)) 46
建設業界 (construction industry) 193
減損 (impairment) 38、52、63
減損する (impair) 38、53
減損損失 (impairment losses または loss on impairment) 224、226
減損テスト (impairment test) 225
限定する (limit) 170
検討する (contemplate) 25
厳密な意味に従って (technically) 38
権利移転費用 (closing cost) 39

こ

公益事業組織 (public service organization) 177
公開市場 (open market) 123
交換 (exchange) 220

鉱業業界 (mining industry) 193
工具・器具・備品 (furniture and fixtures または furniture, fixtures and equipment(FF&E)) 44
公課 (public charges) 180
広告・宣伝 (advertisement) 145
広告宣伝費 (advertising expenses または advertisement expenses) 154
交際 (social activities) 176
交際費 (entertainment expenses、business meal expenses および social expenses) 176
工事完成基準 (completed-contract method) 138
工事進行基準 (percentage-of-completion method) 138
交渉する (negotiate) 162
工場用貯蔵品 (factory supply) 26
控除する (deduct) 231
控除できる (deductible) 185
(契約)更新期間 (renewal period) 171
厚生年金保険料 (welfare pension insurance expense) 150
構成要素となる (constitute) 111
構造改革費用 (restructuring charges) 218
被る・発生する (incur) 205
小売業界 (retail industry) 193
小売業者 (retailer) 24、51
合理性 (reasonableness) 225
効率 (efficiency) 27
凍っている (frozen) 165
(株式を過半数保有する)子会社 (subsidiary または consolidated affiliates) 64、126、147、190
心づけ・チップ (gratuity) 151
こしらえる (raise) 119
コスト (cost) 76
個体識別 (identification) 21
固定資産 (fixed assets または non-current assets) 34、197
固定資産減損損失 (fixed asset impairment) 218
固定資産除却損 (loss on retirement of property) 222
固定資産税 (real property tax) 162、180
固定資産売却益 (gain on sale of property または gain on disposal of property) 220
固定資産売却損 (loss on sale of property または loss on disposal of property) 220
固定資本 (fixed capital) 35
固定長期適合率 (fixed assets to fixed liabilities and equity ratio) 197
固定費 (fixed cost) 142、194
固定費の変動費化 (turn fixed costs into variable costs) 172
固定比率 (fixed ratio) 197
固定負債 (fixed liabilities) 98
コベナンツ・制限条項 (debt covenant) 101

コマーシャルペーパー (commercial paper (CP)) 6、94、96
ゴミ回収 (garbage pick-up) 167
ゴム業界 (rubber industry) 193
雇用保険料 (unemployment insurance expense) 150
娯楽・エンタテイメント (entertainment) 176
コンサルティング会社 (consulting firm) 192
コンピュータ用基本ソフト (operating system (OS)) 54

さ

(引き算の)差 (difference) 132
サース(サービス型ソフトウェア) (SaaS (software-as-a-service)) 55
サービス業界 (service industry) 194
再確認する・二重確認する (double-check) 235
債権者 (creditor) 2、82、83、192
債券・無担保社債 (debenture) 99
在庫 (stock、product および goods) 14
再構築・リストラ (restructuring) 117
在庫切れ・欠品 (stockout) 15、16
在庫の圧縮 (inventory reduction) 15
在庫保有コスト (carrying cost) 14、17
最重要な (core) 173
再取得・再購入 (reacquire) 123
最新の・更新された (up to date) 115
最適な・最善な (optimum または optimal) 27
再評価 (reassessment) 69
再評価する (revalue) 41
再編成する・再構築する (restructure、reorganize) 10、219
債務 (liability) 110
財務活動によるキャッシュフロー (cash flows from financing activities) 239
財務健全性 (financial soundness) 197
債務者 (debtor) 94
債務保証 (guaranty of liabilities) 110
先入先出法 (first-in first-out (FIFO)) 14
先に起こる (precede) 91
作業 (work) 18
下げる・削減する (cut(down)) 145
ささいな・小さな (insignificant) 27
差入敷金 (lease deposit) 66
指す (refer) 229
サプライチェーン・マネジメント (supply chain management(SCM)) 21
さらされること・露出 (exposure) 207
残存価額・価値 (residual value または salvage value) 158、159

し

仕入運賃（freight-in） 24、152
仕入債務回転期間（A/P turnover period） 196
仕入先（supplier または sellers） 192
仕入割引（purchase discount、early payment discount および cash discount） 210
市価（market value） 226
仕掛品（work-in-process、goods-in-progress および work-in-progress） 14、18、20、22
事業税（enterprise tax） 230
資金繰りの悪化（CF deterioration） 14
資金を調達する（raise funds） 95
試験費（experiment cost） 42
自己株式（treasury stock、treasury shares） 114、122
資産（assets） 78
資産計上する（capitalize） 164
資産効率性（asset efficiency） 196
資産成長率（asset growth rate） 197
指示して・暗示して（indicative (of)） 187
指示する・教える（instruct） 21
指示するもの・インジケータ（indicator） 215
事実上（effectively） 151
自社開発のソフトウェア（in-house developed software） 54
自社株買い（share buy-back または share repurchases） 122
自社株買いする（buy back shares または repurchase shares） 122
四捨五入（round または round off） 133
自社の・自己の（self-owned） 39
支出（expenditure） 77
施設・設備（facility） 217
四則演算（the four (arithmetic) operations） 133
持続可能な（sustainable） 41
仕損品（spoilage） 19
下請け（subcontracting） 172
実現可能性（realizability） 69
実現されている（recognized） 113
実現主義（realization principle） 138
実現する（realize） 125
実効税率（effective tax rate） 230
失敗（failure） 169
実用的な（practical） 175
自動口座振替（direct debit） 3
自動車業界（automobile industry） 193
自動車取得税（vehicle excise tax） 180
支払い（payment） 11
支払条件（payment terms） 87
支払手形（notes payables） 86、88
支払利息（interest expenses） 197、212
支払利息控除前税引前利益（EBIT(earnings before interest and taxes)） 187、202
支払うことになっている（payable） 86
支払わなければならない（due） 213
支払われた（paid-in） 118
四半期報告書（Form 10-Q） 240
資本（equity） 78、197
資本金（capital、capital stock、common share および share capital） 116
資本剰余金（additional paid-in capital(APIC)） 114、116、118
締切（deadline） 211
社員（employee） 192
社会保険料（social security premium） 150
借用書（IOU） 84
社債（corporate bonds） 102
社債格付け（bond rating） 102
社債・債券（bonds） 100、102、148
社債権者（bondholder） 102、105、192
社債発行者（bond issuer） 102
社債発行費（bond issuance expenses または bond issuance costs） 71
ジャストインタイム生産（just-in-time production） 16
ジャストインタイム調達（just-in-time supply） 16
ジャストインタイム物流（just-in-time delivery） 16
借金・債務・有利子負債（debt） 94
収益・収入（revenue） 74、138、139
収益性・利益率（profitability） 196、219
十億（billion） 130
従業員（workforce） 149
重罪（felony） 89
収縮（shrinkage） 15
修繕費（maintenance expenses または repair expenses） 164
重大な影響力（significant influence） 190
住宅ローン（mortgage） 99
柔軟性・弾力性（flexibility） 103
住民税（inhabitant tax） 230
重要性の原則（materiality principle） 26、27
重要な・必要な（vital） 37
修理・修繕（repair） 43
終了・解除（termination） 67
終了した（finished） 20
宿泊施設・宿泊費（lodging） 175
主催・スポンサリング（sponsoring） 155
出荷（delivery） 91
出荷基準（shipping basis） 138
出張・訪問（business trip） 175
取得（acquisition） 38
取得価額（acquisition cost、purchase price、gross amount） 36、42、48、49

日本語	英語	ページ
取得する・買収する	(acquire)	38、61
種類	(type)	163
純資産	(net assets)	114
純利益成長率	(net profit growth rate)	197
(割り算の) 商	(quotient)	132
傷害保険	(accident insurance)	151
使用価値	(value in use)	224
償還する	(redeem)	102
償還日	(maturity date または redemption date)	98、102
償却する	(amortize)	53、160
(自己株を) 消却する	(retire)	123
償却対象資産	(depreciable asset)	158
(無形資産の) 償却費	(amortization expenses)	160
商業	(commerce)	96
状況・事情	(circumstance)	61
状況・事態	(picture)	29
商業引受手形	(acceptance または trade acceptance)	12
衝撃・影響	(impact)	111
証券会社	(securities firm)	192
商工会議所	(chamber of commerce)	177
使用されていない	(unused)	9
上昇・増加	(rise)	205
上昇・騰貴	(appreciation)	207
少数株主持分	(minority interest、non-controlling interest)	114、126
小数点	(decimal point)	130
使用する	(make use)	57
譲渡する・(特許権を) 売る	(assign)	57
商取引	(transaction)	2、183
商人	(merchant)	24
消費	(consumption)	167
商標	(trademark)	161
商標権	(trademark rights)	52、58
商標権者	(trademark holder)	58
商品 (在庫)	(merchandise)	24、80
商品在庫	(merchandise inventory、purchased product)	24
正味	(net)	139
正味帳簿価格	(net book value)	51
正味売却価額	(net realizable value)	224
消耗される	(expendable)	26
消耗品費	(supplies expense)	26
剰余した	(additional)	118
将来加算一時差異	(future taxable amount)	113
将来減算一時差異	(future deductible amount)	112
将来の	(forthcoming)	221
将来の収益	(future returns)	155
将来への負担軽減	(alleviation of future burden)	42
除外する	(exclude)	7
除却	(retirement)	38、220
除却コスト	(retirement cost)	43
除却する	(retire)	38
食品業界	(food industry)	193
職務分掌	(segregation of duties)	173
処理する・扱う	(treat)	217
知らせる	(inform)	233
仕訳	(journal entry)	83
人為ミス	(human error)	55
新株予約権	(subscription rights to shares)	114
新株予約権付社債	(bonds with subscription rights)	100、104
人件費	(personnel expenses、human resource costs、staffing costs、salaries and wages、labor cost、employment cost、manpower cost および payroll cost)	146
深刻な	(serious)	145
人事部	(personnel department または human resources department)	146、147
迅速な・早速の	(prompt)	87
信託銀行	(trust bank)	148
進歩する・前進する	(make progress)	47
信用調査	(credit analysis)	82
信用補完	(credit enhancement)	97

す

日本語	英語	ページ
水産業界	(fishery/fish processing industry)	193
衰退・弱体化	(weakening)	215
垂直統合	(vertical integration)	172
水道業界	(water industry)	194
水道光熱費	(utilities expenses または heat, light and water expenses)	166
水平分業	(horizontal integration)	172
数理計算上の差異	(actuarial gain/loss)	149
すぐに費用化されるもの	(revenue expenditure)	78
する傾向がある・しがちである	(tend(to))	117

せ

日本語	英語	ページ
税額控除・控除項目	(deductions)	181
正確な	(accurate)	29
請求されるもの・費用	(charge)	31
請求する	(claim)	181
制御権	(control right)	127
税効果会計	(deferred tax accounting)	68、112、230
製紙業界	(paper manufacturing industry)	193

正常営業循環基準（normal operating cycle rule）
　　　　　　　　　　　　　　　　　　　4、84
整数（whole number または integer）　133
製造業者（maker または manufacturer）　24
製造小売業（specialty store retailer of private label apparel：SPA）　22
整地費用（land grading fees）　40
成長性（growth）　197
正当な（legitimate）　177
税引前純利益（income before provision for income taxes(IBIT)）　228
（継続事業からの）税引前当期純利益（income from continuing operations before income taxes）　228、232
税引前の（pretax）　229
税引前利益（income before taxes）　68、230
製品（在庫）（manufactured products）　22、24、80
製品在庫（finished products）　22
製品多様化（product diversification）　23
政府（government）　192
精密機器業界（precision equipment industry）　193
税務署（tax office）　192
生命保険会社（life insurance company）　148
誓約書（written promise）　89
成立させる・確立する（establish）　65
セールスミックス・品種構成（sales mix）　143
（掛け算の）積（product）　132
石油業界（oil industry）　193
節税効果（tax shield）　42
設置コスト（implementation cost）　42
設定・固定された（set, fixed）　103
設備投資（CAPEX（capital expenditures））　7、78
説明（description）　35
ゼロックス（コピー機）（Xerox(machine)）　59
千（thousand）　130
繊維業界（textile industry）　193
潜在的に・もしかすると（potentially）　57
全体最適（total optimization）　191
前年比（year-on-year または year-over-year）　134
戦略的パートナー（strategic partner）　192

そ

総（gross）　139
早期退職割増金（early retirement bonus）　218
倉庫費用（warehousing）　24
相殺する（offset）　69
増資（increase in capital または capital increase）　116、118、119
総資産（total assets）　196
総資産回転率（total assets turnover rate）　196
総資産利益率（ROA（return on assets））　76
造船業界（shipbuilding industry）　193
相当な・大量の（substantial）　93
創立費（founding expenses）　70
即時に（immediately）　7
測定・計算（measurement）　37
租税公課（taxes and dues）　180
その他の包括利益累計額（accumulated other comprehensive income）　114、124
その他の包括利益（other comprehensive income(OCI)）　124
その他有価証券評価差額金（net unrealized holding gains or losses on securities）　62、124
ソフトウェア（software）　52、54
それ以降・その後（thereafter）　47
それに応じて（accordingly）　39
損益計算書（profit and loss statement(PL)）　238
損益分岐点（break-even point(BEP)）　194
損傷・被害・損害（damage）　217

た

対価（consideration）　91
（人が住まない）退去した家（retired home）　222
貸借対照表（balance sheet(BS)）　2、238
退職給付債務（retirement benefit obligations または PBO(Projected benefit obligation)）　108、148
退職給付制度（retirement benefit plan）　149
退職給付引当金（accrued retirement benefit (liabilities) または allowance for retirement benefits for employees）　99、108
退職給付費用（retirement benefit expenses、post-retirement benefit expenses または severance expenses）　108、148
退職費用（severance cost）　218
耐用年数（economic life, service life, useful life, depreciable life および durable years）　38、218
代理業者（agency）　155
大量の・重たい（heavy）　157
たくさん・どっさり（heaps）　31
蓄え・備え（reserve）　231
足し算（addition）　132
（組織の）立上げ（set-up）　206
建物（buildings）　38
建物及び構築物（buildings and structures）　38
棚卸し（inventory count）　15
棚卸資産（inventory、stock-in-trade）　14、196
棚卸資産回転期間（inventory turnover period）

	196
棚卸評価損 (inventory write-down)	218
単位 (unit)	196
短期間の (short-term)	5
短期金融商品投資信託 (MMF : money market funds)	6
短期有利子負債 (short-term debt)	94
短期有利子負債比率 (short-term debt ratio)	94
単体決算書 (parent-only financial statements、unconsolidated financial statements および stand-alone financial statements)	241
担当する・処理する (handle)	93
単利 (simple interest)	133

ち

地域社会 (local community)	192
地位・名声 (standing)	97
力強く動かす (drive)	173
知的 (intellectual)	53
知的財産権 (intellectual property(IP)rights)	52
注意する (note)	35
中期経営企画 (mid-term management plan)	187
注文書の整合 (matching purchase orders)	16
注文書の発行 (issuing purchase orders)	16
兆 (trillion)	130
超過収益力 (excess earning power)	60
超過担保 (overcollateralization)	97
長期支払手形 (long-term notes payable)	88
長期負債 (long-term liabilities)	98
長期保有する予定の債券 (held-to-maturity securities)	62
長期保有目的の株式 (available for sale securities)	62
長期前払費用 (long-term prepaid expenses)	30
長期有利子負債 (long-term debt)	94、100
(BSから) 帳消しにする (write off)	35
調整する (reconcile)	223
調達する (procure、raise)	107、119
著作権 (copyrights)	52
貯蔵品 (supplies)	26
賃借料 (lease expense)	162
陳腐化 (obsolescence)	14、17

つ

衝立・間仕切り (partition)	44
通信業界 (telecommunications industry)	194
通信サービス (communication services)	170
通信費 (communication expenses または correspondence expenses)	170
積み上げる (accumulate)	48

て

T勘定 (T-account form)	3
低下 (erosion)	115
定額法 (straight line method)	42、158
低下した・減少した (decreased)	205
定期的な (regular)	203
提携・同盟 (alliance)	169
低迷している・不活発な (inactive)	117
定率法 (declining-balance method または accelerated method)	42、158
手形 (bills)	12
手形の不渡り (dishonored note)	110
手形割引 (to discount notes a receivable)	12
適合・順応する (adapt)	181
適切な (suitable)	228
適切な・ふさわしい (appropriate)	173
適切に・十分に (adequately)	65
敵対的買収 (hostile takeover)	7
手数料・コミッション (commission)	40、157
手助けする (aid)	181
鉄鋼業界 (steel industry)	193
撤退コスト (exit cost)	218
鉄道/バス (陸運) 業界 (train/bus(land transportation)industry)	194
手取りの (take-home)	181
デビットカード (Debit Card)	3
手元流動性比率 (cash liquidity ratio)	196
転換価格 (convertible price)	104
転換社債 (convertible bonds (CB))	100、104
電気機器業界 (electric equipment industry)	193
転記する・計上する (post)	125
電気代 (electric utility expense)	166
電子機器受託製造サービス (EMS(electronic manufacturing service))	172
電力業界 (electric power industry)	194

と

投下資本 (invested capital、invested funds)	78、203
投下資本利益率 (ROIC (return on invested Ccpital))	76
当期純利益 (net profit、net income、net margin および bottom line)	196、234
登記料 (registration fees)	40
統合 (integration)	55

当座借越（bank overdraft） 85
当座資産（liquid assets または quick assets） 5、197
当座比率（quick ratio または acid-test ratio） 5、197
動産（personal property または movable property） 220
倒産する（go under） 219
倒産・破産（bankruptcy） 103
投資（investment） 51
投資活動によるキャッシュフロー（cash flows from investing activities） 239
投資管理・顧問（investment management） 63
投資する（invest） 121
投資その他の資産（investment and other assets） 34、62
投資有価証券（investment securities、long-term marketable securities および investments）8、62
投資有価証券評価損（loss on valuation of investment securities または valuation loss of investment securities） 226
到着原価（laid-down cost） 153
同等物（equivalent） 9
登録（registration） 58
登録免許税（registration license tax） 180
特に・とりわけ（particularly） 125
特売価格・見切り値段（bargain price） 159
特別損失（extraordinary losses） 216、223
特別利益（extraordinary gains） 216
土地（land） 40
特許権（patent rights） 52、56
特許権使用料（patent royalty） 178
特許性（patentability） 54
特権（privilege） 211
取り決め・協定（arrangement） 179
取引先・相手方（counterparty） 29

な行

内部制作・自社生産（in-house production） 19
内部的（internal） 169
内部留保（retained earnings） 120
二重計算（double counting） 63
任期・在職期間（tenure(of service)） 149
認識する（recognize） 87
値引（trade discount） 210
（大量仕入による）値引（volume discount） 210
年間増減率（annual percent changes） 235
年金（pension） 149
年金資産（plan assets） 148
年金数理人（actuary） 148

年次報告書（Form 10-K） 240
年平均成長率（CAGR(compound annual growth rate)） 134
納税申告（tax return） 65
農林業界（agriculture and forestry industry） 193
残りの・余りの（left over） 115
（リストに）載せる・表示する（list） 233
乗物（vehicle） 193
のれん（goodwill） 52、60、160

は

売却（sale） 38
売却する（sell） 38
売却する・処分する（divest） 233
買収する（acquire） 61
配送コスト（transport(ation)cost） 42
配当金（dividend） 121
配当金受領書（dividend check） 205
配当性向（dividend payout ratio） 234
売買する・取引する（trade） 9
配分する（allocate） 167
爆発した（exploded） 165
果たすべきこと・義務・債務（obligation） 106、109
破綻した（bankrupt） 185
罰金・延滞料（fine） 181
パッケージソフト（packaged software） 54
発見する・確認する（identify） 21
発行可能な（authorized） 117
発行者（issuer） 97
発行済み株式数（number of shares outstanding） 123
発行する（issue） 96
発生主義（accrual basis） 30
発生主義会計（accrual basis accounting） 92
（当然に）発生する・計上する（accrue） 28、213
発送費（freight-out） 152
発注コスト（ordering cost） 16
パブリックドメイン・公有（public domain） 54
半製品（partially finished products、half-finished products、Semi-finished products、half-manufactured products および half-processed products） 20
販売（selling） 144
販売業者（merchandiser） 24
販売権（sales rights） 52
販売先（buyers または customer） 192
販売促進費（sales promotion expenses） 156
販売手数料（sales commissions または sales incentives） 156

販売費及び一般管理費（selling, general & administrative expenses(SG(&)A)） 144、178、196
販売用土地（land held for sale） 40

ひ

比較（comparison） 145
引き上げる・増加させる（raise） 151
引当金法（allowance method） 183
引き算（subtraction） 132
引き出す・得る（derive） 29
引渡基準（delivery basis） 138
非継続事業（discontinued operations） 232
非継続事業からの損益（income from discontinued operations） 232
非支配持分（noncontrolling interest） 234
非常事態対処計画（contingency plan） 110
必然的に（inevitably） 23
非鉄金属業界（non-ferrous metal industry） 193
1株当たり純利益（EPS（earnings per share）） 75、234
百万（million） 130
評価切り下げ（write-down） 49
評価する（value） 53
評価性引当金（valuation allowance） 68
評価損・（通貨）切下げ（devaluation） 226、227
費用機能法（function of expense method） 140
費用収益対応の原則（matching principle） 77、185
標準原価（standard cost） 143
費用性質法（nature of expense method） 140
評判（reputation） 161
評判・名声（name and fame） 61
費用・費用化する（expense） 30、49、74、76、77、164
非流動負債（non-current liabilities） 98
比例して・按分に（proportionally） 209
非連結（unconsolidated） 209
頻繁な（frequent） 53

ふ

ファイナンス・リース（capital lease） 50
複式簿記（double entry bookkeeping） 2
複数の（multiple） 47
膨らむ・膨らませる（inflate） 217
複利（compound interest） 133
福利厚生費（welfare expenses fringe benefit） 150

不景気な・動きののろい（sluggish） 163
負債（liabilities） 82
負担（burden） 35
負担する（bear） 39
普通株式（資本金）（common stock） 114、116、118
不動産（real property） 220
不動産業界（real estate industry） 194
負ののれん（Negative goodwill） 60
部分的に回収可能な（貸金）（partially worthless） 183
部分的に・不十分に（partially） 19、20
増やす（multiply） 13
不良債権（uncollectible receivables） 199
不良在庫（dead stock） 199
触れて感知できること（tangibility） 160
触れることができない・無形（intangible） 52、161
触れることができる（tangible） 52
不渡手形（dishonored note receivable） 12
分子（numerator または top） 131
分数（fraction） 131
分配する（distribute） 121
分母（denominator または bottom） 131

へ

平均法（average(method)） 14
米国国税庁（IRS） 65
米国財務省短期証券（Treasury bill） 6
米国証券取引委員会（SEC(U.S. Securities and Exchange Commission)） 240
ベーシス・ポイント（0.01%）（basis point） 131
平方フィート（square feet） 40
別々の・個々の（separate） 61
（大幅に）減る・削減する（dwindle） 171
変換する（convert） 7
変動する（fluctuate） 179
変動費（variable cost） 152、194
弁理士（patent attorney） 57

ほ

貿易収支（trade deficit） 227
包括利益（comprehensive income） 124
包括利益計算書（statement of comprehensive income） 124
報告する（report） 147
法人所得税（provision for income taxes または income taxes） 230

法人税 (corporate income tax) 230
法人税等調整額 (income tax-deferred) 68、112
法人税法 (corporate tax law) 158
豊富な (copious) 121
簿価 (book value、carrying amount) 36、42、48、225、226
保険 (insurance) 24
保険業界 (insurance industry) 194
補修・保全・メンテナンス (maintenance) 155
保守主義 (conservatism accounting) 226
保守的な・保守主義 (conservative) 183
保証金・敷金・預け入れ (deposit) 41、66
保証する・保険をかける (cover) 109
ボトルネック (bottleneck) 21
ボラティリティ・変動性 (volatility) 7
ボリューム・ディスカウント (quantity discounts) 16
ほんの少しだけ・単なる (merely) 157
ほんのわずかな (slim) 227

ま

マーケティング活動 (marketing effect) 157
マーケティング費 (marketing expenses) 154
マージン・利ざや (margin) 187
マーチャンダイジング・販売計画 (merchandising) 25
マイナスの数字・値 (negative value) 228
毎年の・年間の (annual) 161
前受金 (advance received) 85
前受収益 (prepaid income または unearned revenue) 90、199
前払い (prepaid) 30
前払費用 (prepaid expenses) 30、90、199
前渡金 (advance payments) 30
マネジメント (management) 15
守られた・支えられた (backed) 96
満期 (maturity) 99

み

未解決の (outstanding) 111
磨き直す・改装する (refurbish) 45
未実現為替差損益 (unrealized foreign exchange gain/loss) 206
未収入金 (accrued revenue、accrued assets および accrued income) 28、92、199
未収配当金 (dividends receivable) 10
未収利息 (interest receivable) 10
未請求の収益 (unbilled revenue) 28

見積もられた (projected) 165
見積もり (estimate) 33
認めること (allowance) 32
未入金 (non-trade receivables) 28
未払税金 (taxes payable または accrued taxes) 86、92
未払費用 (accrued expenses または accrued liabilities) 92、199
未払利息 (interest payable) 86
魅力的な (attractive) 127
魅力的な・引きつけるような (appealing) 116

む

無形固定資産 (intangible (fixed) assets) 34、52
無形資産の償却 (amortization) 48、52、56、60、79
結び付ける・拘束する (tie) 115
無担保社債 (unsecured bond) 102
無担保の (unsecured) 96

も

木造住宅 (wooden house) 39
持株会社 (holding company) 65
持分法 (equity method) 64、208
持分法投資損失 (equity in losses) 208
持分法投資利益 (equity in gains、equity method investment gain および investment gain on equity method) 208
持分法による投資利益（損失）(equity gains (losses) of affiliated companies) 208
持分・分け前 (share) 209
もっとも基本的な (bread-and-butter) 227
戻す (restore) 225

や

約束手形 (promissory note) 12、13
役に立つこと (utility) 166
家賃 (rent expenses) 162
家賃無料期間 (rent-free period) 162
家主 (landlord) 67
屋根裏・屋根裏部屋 (attic) 67

ゆ

有価証券 (short-term marketable securities または short-term financial assets) 8

273

有給休暇制度（paid vacation system） 146
有形固定資産回転率（tangible fixed assets turnover rate） 36、196
有形固定資産（tangible (fixed) assets or property, plant, and equipment（PPE、PP&E）） 34、77
有税の・課税対象の（taxable） 229
優先株（preferred stock） 116
優先順位付け（prioritization） 191
有担保社債（secured bond） 102
有担保の（collateralized） 96
有担保のコマーシャルペーパー（Asset-backed commercial paper） 96
有望な（promising） 235
有利子負債（loans または loans payable） 86、94
有利子負債・借入・借金（debt、borrowings および interest bearing liabilities） 94、215
有利子負債による資金調達（debt financing） 94
有利な点（advantage） 159
輸送する（transport） 23

よ

窯業業界（ceramic engineering industry） 193
要素・要因（factor） 44
要点・結論・当期純利益（bottom line） 234、235
予算（budget） 143
予想外に・予想以上に（unexpectedly） 27
予想できる・予測可能な（predictable） 89

ら行

ライセンス費用（license royalty） 178
乱用する・悪用する（abuse） 219
リース会社（leasing firm） 192
リース債務（lease obligations） 100、106
リース資産（leased equipment under capital leases） 50
リースの貸し手（lessor） 50
リースの借り手（lessee） 50
利益（benefit または earnings、margin、profit、return） 71、75、120
利益剰余金（retained earnings） 114、120
利益・所得（income） 75、76
利益率（rate of return または return rate） 9
利害関係者（stakeholders） 191、240
利息費用（interest cost） 148
リピートの（repeat） 185
利札（coupon） 102、104、105
リベート・販売手数料（rebate） 156

流出（outflow） 51、89
流動資産（current assets） 4、197、199
流動性リスク（liquidity risk） 103
流動比率（current ratio） 5、197
流動負債（current liabilities） 4、84、197、199
留保された（retained） 120
旅費交通費（travel expenses または business travel expenses） 174
臨時報告書（Form 8-K） 240
累乗（power） 133
レバレッジのかかった企業（leveraged company） 98
連結決算書（consolidated financial statements または group financial statements） 241
連結する（consolidate） 127
レンタル（rental） 66
ロイヤルティ費用（royalty expenses） 178
労災保険料（workers' accident compensation insurance expense） 150
老人ホーム（retirement home） 222
労務費（labor） 140
ローカライズする（localize） 55
ロジスティクス（logistics） 153

わ行

わかっている・知られている（known） 53
（足し算の）和・合計（sum または total） 132
割り当てる（assign） 165
割り算（division） 132
割引価格（reduced price） 211
割引条件（discount terms） 87
割安の・軽視された（undervalued） 227

イディオム索引

A can be seen by B（BでAが確認できる） 19
A led to B（AはBにつながった） 141
A to X is B to another(Y)（XにとってのAは、他(Y)にとってのBです） 21
A will require B（AがBを必要になるでしょう） 29
account for（説明となる・理由となる） 15
accrue ～（～を発生したものとして処理する（会計）） 213
allow for ～（～の余裕を認める・～を許す） 99
apply A to B（AをBに当てる） 205
apply for ～（～を申し込む・申請する） 57
as if ～（まるで～であるかのように） 51
be committed to ～ing（～をコミットする） 141
be indicative of A（Aを示す） 187
be mainly from ～（主に～から） 139
be on the rise（上昇しつつある） 205
be worth a try (shot)（やってみる価値はある） 163
benefit from ～（～の恩恵を受ける） 207
build in A（Aを組み入れる） 173
check with A（Aに確認を取る・照らし合わせる） 71
conform to ～（～と一致する・準拠する） 25
contingent on ～（～次第） 110
correspond with ～（～と一致している） 203
count as ～（～として認識する） 163
depend on ～（～次第で決まる） 121
depreciate over ～ years（～年かけて減価償却する） 39
dispose of ～（～を処分する・売り飛ばす） 5
do not ～ under any circumstances（いかなる場合においても～してはならない） 225
due to ～（～を原因として） 145
express as ～（～として表現する・示す） 187
get (have) one's money's worth（支払っただけの値打ちのあるものを得る（満足する）） 155
give birth to ～（～（子どもや物事）を生む） 41
go bankrupt（破綻する） 185

have A in B（BにAがある） 163
have a tendency to ～（～する傾向がある） 51
have leverage in ～（～のために保持する） 98
hold for ～（～のために保持する） 231
hold X liable for ～（Xに～の支払義務を負わせる） 84
in accordance with ～（～に沿って・従って） 69
in addition to ～（～に加えて・～のほかに） 151
in determining whether to ～（～をするか決める際に） 43
in line with ～（～に沿って） 27
in the words of A（Aの言葉を借りて言えば） 227
in times of ～（～のときに・～の時代に） 93
invest in ～（～に投資する） 121
it has been decided that ～（～が決定された） 17
it may be a good idea to ～（～することを勧める） 17
keep in mind A（Aを念頭に置いておく） 177
keep track of A（Aを監視する・把握する・理解する） 175
leave A with ～（Aに～を負わせる・残す） 165
liable for ～（～を支払う義務がある） 84
make a reverse entry（逆仕訳を行う） 185
make progress on ～（～を順調に進める） 47
make sure to ～（必ず～するようにする） 107
make/receive a payment（支払いをする / 受け取る） 11
may or may not ～（～であるかどうかはわからない） 221
no matter how A（どんなにAであっても） 203
not amount to much（高が知れている・役に立たない） 203
on the one hand ～（～である一方） 37
on the verge of A（Aしかかっている） 219
ongoing debate about A（Aについて続いている議論） 55
over and above ～（～に加えて） 61
prove to be ～（～とわかる・～であることを証明する） 63

provision for ~（~に関する引当金）	110	（~にさらされる・~を前提としている）	103
put A at risk of B（A を B の危険にさらす）	7	take ~ for granted（~を当たり前のことと思う）	
put money in ~ to（~に投資する）	9		211
recommend (A) to ~（(A) に~することを勧める）		take as ~（~としてとる）	127
	31	take into account ~（~を考慮する）	17
refer to (A) as B（(Aを) B と言う）	229	tend to A（A する傾向がある）	117
run in the black（黒字を出す）	135	terminate from ~（~を終える）	109
so ~ that ~（非常に~なので・~ほど~）	171	thanks to ~（~のおかげで）	85
soon to be ~（もうすぐ~となる）	233	treat A as B（A を B として扱う）	217
stop A from ~ ing（A が~することを止める）	59	turn to ~（~を頼る・考慮する・目を向ける）	103
strengths and weaknesses（強みと弱み）	143	until then, ~（その時までは~）	47
subject to ~		vary from A to A（A によって異なる）	125

[著者]

大津広一（Koichi Otsu）

米国公認会計士。1989年、慶應義塾大学理工学部管理工学科卒業。ロチェスター大学経営学修士（MBA）。富士銀行、バークレイズ・キャピタル証券、ベンチャーキャピタルを経て、2003年に株式会社オオツ・インターナショナルを設立。企業戦略や会計・財務のコンサルティングを行う。また、大手メーカー、金融機関、流通、サービス、外資系企業など年間30社に対して、アカウンティングとコーポレートファイナンスの教育講師を務める。2006年より、早稲田大学ビジネススクールにて、毎年40名の留学生に英語で管理会計（Managerial Accounting）を指導している。著書に『企業価値を創造する会計指標入門』『戦略思考で読み解く経営分析入門』『英語の決算書を読むスキル』（以上、ダイヤモンド社）、『ビジネススクールで身につける会計力と戦略思考力』『ビジネススクールで身につけるファイナンスと事業数値化力』（以上、日経ビジネス人文庫）がある。
Mail：ko@otsu-international.com

我妻ゆみ（Yumi Wagatsuma）

インドネシア・マレーシア・米国・横浜育ち。2007年、米国Wake Forest University卒業。早稲田大学大学院国際情報通信研究科修士。国際化を楽しく学ぶメソッドとしてのエデュテインメントを研究。日本語・英語ともネイティブレベルの能力を生かし、在学時より大手教育サービス会社に勤務し英語教材コンテンツ企画・監修を担当。その後、企業向けビジネス英会話講師として活動しながら、会計知識を生かし都内会計事務所に勤務。企業の海外進出業務マネジャーとして現地出張、契約書チェック等を担当。現在フリーランスとして、グラフィックデザイナーの姉と共にStudio Canariデザイン翻訳工房にて活動している。英検1級（日本英語検定協会優秀賞受賞）・TOEIC990/990（満点）・CRLA米国チューター免許保有。

会計プロフェッショナルの英単語100
世界の一流企業はこう語る

2013年9月27日　第1刷発行
2016年9月13日　第4刷発行

著　者	———	大津広一／我妻ゆみ
発行所	———	ダイヤモンド社

〒150-8409　東京都渋谷区神宮前6-12-17
http://www.diamond.co.jp/
電話／03・5778・7234（編集）　03・5778・7240（販売）

装　丁	———	萩原弦一郎（デジカル）
本文デザイン・DTP	———	新田由起子（ムーブ）
イラスト	———	我妻志保（Shiho Wagatsuma）
制作進行	———	ダイヤモンド・グラフィック社
印　刷	———	勇進印刷（本文）・共栄メディア（カバー）
製　本	———	川島製本所
編集担当	———	横田大樹

©2013 Koichi Otsu and Yumi Wagatsuma
ISBN 978-4-478-02303-7
落丁・乱丁の場合はお手数ですが小社営業局宛にお送りください。送料小社負担にてお取替えいたします。但し、古書店で購入されたものについてはお取替えできません。
無断転載・複製を禁ず
Printed in Japan

◆ダイヤモンド社の大津広一の著作◆

企業価値を創造する会計指標入門
10の代表指標をケーススタディで読み解く

経営の視点からの会計を有名企業の事例で解説！
各指標の読み方から経営目標に掲げる意義、分析のフレームワークまで、実務と経営分析に求められる知識を体系的に網羅した決定版。
【本書の掲載指標とケース企業】
ROE（武田薬品工業）、ROA（ウォルマート・ストアーズ）、ROIC（日産自動車）、売上高営業利益率（ソニー）、EBITDAマージン（NTTドコモ）、フリーキャッシュフロー（アマゾン・ドット・コム）、株主資本比率（東京急行電鉄）、売上高成長率（GE）、EPS成長率（花王）、EVA（松下電器産業）。

大津広一著●A5判上製●定価（本体3600円＋税）

戦略思考で読み解く経営分析入門
12の重要指標をケーススタディで理解する

企業の実態をつかむロジカル・アカウンティング！
会計指標の算出方法から業界別平均値、分析のフレームワークまで、決算書を読みこなす技術を解説。
【本書の掲載指標とケース企業】
売上高総利益率（任天堂）、売上高販管費率（資生堂）、損益分岐点比率（ソニー）、EBITDAマージン（日本たばこ産業）、総資産回転率（東日本旅客鉄道）、キャッシュ・コンバージョン・サイクル（メディセオ・パルタックホールディングス）、棚卸資産回転期間（キヤノン）、有形固定資産回転率（オリエンタルランド）、固定長期適合率（イオン）、DEレシオ（キリンホールディングス）、インタレスト・カバレッジ・レシオ（新日本製鐵）、フリーキャッシュフロー成長率（ヤフー）。

大津広一著●A5判上製●定価（本体3200円＋税）

---

http://www.diamond.co.jp